民法典讲义系列教材

民法典
总则讲义

MINFADIAN
ZONGZE JIANGYI

李国强　聂志海 / 著

大连海事大学出版社
DALIAN MARITIME UNIVERSITY PRESS

图书在版编目(CIP)数据

民法典总则讲义 / 李国强，聂志海著. — 大连：大连海事大学出版社，2023.8(2024.12 重印)
ISBN 978-7-5632-4430-0

Ⅰ. ①民…　Ⅱ. ①李…　②聂…　Ⅲ. ①民法—总则—中国—高等学校—教材　Ⅳ. ①D923.1

中国国家版本馆 CIP 数据核字(2023)第 139519 号

大连海事大学出版社出版

地址:大连市黄浦路523号　邮编:116026　电话:0411-84729665(营销部)　84729480(总编室)
http://press.dlmu.edu.cn　E-mail:dmupress@dlmu.edu.cn

大连天骄彩色印刷有限公司印装　　大连海事大学出版社发行

2023 年 8 月第 1 版　　2024 年 12 月第 2 次印刷
幅面尺寸:170 mm×240 mm　　印张:16.5
字数:292 千　　印数:1001~2000 册

出版人:刘明凯

责任编辑:杨玮璐　　责任校对:陈青丽
封面设计:解瑶瑶　　版式设计:解瑶瑶

ISBN 978-7-5632-4430-0　　定价:41.00 元

作者简介

李国强，大连海事大学法学院教授、博士研究生导师。大连海事大学国土资源法治研究中心主任，大连市地方立法研究中心副主任，辽宁省“RCEP 智库”研究与促进中心副主任，“大连人大理论与实践智库”副理事长。兼任吉林大学兼职教授、博士生导师，中国法学会民法学研究会理事，中国法学会网络与信息法学研究会理事，中国法学会法学教育研究会诊所法律教育专业委员会常委。在吉林大学法学院获法学学士、硕士、博士学位。2004 年至 2020 年在吉林大学任教，历任讲师、副教授、教授及博士生导师。曾在日本关西学院大学法学部任客员研究员，日本学习院大学东洋文化研究所任客员研究员。

主要研究方向为民法基础理论、自然资源权利、成年监护制度等。在《中国法学》《法律科学》《现代法学》《法商研究》《当代法学》《法制与社会发展》等期刊公开发表论文 60 余篇，出版《财产法体系的解释》《相对所有权的私法逻辑》等著作 10 余部，主持国家社科基金重点项目等 3 项、主持教育部人文社科基金等其他科研项目 10 余项。第三届“吉林省十大杰出中青年法学家”，相关科研成果五次获得省部级社会科学优秀成果奖。

聂志海，大连海事大学法学院副教授、硕士研究生导师。大连海事大学法学院院长助理。辽宁省法学会民法学研究会理事、副秘书长。在吉林大学法学院获法学学士学位，在意大利罗马大学(Universitàdegli Studi di Roma “la Sapienza”)法学院硕博连读，并获民商法学博士学位。

主要研究方向为民法基础理论、外观主义理论、科技创新立法等。在国内外学术期刊公开发表论文 5 篇。主持辽宁省社科基金项目、辽宁省软科学研究计划项目等省级科研项目 4 项。获“2022 年度大连海事大学优秀教学奖一等奖”。

前言

2020年5月28日,第十三届全国人民代表大会第三次会议审议通过了《中华人民共和国民法典》,我国从此进入民法典时代。《中华人民共和国民法典》在中国特色社会主义法律体系中具有重要地位,是一部固根本、稳预期、利长远的基础性法律,对推进全面依法治国、加快建设社会主义法治国家,发展社会主义市场经济、巩固社会主义基本经济制度等具有重大意义。

《中华人民共和国民法典》(以下简称《民法典》)共七编,分别为总则编、物权编、合同编、人格权编、婚姻家庭编、继承编和侵权责任编,以及附则,共计1 260条。本书以总则编的内容为核心,对"民法总论"课程涉及的主要内容进行系统性阐述,力求使读者对总则编的概念、原则、制度了然于心。全书共八章,以总则编的篇章结构为依据并结合相关民法理论展开:第一章为导论,第二章和第三章为民事主体制度,第四章为民事权利,第五章为民事法律行为,第六章为代理制度,第七章为民事责任,第八章为民法上的时间。

总则编的内容是民法学体系中较为抽象的部分,向入门者阐释时会有一定的困难,但因其是对经济生活和经济活动赖以依托的财产关系、交易关系的法律规范,与日常生活紧密联系,故民法思维的养成又是非常容易的。随着生活实践的积累,入门者会发现总则编中抽象的规定就是对生活规律的简单总结。想要真正踏进民法学习的门槛,需要做好以下三点:第一,要有发现生活的眼睛。发现生活的眼睛,就是把形而下的具体内容,上升为形而上的抽象理论,用心去了解生活、体味生活。民法的学习最终是要解决现实生活中的问题的,而且该解决方案应相当的抽象。第二,要把知识学杂。法律人应该做到上知天文,下知地理,四书五经无所不阅,诸子百家无所不晓。民法所要规范的社会生活,既包括普通人日常生活的柴米油盐,也涉及跨国公司的远期交易。如果没有充足的社会生活知识储备,恐怕毋庸说用民法解决问题,就是了解民法的基本规范也会时有障碍。第三,要熟读法条。中国的民法理论是深受大陆法系传统影响的,对于成文法的偏好之于中国民法的研究和解释适用非常重要,而且法条又是最精炼的法律语言,熟读《民法典》能够很好地明晰体系,确定法律规范的内容。

本书由我和聂志海老师合作完成,也是师生对授课讲义共同打磨的成果。2005 年,我第一次给本科生主讲“民法总论”时,本书的第二作者聂志海老师还是学习这门课程的学生,当时的讲义也是比较粗疏的。历经 18 年,讲义已经转变为今天正式出版的教材,而当年的本科生聂同学已经成长为我的同事聂老师。经过多轮的反复讨论和认真修改,18 年共同成长的成果现在终于呈现在读者面前。

本书的出版还得到大连海事大学法学院各位老师的帮助。翟云岭教授作为学科带头人提出了好的建议,王利民教授作为审稿专家指出了需要完善的具体问题,特别是黄芬教授,她在本书的写作和出版过程中给予了多方面的支持,在此一并表示感谢。囿于作者的水平,不足之处在所难免,敬请各位读者不吝指正。

李国强

2022 年 5 月

目录

第一章　民法导论……………………………………………… 1
　第一节　民法的概念……………………………………………… 1
　第二节　民法的历史 ……………………………………………… 12
　第三节　民法的全貌 ……………………………………………… 21
　第四节　民法的基本原则 ………………………………………… 34
　第五节　民法的适用 ……………………………………………… 42
第二章　自然人 …………………………………………………… 52
　第一节　自然人的概念 …………………………………………… 52
　第二节　民事权利能力和民事行为能力 ………………………… 54
　第三节　监　护 …………………………………………………… 68
　第四节　宣告失踪和宣告死亡 …………………………………… 74
　第五节　个体工商户和农村承包经营户 ………………………… 79
第三章　法人和非法人组织 ……………………………………… 81
　第一节　法人概述 ………………………………………………… 81
　第二节　营利法人……………………………………………… 109
　第三节　非营利法人…………………………………………… 113
　第四节　特别法人……………………………………………… 116
　第五节　非法人组织…………………………………………… 119
第四章　民事权利……………………………………………… 128
　第一节　民事权利的概念……………………………………… 128
　第二节　民事权利的体系……………………………………… 135
　第三节　民事权利的变动……………………………………… 141
　第四节　民事权利的实现……………………………………… 145
第五章　民事法律行为………………………………………… 149
　第一节　民事法律行为概述…………………………………… 149
　第二节　法律行为的类型……………………………………… 154
　第三节　意思表示……………………………………………… 158
　第四节　民事法律行为的效力………………………………… 172

第五节　民事法律行为的附条件和附期限…………………………………… 189
第六章　代　理………………………………………………………………… 195
第一节　代理概述……………………………………………………………… 195
第二节　委托代理……………………………………………………………… 205
第三节　无权代理……………………………………………………………… 209
第四节　代理终止……………………………………………………………… 218
第七章　民事责任……………………………………………………………… 222
第一节　民事责任的概念……………………………………………………… 222
第二节　民事责任的承担方式………………………………………………… 225
第三节　民事责任的免责事由………………………………………………… 230
第八章　民法上的时间………………………………………………………… 232
第一节　期日和期间…………………………………………………………… 232
第二节　诉讼时效……………………………………………………………… 238
第三节　除斥期间……………………………………………………………… 250
参考文献………………………………………………………………………… 254

第一章 民法导论

第一节 民法的概念

一、民法是什么?

民法是什么？这恐怕是学习者初学民法时最急切想知道答案的问题,同时也是一个难以简单回答的问题。对于这种难以简单回答的“问题”,我们往往不能立刻直接给出答案,因为对于“民法”这一基本概念,很难用简单抽象的定义来恰当地描述,只能对《民法典》及其相关制度和适用场景进行深入解读后才能真正理解其内涵。通常,在学习了一些具体的民法制度和理论后,我们再回过头来思考什么是民法,就会发现民法的概念不过如此,或者说头脑中对“民法”这一概念有了比较直观的认识。事实上,在初学之时就对概念予以定义,往往容易把问题简单化,而且很可能出现定义与概念本身的含义发生偏移的情况,进而造成对概念本身的误解,不但不起好的作用,反而会起坏的作用。但是,虽然有上述顾虑,在最初学习具体内容之前,我们仍有必要对民法的最初印象做简要的介绍,这只是为了从头说起,并不是将民法概念简单地进行限定,不要把对民法的初步印象当成已经对民法概念有了深入的理解。

(一)一般人对民法的印象

对于没有系统学习过法律的人来说,一提到法律,一般都会马上和刑法相联系,似乎法律就是定罪量刑。刑法一定是法律体系中的重要内容,但并不等于法律的全部。刑法所表达的内容是当一个人的行为违反社会所能承受的限度时,对该行为人的评价往往是其受到刑罚追究的什么后果。把“法”等于“刑”起源于中国的传统法律文化。

在中国的传统文化中,“刑”是法最重要的内容,但这种对法律的印象只不过是法律的一部分。我国古代有句话叫“礼不下庶人,刑不上大夫”[①],在这句话中“礼”和“刑”是相对分裂、独立存在的概念,在调整社会秩序的诸多方法中,除了“刑”以外,还有所谓“礼”的调整方法。“礼”是带有强烈道德化色彩的调整方法,在中国历史上获得了与今天的法律类似的地位。“礼”一直以来调整的社会关系就有今天民法所涵盖的范围,例如,调整婚姻关系的“婚嫁六礼”[②]。婚嫁六礼是指中国传统嫁娶的礼仪,为纳彩、问名、纳吉、纳征、请期、亲迎。虽然采取“礼”这种形式缔结婚姻与现代婚姻登记的形式形成了鲜明的对比,实际功能是一致的,都决定了婚姻关系的效力。需要注意的是,“礼”和法对婚姻关系调整的社会基础是不同的,“婚嫁六礼”建立在中国古代男女不平等的社会基础之上。通过“婚嫁六礼”所达成的婚姻,男方可以通过“七出”来单方面解除婚姻关系。“七出”包含的七项事由是比较宽泛的,包括“无子”“淫佚”“不事舅姑”“口舌”“盗窃”“妒忌”等,这些事由中,有的如“盗窃”仍属于今天的违法犯罪内容,有的如“妒忌”则是“欲加之罪”,由此可见,“七出”充分体现了男权社会的不平等。中国古代以“礼”构建的婚姻秩序和现代民法所构建的婚姻秩序最大的区别就在于两者所对应的社会阶段不同,古代中国处于奴隶制社会或者封建制社会阶段,法律秩序表现为人与人的不平等,而民法规范塑造和维护的是人与人平等的秩序。但是,无论是古代的“刑”与“礼”,还是现代的刑法与民法,其目的都在于规范社会秩序。

另外,民法并不是我国社会原生的法律秩序,我国古代没有民法,我国民法是在移植外国法的基础上发展而来的,直到清末变法的时候,即 1911 年 8 月完成《大清民律草案》,我国才第一次从外国引入民法。就中国人的法律意识来说,人们对于民法的接受是一个渐进的过程,直到现在仍然不能说一般人对民法已经有了准确、全面的认识。

---

① 出自《礼记·曲礼上》。

② “婚嫁六礼”在周朝就已经存在,《唐律疏议·户婚》中有较为全面的规范。

一般人对于民法的印象主要表现为对法律规则的简单认识,即使是一些受过高等教育的人,他们对民法的印象也是比较单薄的,往往和法律规范的直接适用相关联。

设例 1:

甲和乙是恋人关系。大约半年前,甲对乙承诺说:"我开的那辆汽车送给你。"最近两人关系日渐疏远,已经不怎么联系了。现在乙找到甲要求交付那辆汽车。

问题:甲是否需要履行交付汽车的承诺?

解决设例 1 所涉及的纠纷,可以先试着从朴素的社会观念考虑。依据社会观念,我们会认为甲不需要履行承诺,因为甲没有从乙处获得什么,但信守诺言又是社会道德的基本要求,两者之间似乎有矛盾,这就需要在法律的秩序框架内给出一个合理的解释。对接法律的秩序,首先要把生活事实进行法律解读,甲对乙表达的内容属于赠与的表示,甲需要信守自己的此种承诺,从而甲和乙之间构成了民法上的合同关系,但是,《民法典》第 658 条第 1 款明确规定:"赠与人在赠与财产的权利转移之前可以撤销赠与。"因此,甲只要仅仅是口头表示"汽车送你",那么就可以撤销该约定,在法律上拒绝乙的要求。像设例这样发生纠纷,再针对纠纷事实看一下法律规定,就可以直接找到答案,恐怕就是一般人对民法等法律的印象,甚至在很多人的脑海中法律人的形象就是熟练背诵大量法律条文的人。

其实,熟练背诵法条并不能解决所有的法律纠纷,也并不是所有的纠纷都能在法律条文中直接找到答案。虽然当今各国立法规定的法条数量已经浩如烟海,但法条的规定是立法者针对社会上的一般情况制定的,并不能考虑到各种特殊的情况和未发生过的情况。在上例中,如果甲已经将汽车交付给乙,但是甲的妻子丙知道后提出反对又该如何处理呢?这里,汽车属于夫妻共同财产还是个人财产就是一个先决问题,恐怕法律规范并不能规定得如此全面细致,而此类问题也需要给出法律上的解决方案。

设例 2:

甲到乙美容院由丙医生做面部整容手术。丙在手术中失误,甲不仅没有变美,反而满脸伤疤,令人不敢观看。

问题场景一:如果甲因此痛不欲生而患上精神病,乙、丙应否对此负责?

问题场景二:如果甲是一名演员,从此不能从事演艺事业,今后的经济损失是否应由乙、丙赔偿?

在设例 2 中,针对甲遭受手术失败的后果,可以结合《民法典》第 110 条、第

1165 条、第 1218 条的规定，认定甲的健康权受到侵害应由侵权人承担赔偿责任。面部损伤与丙的行为有因果关系，而丙受雇于乙美容院，因此应由乙美容院承担用人者责任，这是一种替代侵权责任。在问题场景一中，甲不仅主张满脸伤疤的损害赔偿，而且要求对罹患精神病的后果进行赔偿，但是甲患上精神病的后果和丙的手术失误是否有因果关系，值得探讨。虽然《民法典》对于人身损害赔偿有明确的规定，但关于乙、丙是否应对甲的精神痛苦和罹患精神病负责，查阅法条显然不能得出直接的结论。受到外界刺激而罹患精神疾病需要考虑每个人的承受能力，并不是满脸伤疤必然导致罹患精神疾病，显而易见，第 1165 条、第 1218 条只提到了过错，并没有完全说清楚侵权责任构成的所有要件，如果不能根据第 1165 条、第 1218 条的规定确定丙的行为对于精神痛苦和罹患精神病构成侵权责任，则不能继续根据第 1183 条要求承担精神损害赔偿。而且，虽然是丙的失误导致的损害后果，但按照乙和丙之间的雇佣关系，直接对甲承担侵权责任的应该是乙。问题场景一涉及的内容还可以找到若干法律条文探讨适用的问题，而问题场景二涉及的是纯粹经济损失是否赔偿的问题，很难找到确切的法条。总而言之，以上问题从法条中并不能简单地得出答案，所以明确法条背后的规范逻辑才是我们学习民法的根本目的。对于民法概念本身，也需要我们有一个逐渐深入认识的过程，进而掌握能动地适用法律规定去解决问题的能力。所谓民法不是一般人印象中简单的立法规范，而应该包含更多、更深刻的理论逻辑和规范内容。

(二) 民法的定义

从古代到现代社会，法律已经发展演变成一个十分庞大的体系，但是无论体系多么庞大，它总是有一个科学的、清晰的逻辑结构，比如民法和刑法的区分就是法律体系中的典型。法律是社会关系的调整器，它的体系正是根据社会关系的差异建立起来的，典型如公法和私法的区分。在法治社会和社会主义市场经济条件下，一个正常的人际社会可以被抽象地区分为两个社会空间：一个是平等的个人、团体之间相互往来的社会空间；另一个是因为公共权力管理社会的人与团体而产生的不平等主体之间建立法律联系的空间。

在主体平等的社会空间里，人与人之间都享有平等的地位；如果一个人要和他人发生某种具有法律意义的联系，则必须基于他们相互的自主自愿，谁也不能强迫当事人中的一方或者双方。例如，买卖、结婚、遗嘱等都是符合这个社会空间特征的典型行为。这个以自愿和平等为特征的社会空间，法学上称为“民间社会”或者“民法社会”“市民社会”。在民间社会里，人与人之间从事各种活动的基本法律就是以民法为代表的私法。而另一个社会空间，是公民、团体和立法机关、政府、法院、检察院发生往来的社会空间，这个社会空间一般被称为“公共社会”或者“公权力社会”。在这个社会空间里，作为社会人的公民和团体与这些公共权力机关之间不享有平等的地位，例如，行政机关的行政许可、行政处罚等都是符合这个社会空间特征的最典型行为。国家和公民之间的法律关系是按照“个人服从公众”“私益服从公益”的原则建立起来的，调整这一社会空间的法律是以行政法为代表的公法。①

民间社会和公共社会是在一个正常的人际社会里区分出的两个基本社会空间。法律怎么来区分上述两个不同层面呢？同样都是在市场经济的背景下，第一个层面是通过交易来达成的一定的秩序，它是追求私益的，每个人都是追求个体利益最大化的理性主体；另外一个层面是追求公共利益的秩序，它不以特定的人或者主体的私益最大化为目的。在当今的社会主义市场经济环境下，人与人之间是平等的，奉行的是市场经济的交易规则，但不能忽略的是，在寻找解决纠纷途径的过程中，也不得不面对国家管理等以公共利益为目的所构建的公法的秩序。

《民法典》第2条规定：“民法调整平等主体的自然人、法人和非法人组织之间的人身关系和财产关系。”根据该规定，作为民间社会的法律规范的民法，可以被定义为：民法是调整平等主体的自然人、法人和非法人组织之间的人身关系和财产关系的法律规范的总称。民法这一定义，包含了以下三重含义。

1. 民法调整的社会关系是平等主体之间的社会关系

所谓平等主体是对民事主体的描述，民事主体包括自然人、法人和非法人组织三种类型。民事主体之间建立、变更、废止他们之间具有法律意义的社会关系时，他们的地位都是平等的，他们都以平等身份和别人来往，谁也不具有领导别人的地位。主体的平等性是民法的基本特征之一。需要注意的是，这些主体在参与民事法律关系时才是平等主体，如果参与其他法律关系如行政法律关系，则不再是平等主体，所以不是主体本身是平等主体，而是在他们所参与的法律关系中他具备了平等主体的特征。

民事主体中最典型的是生物意义上的人作为的民事主体，被称为自然人。今天，所有生物意义上的人都是民事主体，但在古代却并不是这样，比如在奴隶社会中奴隶是和牛、马、羊类似的客体。根据《汉穆拉比法典》的规定：“使某个上等人的眼瞎，便应瞎了他的眼；使平民眼瞎，赔偿60个舍客勒银子；使奴隶眼瞎，赔偿奴

① 俞可平：《马克思的市民社会理论及其历史地位》，载《中国社会科学》1993年第4期，第16页。

隶价值的一半。若使上等人女子丧命,应杀了他的女儿;使平民女子丧命,应赔偿30舍客勒银子;使女奴隶丧命,赔偿20舍客勒银子。”从上述规定可以看出,奴隶是有价值的,其不是权利的主体,而是权利的客体,一旦把别人的奴隶的眼睛弄瞎了,就要赔偿奴隶价值的一半。奴隶作为客体和物也不完全一样,奴隶具有一定的自由度,甚至还能转化为主体,如某些奴隶因为打仗勇敢而被改变奴隶身份。上述规定不仅反映出奴隶不是主体,还反映出女人和男人是不平等的,女人并不是真正意义上的主体,一个平民女子的命还没有一个奴隶的眼睛值钱,女奴隶甚至更不值钱。另外,平民和上等人虽都是主体,但也并不平等。[①] 漫长的古代社会都是建立在人与人不平等的基础之上,只有在现代社会才真正实现了生物意义上的无差别的平等。

当然,现代社会在某些问题上也涉及人与人不平等的讨论。社会上曾出现一个“同命不同价”的新闻话题,这个话题的典型场景是在交通事故中,导致城市居民死亡的死亡赔偿金大约是农村居民的2倍。记者报道时将这个情况说成是“同命不同价”,并进而认为这和古代人与人不平等的情形是一样的。其实“同命不同价”固然不对,但“同命同价”也是错误的,因为生命是不能用价格来衡量的。对于死亡赔偿金的计算,法律是按照“继承丧失说”来衡量的。继承丧失是指生命受侵害本人如尚生存时,其应得收入可由其继承人继承,现在因生命受侵害致继承人丧失继承利益,得向加害人请求赔偿。这种标准是以可能得到的或者可以创造的社会财富来衡量,不是以生命的价格来衡量,不管人身损害赔偿时计算出的死亡赔偿金是多少,都不能以金钱衡量生命的价值。出现城市居民和农村居民不同赔偿的原因是城乡差异等因素导致的,赔偿标准应该统一,但不能用“同命同价”来形容。按照2022年5月1日施行的《最高人民法院关于审理人身损害赔偿案件适用法律若干问题的解释》的规定,为落实党中央关于“改革人身损害赔偿制度,统一城乡居民赔偿标准”的要求,将残疾赔偿金、死亡赔偿金以及被扶养人生活费由原来的城乡区分的赔偿标准修改为统一采用城镇居民标准计算。

2. 民法调整的社会关系包括人身关系和财产关系两大类

民法调整的人身关系,是指与民事主体作为法律上的人的自身存在和发展相关的社会关系。民事主体之所以能够作为法律上的人,就是因为他在民法社会里的存在与发展。比如说一个生物意义上的人能够成为法律上的主体的首要条件就是他必须是存活的人,他必须有生命权利和健康权利,还要有在家庭关系中的权

① [以色列]尤瓦尔·赫拉利:《人类简史:从动物到上帝》,林俊宏译,中信出版社2017年版。

利,比如父母子女之间的权利等,因此需要民法加以规范的社会关系中就产生了人身关系。人身关系是民事主体保有其法律资格的先决条件。民法通过对这些社会关系的调整,产生了民法上的人格权和身份权。所谓人格权,指民事主体维持自身的生命健康以及人身尊严而享有的权利,比如健康权、肖像权等。《民法典》第 110 条以列举的方式规定了各种人格权。所谓身份权,指民事主体在民事活动中因为拥有某种特殊的身份而享有的权利,比如夫妻之间的权利、父母子女之间的权利等。

民法调整的财产关系,是指具有经济内容的社会关系,也就是人们在从事具有经济内容的社会活动时形成的社会关系,例如人们因为生产经营、生活消费以及其他活动而占有财产或者出卖财产形成的社会关系。财产关系是人际社会关系的基础,其他的社会关系都直接或间接地受到财产关系的决定或者制约。民法通过对于社会财产关系的调整,形成物权、债权、知识产权等重要的民事权利,这些权利不但对每一个自然人、法人和非法人组织的生存与发展发挥着决定性作用,而且对于整个国计民生意义重大。财产关系又可以再进一步区分为若干类型,其中最重要的包括两类:一类是物权关系,另一类是债权关系,这种分类源于近代民法体系构造的基础性分类。关于物权,《民法典》第 114 条规定:“民事主体依法享有物权。物权是权利人依法对特定的物享有直接支配和排他的权利,包括所有权、用益物权和担保物权。”关于债权,《民法典》第 118 条规定:“民事主体依法享有债权。债权是因合同、侵权行为、无因管理、不当得利以及法律的其他规定,权利人请求特定义务人为或者不为一定行为的权利。”对于财产在社会生活中的重要地位,英国的威廉·布莱克斯通曾说过:“没有什么像财产一样,如此普遍地激发人类的想象力而又煽动起人类的激情;也没有任何事物像所有权一样,让一个人对世界中外在之物得为主张与行使独自且专断的支配,并完全排除其他个人的权利。”①

上述社会关系有些是专门由民法调整的,比如某些人身关系,除民法外的其他法律基本不予调整,而财产关系中也有一些是民法专门调整的。另外,尽管还有一些是民法和其他法律共同调整的财产关系,但是民法在这些社会关系的调整中发挥着基础作用,其他法律只能在民法的基础上发挥作用。比如土地占有以及利用的社会关系,在我国就是由民法和经济法共同调整的,而民法规定的土地权利,是经济法调整的土地关系的基础,经济法对于土地占有和利用的调整,只能在民法规

① [德]罗伯特·霍恩、海因·科茨、汉斯·G. 莱塞:《德国民商法导论》,楚建译,中国大百科全书出版社 1996 年版。

定的基础上进行。

3. 民法是一系列法律规范的总和

民法涉及社会的方方面面，体系宏大，内容庞杂，但是这些规范之间有着十分清晰的逻辑联系。民法作为私法的存在，可以概括为四个关键词：主体、权利、行为、责任。[①] 主体是民法的基础，权利是民法的核心，行为是主体和权利之间的桥梁，责任是权利的保障。无论是民法典的编纂还是民法学的构建，都在保护这些关键词和它们相互之间规范的逻辑。

我国《民法典》总则编的设置源于外国法的传统设置，尤其是参照了《德国民法典》的五编制结构，总则编和其他各分则编构成了一种总分结构，总则主要包括民法基本原则和主体、权利、法律行为、责任等抽象的内容。我国有的民法学教材把这些内容叫作“民法总论”，这从某种意义上讲，失之偏颇，因为本部分内容并非完全都是贯彻全局的抽象内容，如民事主体的内容和法律行为的内容。我们既考虑民法传统的说法，又结合我国《民法典》的规范内容，把本教材称为“民法典总则讲义”。

二、民法在法律体系中的地位

（一）我国法学界的一般认识

我国由全国人民代表大会及其常委会通过的现行有效的法律有290多部，这个数量还在不断增长中。如何理解如此庞杂的法律之间的联系，对于法治理想的实现意义重大，因为不论是立法还是司法，都必须考虑到法律体系中一个法律与其他法律间的逻辑联系问题。所谓法律体系，指一个国家现行有效的法律按照一定的逻辑组成的体系。对民法在法律体系中的地位的理解会因为观察问题的角度不同而不同。关于法律体系内部的逻辑联系，一般是根据所谓的“上位法”和“下位法”的标准分析法律之间的关联，或者按照“基本法”和“特别法”之间的关联来判断各种法律之间的关系。

一般而言，上位法对下位法具有统辖作用。在我国法律体系中，民法是宪法下位的一个部门法，因为宪法是国家的根本大法，其规范国家最基本的政治关系、经济关系和对于国计民生具有重大意义的社会关系，并据其建立最基本的政治制度、

① 中国政法大学民商法教研室编：《民商法纵论：江平教授七十华诞祝贺文集》，中国法制出版社2000年版。

经济制度等。而民法只是规范民事社会关系的法律，民法所建立的法律制度，只是对宪法所建立的一部分法律制度的细化，所以民法和宪法的关系是下位法和上位法的关系。为明确宪法与民法的关系，《民法典》第 1 条规定："为了保护民事主体的合法权益，调整民事关系，维护社会和经济秩序，适应中国特色社会主义发展要求，弘扬社会主义核心价值观，根据宪法，制定本法。"显然，在我国，宪法的地位比民法高，《民法典》是根据宪法制定的。与我国类似的有德国，德国民法的一些规则解释是根据作为宪法的《德国基本法》引申得来，所以在德国，宪法的地位也比较高。也有些国家的民法和宪法是并列的关系，例如在法国，民法在法律位阶上并不低于宪法，从《法国民法典》颁布到现在的 200 多年里，法国历经了帝国、王国和五个共和国的宪法，但民法典始终是最初颁布的那一个，只做了具体内容的修订。另外，我国《民法典》第 1 条还明确了民法的任务：其一，保障民事权益和保障私得利益；其二，调整人身关系和财产关系；其三，维护社会和经济秩序；其四，适用中国特色社会主义法治的要求；其五，弘扬社会主义核心价值观。

《民法典》在中国特色社会主义法律体系中具有重要地位，是一部固根本、稳预期、利长远的基础性法律，对推进全面依法治国、加快建设社会主义法治国家，对发展社会主义市场经济、巩固社会主义基本经济制度，对坚持以人民为中心的发展思想、依法维护人民权益、推动我国人权事业发展，对推进国家治理体系和治理能力现代化，都具有重大意义。① 所以，从法律位阶的角度看，民法又是基本法。所谓基本法，是指在某一领域发挥基本作用的法律，或者说在这一领域建立基本制度或者制定秩序的法律。作为部门法的民法相比其他民事特别法，规范的社会关系更具有基本意义，它所建立的制度，对于其他的法律也具有基础意义。比如《民法典》相对于《中华人民共和国公司法》（以下简称《公司法》）而言为基本法，因为《公司法》是关于公司这种特殊民事主体的特别法。与民法一起能够并列称为基本法的法律，只有刑法等少数法律。因此，民法在我国法律体系中的地位是十分重要的。《民法典》是民法以民事基本法而存在的形式，除了民事基本法之外的民事立法就是民事特别法，比如《公司法》、《中华人民共和国保险法》（以下简称《保险法》）、《中华人民共和国个人信息保护法》（以下简称《个人信息保护法》）等，这些特别法的主要内容也是关于民法的内容。

---

① 习近平：《充分认识颁布实施民法典重大意义　依法更好保障人民合法权益》，载《求是》2020 年第 12 期，第 1 页。

(二)近代民法理论对于民法地位的认识

近代以来的民法理论通过公私法的划分来明确民法在法律体系中的地位。公法和私法的划分有比较悠久的历史,早在罗马法时代,公法与私法的区分就已经十分明确了。当时的法学家们认为:在一个正常的人际社会里,有一些利益是公共利益,即为不确定多数人享有的利益;而另一些利益是私人利益,即由特定的个人或者团体所享有的利益。公共利益,由公共权力"监护"或者管理,按照法律的规定和公众的意志享有;而私人利益,由私人自己按照自己的意愿享有。私益与公益并不一定发生牵连关系,公益不一定是私益的聚合,它们各有自己的社会空间。这种观点在近现代被法学家所发展。近代以来,具有大陆法系传统的国家的法律体系一般都是根据公法与私法的区分来建立的,大陆法系国家的法学著作论及民法时,首先要讨论公、私法的区分,只有这样才能确立法律体系最基本的框架。

我们可以通过一个例子来说明公、私法区分的意义。

设例 3:

甲酒醉驾驶汽车 A 违规超速,撞倒路人乙致其重伤。

问题:公安机关交通管理部门如何处罚甲? 乙可以向甲主张哪种民事权利? 甲应该负哪种刑事责任?

对设例 3 中三个问题的回答,涉及的就是公法与私法的区分和应用。其一,甲酒醉后驾驶汽车,根据《中华人民共和国道路交通安全法》第 91 条的规定:"醉酒驾驶机动车的,由公安机关交通管理部门约束至酒醒,吊销机动车驾驶证,依法追究刑事责任;5 年内不得重新取得机动车驾驶证。"公安机关交通管理部门将对甲作出吊销机动车驾驶证的处罚,并且 5 年内不得重新取得驾驶证,此种处罚维护的是公共利益,保护公共交通秩序的安全。其二,甲撞伤乙,乙可以根据《民法典》人格权编和侵权责任编的相关规定要求甲承担侵害健康权的责任。其三,根据《中华人民共和国刑法》第 133 条和第 133 条之一的规定,醉酒驾驶发生重大事故、造成严重后果的,构成交通肇事罪,处 3 年以下有期徒刑或拘役。设例 3 中虽然只发生了一个事实,却带来了三方面的法律后果归结,这就包含了从不同利益层面进行的考量,产生了公法和私法区分的必要。公安机关交通管理部门的行政处罚对应的是保护公共利益,属于行政法这种典型的公法规范的内容;被侵权人向侵权人主张权利要求承担侵权责任,属于民法这种典型的私法规范的内容;国家追究行为人的刑事责任也属于维护公共利益,从某种意义上讲,刑法也是公法,涉及公共权力的行使和公共利益的维护,但相对于行政法而言,刑法具有和典型公法相对独立的地位。

现代法学理论中关于公法和私法的区别,主要有四种学说上的标准:其一是利益说。以公益为目的的为公法,以私益为目的的为私法。这种简单的区分方法在古代的罗马法中就已经出现了。其二,从属规范说。规范上下隶属关系的为公法,规范平等关系的为私法。其三,主体说。法律关系主体的一方或双方为国家或机关的为公法,法律关系的主体双方均为私人的为私法。其四,特别法规说。国家机关以公权力主体地位作为法律关系的主体的,该适用的法律为公法;该法律对任何人都可以适用的,则是私法。上述学说各有所长,但也都有缺点。[①] 就利益说而言,如民法是私法,但也兼顾公益,如交易安全的保护。就从属规范说而言,如民法上父母与未成年子女之间也具有强制服从的亲权关系,而所谓的行政合同也有基于平等关系的。就主体说而言,政府从事私法行为,如购买办公用品等,应属于私法关系。特别法规说旨在克服上述三种学说的缺点,因而渐受重视,如政府向私人购买房屋,因为是非基于公权力的地位,所以属于私法行为;行政合同的订立,因一方的主体居于公权力的地位,所以属于公法性质。

公法和私法的区分标准虽然存在分歧,但是对于民法属于私法却没有争议。因为民法旨在规范个人间的利益,以平等为基础,其主体均为私人或非基于公权力的地位,对任何人都可以适用。民法的主要特征及规范意义在于私法自治,即个人可以自主决定,自我负责地形成彼此间的权利义务关系。属于公法的有宪法、行政法及刑法等。

公法和私法的区分除了有助于认识民法不同于公法的特点与功能之外,其主要的意义在于诉讼时的法院管辖及救济程序。私法与公法有不同的规范原则:私法以个人自由决定为特征,公法则以强制或拘束为内容;前者强调自主决定,后者必须有法律依据及一定的权限。任何社会在决定如何以公法或私法形成个人生活时,对于此种区别应有清楚的认识。对私权利而言,法无禁止即可为;对公权力而言,法无授权即禁止。[②] 作为一个公民,他不仅能够大胆地运用自己的权利,还可以勇敢地监督政府。对政府而言,不但要谨慎运用手中的每一项权力,还必须尊重公民的每一项权利。基于对个人自由权利的保障,应遵循“有疑义时为自由”的原则,以私法自治为优先,其主要理由是“个人乃是自己事务的最佳判断者及照顾者”。选择的自由有助于促进社会进步及经济发展,政府必须保障私法制度能有

---

① 梁慧星:《民法总论》,法律出版社 2021 年版。

② 易军:《“法不禁止皆自由”的私法精义》,载《中国社会科学》2014 年第 4 期,第 121 页。

发挥其制度的条件,并排除合同自由的滥用,政府为更高的价值或公益而为强制或干预时,应有正当理由。

第二节

民法的历史

一、从罗马法到近代民法的产生

民法的发展历史源远流长。历史上对民法发展产生实质影响的古代法律较多,前面提到的《汉穆拉比法典》就是其中之一,但举世公认对当代世界民法影响最大的古代法律就是罗马法。所谓罗马法,泛指古罗马时代的法律,即从公元前5世纪(前450年)制定《十二表法》开始,一直到东罗马帝国灭亡(1453年)的公元15世纪时期的法律。但民法学界所指的罗马法,一般只是指公元6~10世纪时期的罗马私法。公元527年时,罗马帝国皇帝优士丁尼登上皇位后,即开始推行大规模的法典编纂工作,历经数年完成了对于后世法律发展具有极大影响的四项法典化工程:《法典》《学说汇纂》《法学阶梯》《新律》。上述四部法典,在当时均是有效的法律,后世总称为《民法大全》。后世说到罗马法,主要指的就是这四部法律。[①]在法律体系上,罗马法还有市民法和万民法的区分,其中市民法主要指适用于罗马市民的法律,而万民法指适用于罗马市民之外的人的法律。但是万民法不是现代意义上的国际法,因为其中的主要内容还是民法规范。这些法律对世界民法的发展发挥了极大的作用,不但大陆法系民法从形式到实质均起源于罗马法,英美法系的法律在内容上也受到了罗马法的影响,这在孟罗·斯密所著的《欧陆法律发达史》中有较为详尽的描述。[②]

罗马法对于近代民法的影响或贡献表现在四个方面:其一,罗马法创建了成文法也就是制定法的基本模式,将立法确定为专门机关的功能,并创立了法典化的雏形。我国《民法典》的基本体系结构也都有罗马法的影子。其二,罗马法建立了公法与私法相区分的理论模式,并试图按照这一区分来制定法律。在市场经济背景下,公、私法区分与市场经济的规律相契合,反映了市场经济的规制需求。其三,罗

---

① 陈朝璧:《罗马法原理》,法律出版社2006年版。

② [美]孟罗·斯密:《欧陆法律发达史》,姚梅镇译,中国政法大学出版社2003年版。

马法按照商品生产和交换的需要确定的法律规则,确立了民法的范畴,以及民法在社会经济生活领域里的基本法地位。罗马法在民法方面建立的基本概念系统,成为后世民法发展的基础,现代各国民法使用的主要概念,在罗马法中都有反映,尽管具体内涵可能已随着时代的变迁而发生变化。其四,最为重要的是,罗马法贯彻的平等、自愿、理性、意思自治的民法精神成为后世民法永远的楷模和发展动力,私法自治仍然是现代民法最重要的精神内核。

随着东罗马帝国的灭亡,罗马法一度失传。11 世纪时,罗马法中的《学说汇纂》首先在意大利博洛尼亚(Bologna)重现于世,此后其他部分也陆续被发现。由于罗马法的内容能为当时欧洲社会发展所利用,很快便在欧洲掀起了学习研究罗马法的热潮。1088 年,意大利建立了西方第一所正规大学博洛尼亚大学,它是欧洲最著名的罗马法研究中心。启蒙时代研习罗马法的热潮被历史学家称为"罗马法的重新发现和重新解释"(Rediscovery and Reexplanation of Roman Law)。它与当时兴起的欧洲的"文艺复兴运动"(Renaissance)和"宗教改革运动"(Reform of Religions)合称为"三 R 运动",共同构成了近现代民法的哲学、思想和政治基础①,并最终影响了近代两大法系的形成,尤其是对大陆法系而言,可谓"言必称罗马法"。

近代民法发展所贯彻的精神与宗教改革、文艺复兴等诸多运动所蕴含的精神是一致的,即康德的哲学观点所表达的"人是主体而不是客体,人是目的而不是手段",它跟现在社会主义所倡导的"以人为本"也有一定的共同点。"三 R 运动"之后,资本主义的市场秩序逐步建立,近代民法的雏形也逐渐显现,以《法国民法典》为代表的近代民法典也陆续登上历史舞台。

二、近代民法的演变

近代民法的演变主要表现为大陆法系国家民法的发展过程,这里说的大陆法系主要是指基于欧洲大陆国家法律体系的共同特点概括出来的法系,又称为民法法系。与之对应的是普通法系,是以英国普通法为基础发展起来的法律体系的总称,所以又叫作英美法系。英美法系国家没有民法,但也有功能上相当于民法的法律制度。大陆法系又可分为以《法国民法典》为代表的罗马法系和以《德国民法典》为代表的德意志法系。在选取近代民法的演变过程中,我们首先选取《法国民法典》和《德国民法典》进行介绍,除此之外,又因为《瑞士民法典》和《日本民法典》对我国民法的影响较大,尤其是在从近代民事立法开始的移植外国法的历史

① 汪太贤:《论罗马法复兴对近代西方法治理念的奠定》,载《现代法学》2000 年第 6 期,第 32 页。

进程中,这两部民法典都是不可忽略的移植来源,所以也要对它们的演进过程作出介绍。

(一)法国民法典

近代大陆法系下民法最杰出的代表是《法国民法典》。该法典基本上就是按照启蒙运动以来所弘扬的"理性"编制而成的。为了达到限制司法中法官任意裁判的目的,法国大革命一开始便将制定统一的民法典作为其最重要的目标之一。拿破仑在 1799 年执政之后加快了民法立法的步伐,他所任命的四人委员会在 1803 年之前制定出 36 项单项立法并顺利通过,1804 年 3 月 1 日这些法律被合并为一体,以"法国人的民法典"的名义正式颁布生效,该法典共 2 281 条。由于拿破仑本人在这部民法典制定过程中发挥了极大的作用,这部法典一度被称为《拿破仑法典》,如我国商务印书馆出版的由李浩培先生等人翻译的版本,就命名为《拿破仑法典》①。

《法国民法典》是按照罗马法中《法学阶梯》所确定的"人、物、诉讼"这一民法认识结构来编纂的。该法典的第一编为"人",第二编为"财产及对于所有权的各种限制",第三编为"取得财产的各种方法"。这种民法结构认识论的特点是简明易懂,符合一般民众的认知水平。该法第 4 条规定的"法官不得以无立法而拒绝审判"的原则,被认为是现代法治国家原则的基本内容,获得了世界法治国家的普遍仿效。《法国民法典》第 544 条规定:"所有权是对于物有绝对无限制地使用、收益及处分的权利,但法令所禁止的使用不在此限",确认了所有权绝对的原则;第 1134 条规定:"合同依法成立,在当事人之间具有相当于法律的效力",确立了合同必须严守原则,被认为是贯彻了理性法学主张的以人自己的意思设定权利义务关系的要求的特征;第 1382 条规定:"因过错致人损害的,应对他人负赔偿责任",确立了过错责任归责原则,表明了民法典奉行自己行为自己负责的个人主义立场。

《法国民法典》在 1804 年颁布之后沿用到现在,篇章结构从原有的三编制转变为五编制。五编制是在原有的人、财产及对于所有权的各种限制、取得财产的各种方法的基础上,增加了担保和在马约特适用的条款两编,当然其具体的条文也随着时代的发展进行了增加。《法国民法典》从 1804 年制定至今,从法兰西第一帝国到法兰西王国再到法兰西共和国,历经多次政权更迭。相对于历经了五个版本的共和国宪法(根据宪法的不同,现代法国也被称为法兰西第五共和国),《法国民

① 《拿破仑法典》,李浩培、吴传颐、孔鸣岗译,商务印书馆 1979 年版。

法典》并没有颠覆性的改变，而有着不朽的生命力，故有法谚“公法易逝，而私法长存”。《法国民法典》的长存也证明，法典既有利于资本主义市场经济的秩序构建，其解释适用又是以法学的科学方法展开的。

《法国民法典》颁布之后被世界上许多国家引进。意大利、西班牙、葡萄牙、部分非洲国家以及拉丁美洲的多数国家的民法典都采纳了《法国民法典》的体例模式，所以民法理论把这种立法模式称为拉丁法系或罗马法系。

(二)德国民法典

近代大陆法系民法的另一个杰出代表是《德国民法典》。该法典从1873年开始制定，一直到1896年才完成，自1900年开始生效，历时整整27年。该法典制定之初共2 385条，至今已经过100多次的修改。2002年颁布的《债法现代化法》是对该法典大比重的一次修改，也使得《德国民法典》具备了很多现代要素。①

《德国民法典》从其体例模式上看仍然是罗马法的继承者，不过他所继承的，是罗马法《学说汇纂》的体系模式。这种体系模式的特点，是其编制没有遵循《法国民法典》那种“人、权利、权利取得”的三编式逻辑结构，而是采纳“总则、债权、物权、亲属、继承”这种五编式逻辑结构。物权、债权、亲属和继承部分是有关最基本的民事权利的规定，而总则部分又是关于这些权利的最一般的规定：比如民事权利主体；权利取得、变更与废止的制度；权利的行使、限制以及保护的制度等。仅仅从这一点就可以看出，该法典的编制渗透了“从具体抽象出一般”的思维逻辑，法典始终贯彻了这种立法技术。比如“援引”等这些手段、这些技术使得立法具有简洁明快的特点，但也因如此，从直观方面来看，《德国民法典》中已经没有了《法国民法典》那种高涨的革命激情，只有冷静的法律技术化的各种规范和制度。正因为此，《德国民法典》被称为“教授的法律”或者“法律计算机”，严格的概念体系以及精确的立法技术为许多法学家喜爱，同时又因为缺乏“人民性”而广受革命家的批评。

《德国民法典》采纳的技术化的立法路线并不是思想保守的表现，因为该法典同样是启蒙思想的产物。该法典第1条规定：“私权的享有始于出生”，明确了每个自然人的权利能力生而平等。对此，法律外行可能觉得莫名其妙，但是法律人都知道，这一规定其实渗透了理性法学以及启蒙思想带来的自由主义精神。该法典没有以革命的热情宣扬《法国民法典》用条文具体表述的“私权神圣”“合同自由”

① 《德国民法典》，陈卫佐译注，法律出版社2015年版。

“自己责任”，但是却用大量的条文将这些精神贯彻在法典的各项制度之中。另外，《德国民法典》广泛且坚决地采纳了德国法学家几代人的研究成果，尤其是萨维尼及其弟子温德沙伊德等人的成果被成功地运用到法典编纂当中，并形成了以编纂民法典为对象的“潘德克顿法学”。

《德国民法典》公认的不足之处不是它的立法技术，而是它没有反映当时已经充分表现的劳工问题等社会问题。其在强调人的自由和解放的同时，出于担心人被物化而没有明确人格权等内容，因此，该法典被法学家齐特尔曼评价为“一个历史现实的审慎终结，而非一个新的未来的果敢开端。”[①]《德国民法典》之前以及之后，采纳该法典的概念以及立法模式的其他国家民法，形成了不同于法国民法的新模式，因为其主要存在于德意志地域范围，所以这一模式被称为德意志法系。《德国民法典》之外，瑞士等均采纳这一模式。始于清末的我国近代立法改革，从一开始就选择了这种模式并延续至今。

（三）瑞士民法典

《瑞士民法典》是近代民法试图过渡到现代民法的代表，它是由欧根·胡贝尔（Eugen Hubert）起草完成的。欧根·胡贝尔于1900年完成了由人、亲属、继承、物权四编组成的民法草案，即司法部草案。1902年，瑞士政府一方面将此草案附以理由书公布，一方面交付由31人组成的专家委员会讨论。1904年讨论修改后形成的联邦议会草案被提交至联邦议会。1907年12月10日，联邦议会全体一致通过该草案，并将《瑞士民法典》公布。《瑞士民法典》于1912年1月1日起施行。《瑞士民法典》采取民商合一的立法体例，不仅适用于民事法律关系，而且适用于商事法律关系。瑞士立法者有意识地不制定独立于民法典之外的商法典。与之不同的是，欧洲的法国、德国等都有单独的商法典，亚洲的日本、韩国也都有单独的商法典。《瑞士民法典》民商合一的体例对我国民法采取民商合一的体例影响很大，另外，相对于《德国民法典》，《瑞士民法典》没有总则编。值得注意的是，单独通过的《瑞士债务法》虽然构成了《瑞士民法典》第五编，但《瑞士债务法》因1911年3月30日《关于补充民法典的联邦法律》的通过而被分开制定且有其单独的条款序列，因而具有相对的独立性。在《瑞士民法典》里，有不少关于诉讼程序的规定，如关于离婚程序的第135条及以下，但随着1999年4月18日颁布的新联邦宪法赋予联邦以关于民事诉讼的立法管辖权，上述现象已有所改观。[②]

---

① ［德］K. 茨威格特、H. 克茨：《比较法总论》，潘汉典等译，法律出版社2003年版。

② 《瑞士民法典》，戴永盛译，中国政法大学出版社2016年版。

虽然《瑞士民法典》是一部具有独创性的民法典,但它有意识地沿袭了德语各州的民事立法传统,或沿袭了西部法语各州的民事立法传统。可以说,它既受到了《德国民法典》的影响,又受到了《法国民法典》的影响。例如,在动产买卖合同与动产所有权转让的关系问题上,《瑞士民法典》自 1929 年以来采用“要因的交付主义”,区分所有权转让行为和使所有权转移正当化的法律上的原因,即基础合同(如买卖合同),且不在有效性方面赋予所有权转让行为以无因性。除了作为转让动产所有权的必要条件的交付之外,不但要求所有权转让行为必须有效,而且要求基础合同也必须有效;如果基础合同不成立或不产生效力,则所有权转让行为亦不成立或不产生效力。在所有权转让行为不成立、不生效或被撤销的情形下,动产所有权视为从未转移给买受人,出卖人仍可基于其所有权请求买受人返还动产。在这一问题上,《瑞士民法典》不像《德国民法典》那样采取处分行为在有效性方面的无因性原则。又如,《瑞士民法典》第 934 条第 1 款和第 2 款仿效了《法国民法典》关于善意取得的规定。

《瑞士民法典》是一部勇敢和自信的民法典。其一,它承认法律是有可能存在漏洞的,其有名的第 1 条第 2 款授权法院在无制定法和习惯法规则可依循的情形下创制新的具有法律约束力的民法规则。《瑞士民法典》第 1 条第 2 款的措辞如下:“无可适用的法律规定时,法院应依据习惯法进行裁判,并且在无习惯法时,依据法院自己作为立法者确立的规则进行裁判。”这实际上是授予法院以补充立法权,以此来填补法律漏洞,并克服制定法和习惯法的不足。其二,《瑞士民法典》第 2 条第 1 款强调,人人都有义务依照诚信原则行使其权利和履行义务。同条第 2 款禁止以显著的方式滥用权利。其三,《瑞士民法典》第 4 条要求法官在有必要行使其自由裁量权时,务必以正义与公平原则为基础。

由于在获得通过之前进行了长期、充分的理论准备和深入、细致的学术研究,《瑞士民法典》成为它所代表的法典编纂类型的较为成熟的立法成果,被公认为是一部优秀和成功的民法典。它和《德国民法典》《法国民法典》一样,在全球范围内享有盛誉,并获得了一些国家的认可和继受。例如,《瑞士民法典》几乎原封不动地被 1926 年的《土耳其民法典》所继受,仅在夫妻财产制等问题上有所例外。土耳其即便在其施行于 21 世纪初的新民法典之第 1 条第 2 句中,仍旧保留着 1926 年《土耳其民法典》中的这样一条规定:“无可适用的法律规定时,法官依据习惯法进行裁判,并且,无习惯法时,依据假如法官自己处于立法者的地位时所会确立的规则进行裁判。”这一规定显然继受了《瑞士民法典》第 1 条第 2 款。1942 年的《意大利民法典》和《希腊民法典》在起草的过程中,均参考了《瑞士民法典》。

(四)日本民法典

继受大陆法系的亚洲国家的民事立法中,最典型也是最成功的就是《日本民法典》。日本社会在近代也经历过半殖民地半封建社会时期。当时,日本为了快速近代化和摆脱半殖民地半封建社会状态,采取的一个重要举措就是学习西方法律制定法典。日本为学习先进法律,在制定民法典时,请法国人保阿索那德帮助制定民法典,而日本的民事诉讼法则是直接照搬了德国的民事诉讼法。但是保阿索那德帮助制定的日本旧民法并没有真正施行。当时日本关于民法的制定也分为两派,拥护派以倾向于自然法的法国法学派为中心,称为"断行派"(立即施行派);反对派则以倾向于历史法学的英国法学派为中心,称为"延期派"(延期施行,然后进行改废)。对旧民法拥护和反对的两派,展开了"法典论争"。当时一位著名的日本法学家穗积八束反对旧民法,写文章指出如立即实行旧民法的后果为"民法出,忠孝亡",延期派占据了论争的上风。后来,日本政府指定三位日本法学者穗积陈重、富井政章、梅谦次郎牵头起草了日本的新民法。这部法典在体例上明显具有仿效当时还没有施行的《德国民法典》的特征,但其实质上还是有很多内容受到《法国民法典》的影响,在 1898 年施行。[①]《日本民法典》对于日本摆脱半殖民地半封建社会状态有着很大的作用,推动日本很快进入了资本主义时代,并成为当时的东亚第一强国。

《日本民法典》对我国也有一定的影响。清末起草《大清民律草案》时,清政府也请了日本人来帮忙。彼时最重要的贡献是将日本人用汉字创造的一些法律词汇引入中国,现今我国使用的很多法律词汇都是日本人用汉字组合翻译欧洲大陆法系法律词汇时创造的,如"民法""法律关系""法人""法律行为""时效"等,甚至"法律"一词也是日本人创造的汉字词。在今天看来,这些词的组合从法律科学的角度看并不一定准确,但因为长期的使用而一直延续至今。另外,日本侵华时在我国东北地区建立的伪满洲国也曾经颁布了一部日本人牵头起草的"满洲国民法"。这部法典既总结了中国人的生活习惯,也结合了日本的立法经验,但因日本战败而没有真正施行,伪满洲国也随之灭亡。

三、我国民法的发展历史

我国近现代民法典的编纂从清朝末年开始。1902 年开始的修律变法活动,在

① 王融擎编译:《日本民法:条文与判例》,中国法制出版社 2018 年版。

法典编纂形式上改变了中国传统的“诸法合体”的形式，明确了实体法之间、实体法与程序法之间的差别，分别起草或颁行了有关宪法、刑法、民法、商法、诉讼法、法院组织法等方面的法典或法规，形成了近代法律体系的雏形。当时民律的起草人立志采纳世界最精确的法理，也请了日本人松冈义正等来帮忙。1911 年《大清民律草案》起草完成，该草案由总则、物权、债权、亲属和继承五编组成，共 1 569 条。虽然该草案还没有来得及颁布，清朝政府即被推翻，但它仍被公认为我国民法的发展起到了奠基的作用。

“中华民国”成立后即以《大清民律草案》为基础编制民法典，1925 年完成第二次民律编纂。该草案又称“第二次民法草案”。该草案颁布之后，民国司法部通令各级法院准其适用，但始终未成为正式法典。1929 年，国民政府再次成立民法起草委员会，到 1931 年陆续完成民法总则、债编、物权编、亲属编以及继承编的起草工作，并先后颁布施行。该民法典共 29 章 1 225 条，采纳了当时国际先进的法学理论，梅仲协认为：“采德国立法例者，十之六七，瑞士立法例者，十之三四，而法日苏联之成规，亦常撷取一二。”[①]这部民法典在编纂的过程中，曾经参照了《德国民法典》、《日本民法典》、1899 年的《日本商法典》、《瑞士民法典》、《瑞士债务法》、《苏俄民法典》、1924 年的《暹罗（泰国）民商法典》、1926 年的《土耳其民法典》、1926 年的《土耳其债法典》以及 1916 年的《巴西民法典》等。而且，这部法典也能够联系中国实际，立法之前在中国境内进行了大规模的民事习惯调查，因此，不论从法理上还是从立法技术上看，这部法典在当时的世界上都是先进的。

1949 年中华人民共和国成立之后，我国政府曾于 1954 年、1962 年和 1979 年三次组织民法典的起草工作。这三次起草都是从国家需要发展经济的时期开始的，但是这些立法目标最后都没有达成。民法范围内的立法，长期以来只有 1950 年颁布的《中华人民共和国婚姻法》（以下简称《婚姻法》）。改革开放之后，我国在 1979 年再次试图制定民法典，但因此时正处在我国从苏联计划型的经济体制转变为社会主义市场经济体制的过程中，许多问题尚未梳理清楚，民法典依旧难产。当时的全国人大常委会委员长彭真认为，制定法律“宜粗不宜细”“成熟一个制定一个”“制定一个完善一个”。所以，我国的民事立法一直秉持这一方针，陆续制定的民事立法包括《中华人民共和国经济合同法》（1982 年）（以下简称《经济合同法》）、《中华人民共和国商标法》（1983 年）、《中华人民共和国继承法》（1985 年）（以下简称《继承法》）、《中华人民共和国民法通则》（1987 年）（以下简称《民法通

① 梅仲协：《民法要义》，中国政法大学出版社 2004 年版。

则》)、《中华人民共和国收养法》(1991 年)、《中华人民共和国担保法》(1995 年)(以下简称《担保法》)、《中华人民共和国合同法》(1999 年)(以下简称《合同法》)、《中华人民共和国物权法》(2007 年)(以下简称《物权法》)、《中华人民共和国专利法》(2009 年)、《中华人民共和国侵权责任法》(2010 年)(以下简称《侵权责任法》)等多部民事单行法,逐步实现了民法典体系的制度完善,健全了中国特色社会主义市场经济的法治保障。其中,最早制定的以《经济合同法》为代表的立法,虽然主要内容是民法规范,但限于当时计划经济的背景,也有很多内容是行政管理性的规定,属于公法规范。1986 年,立法机关以民法典草案总则编的内容为基础,添加民法典其他部分的一些内容制定了《民法通则》。《民法通则》的制定意义重大,在当时计划经济的条件下,它的颁布宣告了民法调整平等主体之间的财产关系和人身关系,确定了民法作为我国基本法律的地位,甚至被外国人称为“中国的人权宣言”。这一方面是对这部法律的褒扬,另一方面也说明它仅是一个“宣言”,缺乏更多细致的具体规定。

1992 年,我国修改宪法,明确宣布要建立社会主义市场经济体制,民法获得了真正的立法基础。我国立法机关经过 7 年努力,首先成功制定了统一的《合同法》,于 1999 年施行。该法的制定基本上坚持了大陆法系的法学理念,并采纳了一些英美法系的具体制度规则,但其最重要的历史意义是宣告民事立法真正成为我国社会主义市场经济法治的重要内容。《合同法》制定的同时,我国立法机关就已经开始物权法的制定工作,经历了历史性的 7 次审议之后,《物权法》于 2007 年颁布施行。2009 年《侵权责任法》颁布,并于 2010 年施行。《侵权责任法》是为了保护民事主体的合法权益,明确侵权责任,预防并制裁侵权行为,促进社会和谐稳定而制定的法律。该法的出台基本上补齐了民法典各部分的内容,但我国的社会主义市场经济法治体系中还是缺乏真正意义上体系完整的民法典。

2014 年 11 月,党的十八届四中全会明确提出编纂民法典。2016 年 6 月,十二届全国人大常委会第二十一次会议初次审议了《中华人民共和国民法总则(草案)》(以下简称《民法总则》),标志着民法典编纂工作进入立法程序。2020 年 5 月 22 日,《民法典》草案在第十三届全国人民代表大会第三次会议上审议。2020 年 5 月 28 日下午,第十三届全国人民代表大会第三次会议表决通过了《民法典》,中华人民共和国第一部民法典正式诞生。《民法典》被称为“社会生活的百科全书”,是中华人民共和国第一部以“法典”命名的法律,在法律体系中居于基础性地位,也是社会主义市场经济的基本法。《民法典》共分七编,采取了总则加分编的结构,依次为总则编、物权编、合同编、人格权编、婚姻家庭编、继承编、侵权责任编以及附则,共计 1 260 条。其中,总则编是《民法典》的一般性规定,各分编是各种民事法律关系中的具体规定。《民法典》各分编遵循以下原则:一是内容具有基础性;二是内容具有普遍性;三是内容具有稳定性;四是内容具有平等性和自愿性。对于涉及特定群体、领域的内容,原则上由民事特别法规定;对于《民法典》各分编规定难以涵盖和替代的内容,不宜纳入;对于那些还处于发展变化中、经验还不成熟、拿不准的内容,暂不纳入。例如,人格权关系到每个人的人格尊严,是民事主体最基本、最重要的权利。保护人格权、维护人格尊严,是我国法治建设的重要任务,近年来加强人格权保护的呼声渐高,综合考虑各方面意见,总结我国现有人格权法律规范的实践经验,在民法典中增加人格权编是较为妥当、可取的,而设立知识产权编目前条件还不成熟,此外,《民法典》也不宜设立涉外民事关系法律适用编。于是,《民法典》最终采取七编制,这也是科学立法、民主立法、依法立法的体现。《民法典》的实施标志着我国的民法制度进入了全新的"民法典时代",将进一步推动民事权利的全方位保护,为实现"两个一百年"奋斗目标、实现中华民族伟大复兴的中国梦提供更加坚实的法治保障。我国《民法典》的编纂完成,与近现代诸多民法典一样,其最重要的作用是凝练时代的精神,构建我国民法的体系。《民法典》的编纂完成和颁布对我国经济与社会发展产生了巨大的影响。

第三节

民法的全貌

一、民法的体系

(一)民事法律关系

民法内容庞杂,诸多内容通过体系化的安排被组合在一起,而此种体系化安排的根据是民事法律关系分析的方法,或者说民法学研究的对象就是各种民事法律关系。民事法律关系理论不仅是民法学整体理论体系的主线,理解好它还有助于更好地把握各种制度以及民法的本质。同时,在完善民事立法、准确理解民事法律规范以及正确适用民事法律规范和指导民事司法实践方面,它也同样具有重大意义。

设例 4:

甲和乙是好朋友。某日，甲邀请乙于周日中午到家中吃饭，乙欣然同意。于是甲花费 2 000 元精心准备了一桌好菜，并准备价值 3 000 元的白酒一瓶。周日中午，乙因与妻子吵架心情不好而没有前往。甲提出乙应当承担民事责任。

问题：甲能否就其损失要求乙承担民事责任?

在设例 4 中,甲邀请乙到家中吃饭的行为,性质上属于社交行为或情谊行为,不是一种法律关系,如果乙爽约了,只能受到道义上的谴责,并不需要承担赔偿损失等民事责任。

法律关系理论由德国法学家萨维尼首次提出,他认为法律关系就是由法律规定的人和人之间的关系,进而言之,民事法律关系就是民法规定的人与人之间的关系。[①] 民事法律关系是整个民法逻辑体系展开与构建的基础。民法学在一定意义上就是民事法律关系之学,以研究民事法律关系的各项要素以及民事法律关系的变动为主要内容。所以,我国台湾地区学者郑玉波曾概括:法书万卷,法典千条,头绪繁杂,莫可究诘,然一言以蔽之,其所研究或所规定之对象,不外法律关系而已。[②] 法律关系与其他社会关系的区别在于:它是因为民法规定而在当事人之间产生的权利义务关系。民事法律关系就是民法在调整人们之间社会关系的过程中所形成的社会关系。它是平等的民事主体之间的财产关系和人身关系在法律上的表现形式。

民事法律关系具有以下特征:

第一,民事法律关系是一种社会关系。社会关系是一种人和人之间的关系。英国作家笛福的《鲁滨孙漂流记》描述了鲁滨孙船舶失事漂流到荒岛生活的经历,当鲁滨孙独自生活在荒岛上时,自然没有社会关系可言,也无须社会规范的调整。后来一个叫作星期五的土著人出现,两个人之间就发生了土地、食物的分配等一系列社会关系,但星期五是鲁滨孙救下的人,他成了鲁滨孙的奴隶,资源的分配就由鲁滨孙说了算。再到后来,鲁滨孙救下的一些西班牙人来到岛上,平等主体之间的关系就必须用法律规范加以调整。现代社会中,人生活的社会环境要比鲁滨孙的荒岛复杂得多,人难免与他人发生一定的联系。这就在客观上需要一定的社会规范来确定各方的权利义务,从而达到定分止争的目的。民事法律关系就是这样一种人和人之间的社会关系。

---

① [德]萨维尼:《当代罗马法体系 I》,朱虎译,中国法制出版社 2010 年版。

② 郑玉波:《民法总则》,中国政法大学出版社 2003 年版。

在形形色色的民事法律关系中，虽然有些关系看似为人和物之间的关系，例如在所有权关系中所有人有权依法对自己的财产占有、使用、收益、处分等，但是这种法律关系在强调人对物的支配的同时，也意味着所有人以外的任何人都有义务不去妨碍所有权人行使权利。所以物权关系本质上也包含着某种程度的人与人的关系。

第二，民事法律关系是一种法律调整的社会关系。社会关系纷繁复杂，调整社会关系的规范也多种多样，如法律规范、道德规范、纪律规范等。而民事法律关系作为法律关系，是一种由法律所调整的社会关系，法律规范与其他规范的不同之处在于它的实施得到了国家强制力的保障。

民事法律关系是由民法调整的社会关系，这里所说的民法是广义的民法，不仅仅指《民法典》，还包括民事单行法、行政法规、部门规章、地方性法规、自治条例和单行条例、司法解释等。此外，《民法典》第 10 条还规定，习惯符合一定的条件也能够成为调整社会关系的法律渊源。由民法所调整的法律关系才能称为民事法律关系，至于某种社会关系是否为民法所调整，则通常由国家根据社会经济发展情况、社会一般观念来加以确定。例如对于婚姻关系之外的性关系，在不同的时代可能情况不同，有可能由民法调整，也可能由行政法甚至刑法所调整，还可能只是由道德规范调整，而法律不予规范。

第三，民事法律关系是具有主体平等性的法律关系。民事法律的最主要特点是其主体的平等性。民事法律关系是平等主体之间的关系，各民事主体不论是自然人、法人、非法人组织，甚至是基于公有制经济制度而特殊作为权利归属主体的国家，在民事法律关系中都具有平等的法律地位，权利和义务是一致的，主体之间没有隶属的关系。这与公法上法律主体之间的“命令—服从”关系形成了鲜明的对比。基于主体的平等性，各主体之间的权利义务也往往具有公平性、对等性，因此，许多财产关系都以等价有偿为原则。

第四，民事法律关系大多是主体可以作出任意性选择的法律关系。民事法律关系的主体地位平等、意思自由，而且民法规范大多数也是可以选择的任意性规范，在民事关系的发生、变更和消灭的过程中，当事人都可以在法律规定的范围内自由选择、自由决定，相互间可以自由协商。这是民事法律关系作为一种法律关系与行政法律规范、刑事法律规范、诉讼法律规范等命令性、禁止性法律规范调整的地位不平等的主体而产生的具有强制性的法律关系的主要区别。

（二）民事法律关系的要素

民事法律关系的要素包括主体、内容和客体。

第一,民事法律关系的主体,又称民事权利义务的主体、民事权利主体、民事主体,是民事法律关系构成中所谓“静”的要素之一。民事主体是民事法律关系的重要构成因素,任何民事法律关系的发生、变更和消灭,都必须以主体的活动为前提。民事主体通常有两种意义:一是指特定权利的归属者,这是其具体意义;二是指享有民事权利、承担民事义务的法律资格,这是其抽象意义。民事主体通常是指后者。民事主体在民法上被称为法律人格,即经过法律认可、参加民事关系、享受民事权利并承担民事义务的社会存在。

传统民法实际上承认由自然人和法人组成的二元主体的结构,但近代《法国民法典》却只承认自然人这一单一民事主体,只有商法典才承认法人这一市场主体的存在。这是因为,当时法国的立法者认为,在反封建的过程中团体恰恰是束缚人或者说是压迫人的工具,所以在早期,《法国民法典》回避了社会组织作为主体的存在。作为近代民法典另一代表的《德国民法典》则是非常典型的二元主体的结构,即民事主体大致分为两类,一类是基于自然规律而出生的人,另一类是社会组织被法律拟制的“人”。随着社会的发展,典型的民事主体构造被打破,当《德国民法典》确定这两种典型的民事主体后,很快发现还存在一些非典型的主体形式,例如早期德国社会主义的政党,它需要取得主体地位,但是社会民主工党跟德意志当权的容克贵族对立,所以该政党被排斥于法人的制度构造之外,故将这种主体叫作无权利能力的社团。后来,在诉讼中这种主体的地位慢慢被承认,并被起名为“有当事人地位的无权利能力的社团”。我国《民法典》也承认自然人、法人之外还存在非法人组织这一特殊民事主体。

社会存在只有同时具备以下两个条件才能被称为民事主体:其一,必须是生物意义上的人或社会组织之一种。其原因在于民事主体必须通过自己的自由意思获取权利、承担义务,这种意思只有生物意义上的人才能形成和表达,社会组织的意思也是通过具体的人形成和表达的。其二,必须经过法律认可。民事主体是一个历史范畴,同时也是一个法律范畴。在一定的历史时期内,哪些生物意义上的人和组织能够称为民事主体取决于法律规定。近现代各国民法均承认自然人、法人为两种最基本的民事主体。

第二,民事法律关系的内容即民事权利和民事义务,是民事法律关系构成的“动”的要素之一。民事权利是指民事主体享有的法律上的特定利益。民事义务是指民事主体为一定的行为或不为一定的行为的负担或不利益。

另外,现代民法理论认为民事责任也是民事法律关系的内容。民事责任是保障民事权利义务关系顺利实现的法律强制手段,只有在一方不履行民事义务的时候才会发动,而且它还由国家公权力加以保障。

第三,民事法律关系的客体即民事法律关系内容的载体,民事权利义务的客观表现形式,也是民事权利主体所享有的民事权利和民事义务主体所负担的民事义务共同指向的对象。在民事法律关系中,如果不存在客体,民事权利义务就无所依托,民事法律关系也就不会存在。因此民事法律关系的客体是民事法律关系不可缺少的构成要素。

民事权利客体又称民事权利的标的,是指民事权利所指向的对象,即民事权利的利益载体。民事权利是民事法律关系内容的主导方面,权利义务是相互对应的,权利所指向的对象也就是义务所指向的对象,权利的载体也就是义务的载体,因此民事权利的客体也就是民事法律关系的客体。

民事权利客体具有三方面特点:其一,有益性。所谓有益性,是指能够满足人们的利益需要。民事主体参与民事法律关系,享受民事权利,总是为满足自己的一定利益的需要。即使是义务性的权利,也是为维护和保护某种利益,只不过该种利益不属于权利人本身。例如,父母对未成年子女的权利,是以身份利益为客体的,该种利益主要是满足未成年人的需要,但若无利益存在,也就不会有权利存在。民事法律关系建立的目的,是保护某种利益、获取某种利益,或分配转移某种利益,因此民事法律关系客体所承载的利益,是民事权利和民事义务联系的中介。能够满足人们需要的利益是多种多样的,既有物质的,也有非物质的。因此民事权利的客体可以是物质财富,也可以是非物质财富,但不具有有益性的事物不能够成为民事权利客体。其二,客观性。所谓客观性,是指不以主体的意志为转移。民事权利客体是存在于主体之外的客观现象,它既可以是客观物质世界的现象,也可以是客观精神世界的现象,但是不依赖主体的意识存在。民事权利主体可以选择或决定以何种客观现象为权利客体,但该客体不依主体的意识而存在或转移。仅在主体的意识或意念中存在,在客观上并不存在的事物,不能为权利的客体。其三,法定性。所谓法定性,是指民事权利客体是否由法律规定。因为民事权利是为法律所确认和保护的利益,它取决于一定社会的物质生活条件。因此,何种客观事物可为民事权利客体,也是由法律确认的。例如,隐私作为一种人格利益,是客观存在的现象,但在法律未确认其为权利客体时,就不能作为权利客体;又如知识产品,在古代社会并不为权利的客体,但在现代社会已成为权利的客体。

关于民事权利客体或法律关系客体的种类,学者中有不同的观点。有学者认为应区分权利客体和处分客体:权利得以物、精神上创造为其支配的客体,是为第一层次的权利客体。权利本身得作为权利人处分的对象,乃为第二层次的权利客体或处分客体。后者得为处分的客体者,除物权、无体财产权(智慧财产权)及债权外,尚包括一定的法律关系(如买卖、租赁)。这一区分是有道理的。学者通说认为,不同的民事权利的客体是不同的,民事权利多种多样,民事权利客体也多种多样。总的说来,民事权利客体包括以下种类:其一,物。物是物权的客体。另外,有价证券通常被看作是物的特别形态,但有价证券与物不是同一概念,其通常为权利凭证。从权利凭证的意义上说,有价证券为物;而从所代表的权利上说,有价证券为财产权利。其二,行为。行为包括作为或不作为,主要作为债权的客体。当然,有的行为需要与一定的工作成果或物结合才能成为客体,有的行为仅为一种服务或劳务的提供。其三,知识产品。知识产品,有的也称为精神创造或智力成果,是知识产权的客体。其四,权利。权利也可以为权利的客体,权利质权的客体就是权利。但作为权利客体的权利一般只能是财产性权利,并应具有非专属性。其五,人身利益。人格与身份所体现的人身利益属于非物质利益,是人身权的客体。

(三)民事法律关系的意义

第一,民事法律关系具有阐释民法理论的价值。民法理论,研究作为民事法律关系发生根据的各种法律规范,研究发生民事法律关系的各种原因,研究民事法律关系的发生、变更与消灭,均围绕民事法律关系展开和延伸。所以在很大程度上,民法学即民事法律关系学。民事法律关系理论既是民法学理论的基础,也是民法学理论的总纲。纲举目张,研究民事法律关系对于研究民事立法及各种具体民事法律制度和规范具有十分重要的意义,对民事法律关系理论的深入研究有助于进一步完善民事立法,两者交互为用,相辅相成。

第二,民事法律关系的司法指导意义。长期以来,我国民法理论研究偏好民事法律关系的理论价值,而对确认民事法律关系之于司法审判实践的正确指导意义重视不够。在错综复杂的民事案件中,民事法律关系理论有助于厘定各方当事人之间的关系,帮助法官顺利适用法律。另外,它还可以帮助我们正确认定诉讼当事人(包括第三人),因为民事法律关系是决定当事人在诉讼中的关系的实体法基础。

(四)民事法律关系的分类

民事法律关系可分为财产关系和人身关系,根据《民法典》第 2 条的规定,我国民法的调整对象是平等主体之间的财产关系和人身关系。《民法典》的各分编也是按照此分类去布局的。《民法典》第二编、第三编就是财产关系的表现;第四编、第五编就是人身关系的表现;第六编继承编比较特殊,继承编的内容是规范财产继承,但确定继承顺序和财产归属的是身份关系和具有人身属性的协议。继承在现代被界定为财产继承,但是在古代继承不仅仅是财产继承,还包括身份继承,例如《日本民法典》在1947年修改之前一直存在作为身份继承的“家督继承”,美国在占领日本期间推动修改《日本民法典》,将其废除,从而使民法典继承编的内容仅涉及财产继承。特别需要指出的是第七编,第七编侵权责任编规范的侵权行为在传统民法中一直是作为债的发生原因,在现代民法中,侵权责任则成为保护各种民事权利的后果归结。以下按照《民法典》分则编的编排顺序对财产关系和人身关系的内容进行介绍。

1. 财产关系

经济关系的根本是所有权和合同。个人各自拥有物、金钱,这是所有权。另外,以此为前提,民事主体之间交换各自的物、金钱,或者是自己的劳动力,也就是合同。所谓财产法,就是以这种经济关系的基本模式为依据构建的法律秩序,其核心是以所有权和合同为基础构建起来的各种法律关系。

设例5:

甲拥有一处海滨别墅A,每年夏天都去那里度假。但今年夏天甲去的时候却发现别墅A已经在半年前被乙占用居住。

问题一:甲如何主张权利?

问题二:如果乙在占用期间损坏了门和玻璃等,甲可以主张什么权利?

民法中的财产法将对物的所有作为权利来保障,承认主体对物进行自由占有、使用、收益和处分等权利。在设例5中,甲拥有一处海滨别墅,即意味着甲享有A的所有权,基于所有权的保护,甲可以主张妨碍排除请求权,即要求妨碍所有权人对所有物进行使用、收益、处分的人排除妨碍的权利,要求乙搬出别墅A。甲还可以主张不当得利返还请求权,要求擅自利用所有物获得利益的人返还该利益,如要求乙支付使用别墅期间的与使用费相当的利益。对于问题二,在乙损坏了甲的所有物的情况下,甲可以要求侵害所有物的人赔偿由此造成的损害,这是用侵权责任来保护所有权的方式,在物被毁损甚至灭失的情况下,权利人主张侵权行为人承担损害赔偿的侵权责任可以从价值上保护权利。

所有权的法律关系是由《民法典》物权编规范的,是财产关系的一种。与物权关系对应的是债权关系,最典型的表现是通过合同形成的法律关系。在保障个人所有权的前提下,财产法将所有物的交换作为合同制度予以保障,由此订立合同的人受其拘束,合同将被强制实现。

设例 6:

甲将自己的房屋 A 出租给乙使用，月租金 2 500 元，租期 1 年，乙先支付了两个月租金 5 000 元。乙在那里住了一个月后因为公司有紧急事务而必须返回。后乙对甲称只住了一个月，要求返还已经支付的 2 500 元租金，而甲要求支付剩余 10 个月的租金。

问题：甲是否需要退还租金？ 可否要求乙支付剩余租期的全部租金?

在设例 6 中,甲与乙之间通过缔结合同形成了债权法律关系,甲享有向乙要求租金的权利,并同时负担交付房屋给乙使用的义务,乙享有要求甲交付房屋并使用的权利,并同时负担支付租金的义务。按照合同,乙无论是否使用房屋都必须按照合同支付租金,除非提前解除合同,所以甲不用退还租金,还可以要求乙继续履行合同并支付全部租金,乙只有根据合同约定或双方合意解除合同后,才可以不支付租金。合同须严守是财产关系将生活中的诚实信用纳入法律规范秩序中的表现。

2. 人身关系

与财产关系不同的另一种民事法律关系是人身关系。人身关系是与人身不可分离、以人身利益为内容、不直接体现财产利益的社会关系。人身关系包括人格关系和身份关系两类。人格关系是基于人格利益而发生的社会关系。《民法典》第 109 条规定了“人格尊严”的一般人格利益,同时第 110 条还规定了生命、健康、姓名、名称、肖像、名誉等具体人格利益,这些利益通过法律确认分别称为一般人格权和具体人格权。

设例 7:

甲是某公司老板，并作为业余马术运动员而出名。乙保健品公司把甲骑马越过栏杆的照片用在其产品的外包装上。随着乙公司产品的畅销，甲成了朋友们取笑的对象。

问题：甲如何主张自己的权利?

在设例 7 中,甲的肖像被乙私自用作产品的外包装,并且给甲的精神造成很大的负面影响,构成对甲肖像权的侵害,甲可以要求乙承担损害赔偿责任。这里的肖像作为一种人格标识负载了人格利益,同时肖像被商业化利用也会产生财产利益,所以在保护肖像权这一人格权时,也比较容易计算财产损失。从设例 7 中可以看出,人格关系最大的特点是与人身不可分离,同时其权利内容不直接体现财产利益,但是在法律保护上最后往往归结到财产利益的赔偿。

除了人格关系之外,人身关系还体现为身份关系。身份关系是以特定的身份利益为内容的社会关系,例如配偶关系、父母子女关系;通过法律确认则表现为配偶权、亲属之间的权利义务关系等。

设例 8:

甲有妻子乙和儿子丙。另外甲和丁非婚同居，并且甲还和丁生了女儿戊。

问题：甲和乙、丙、丁、戊之间的关系如何?

在设例 8 中,甲和乙之间首先成立夫妻关系,互相享有配偶权。甲和丙之间为婚生子女的父母子女关系无疑问,问题的关键是甲和丁及戊的关系。在我国非婚同居关系不受法律保护,但非婚生子女却享有与婚生子女同样的权利,这要比一些传统民法对非婚生子女的保护还要彻底,实现了对人的彻底尊重。

除了典型的财产关系和人身关系之外,民法还调整继承关系。继承法是指规定在自然人死亡的情况下,其财产归属于谁的法律规范,究其本质应属于财产法,但是因为其与人身关系联系紧密,因而有的国家把它与亲属法归为一类,合称家族法。继承关系总是和身份内容或多或少地发生联系。

设例 9:

甲为亿万富翁。甲和儿子乙一起乘坐飞机到外地旅游，不幸飞机失事遇难。

问题：甲现有亲属只有儿媳丙即乙的妻子和孙子丁，财产应如何继承？如果甲留有遗嘱，死后将遗产全部赠给戊基金会，则如何处理?

这个设例纠纷的解决涉及《民法典》第 1121 条、第 1128 条、第 1129 条的相关规定,即法定继承和遗嘱继承以及遗赠的问题。另外的问题就是继承人与被继承人之间死亡的先后问题,以及继承开始后财产如何分配的问题,还有法定继承和遗嘱继承的先后次序问题等。设例 9 中,因为推定甲先死,所以乙可以继承甲的财产,然后乙的财产又可以由丙和丁来继承,而如果甲留有遗嘱,则遗嘱继承应该优先于法定继承。

(五)我国的民法学体系

我国《民法典》规定了七编的体系构造,民法学体系与民法典体系是一致的。在《民法典》没有编纂完成之前,我国的民法学体系长期以来是模仿《德国民法典》所创设的潘德克顿模式。潘德克顿模式的特点在于其抽象化的手法,即把个别事项所共通的部分拿出来放在前面。例如在合同法中,如果买卖合同、赠与合同、租赁合同、承揽合同等合同关系有共通的事项,就把它抽象出来放在前头,这就是合同法总则或合同法的一般规定;同时,将同样是债权制度的合同、无因管理、不当得利、侵权行为等并列,将共同的部分抽象出来作为债法总则。以此类推,把物权制度、债权制度、亲属制度、人格权制度、继承制度等共通的部分抽象出来，作为整个民法的总则。当然，最后抽象出来的总则也不一定就真正是所有部分共通的内容。理论上，民法学体系的构成大致如下：

1. 民法总则

民法总则包括民法基本原则、民事主体制度、民事权利制度、民事法律行为制度、代理制度、民事责任制度、时效和期间制度等。我们这里主要讲述《民法典》总则编的内容，其特征可以概括如下：

第一，抽象性。民法总则为从民法问题中抽象出的共通的事项设置的一般规定，因此其内容是抽象的。这种抽象的长处是立法经济，将规定的内容抽象化可以广泛涵盖同种事例，因此没有必要分别就个别问题重复相同的规定。其长处是有可能实现用必要的、最少限度的规定解决问题，进而防止没有经过深思熟虑的规定出笼。其短处是具体轮廓难以浮现，由于规定是抽象制定的，因此仅仅看规定往往难以理解它具体适用于什么场合。

第二，体系性。民法总则通过共通事项的抽象和对它的综合，反复完成一般概念的形成，其结果就具备了经过透彻的逻辑思考的、保持首尾一贯的体系。如果能理解这个体系，民法的全貌就容易理解了。

2. 物权法

物权法包括物权的通则、所有权、用益物权、担保物权和占有等制度。

3. 合同法

合同法包括合同的通则、典型合同、准合同等。准合同分为两种：不当得利和无因管理。合同通则也包括债法总则的内容。

4. 人格权法

人格权法包括生命权、健康权、姓名权、名称权、肖像权、名誉权、隐私权等具体人格权和一般人格权。

5. 婚姻家庭法

婚姻家庭法主要包括婚姻和家庭制度，如结婚、离婚、夫妻共同财产、父母子女关系、收养等内容。

6. 继承法

继承法包括遗嘱继承、法定继承、遗嘱执行、遗产管理和分配等内容。

7. 侵权责任法

侵权责任法包括侵权责任的一般规则、损害赔偿、共同侵权的责任、特殊的侵权责任。传统大陆法系将侵权行为归入债法,《民法典》第 118 条也将侵权行为作为债的发生原因之一规定,但是随着社会的发展,侵权行为的增多和英美法系中侵权法理念的引入,很多学者倾向于将其单独作为一编来规定,并且引入了许多英美法系中的侵权法内容。

二、民法的渊源

法律的渊源,指现行有效的法律规范的表现形式,也就是人们确定可以适用的一种法律的形式。在形式民法的意义上,民法的渊源就是指《民法典》以及制定的其他民事法律。在实质民法意义上,民法的渊源是指所有具有民法性质的法律规范的总和,既包括《民法典》,也包括《民法典》以外的民事特别法、行政法规、司法解释等规范性文件和习惯。《民法典》第 10 条规定:“处理民事纠纷,应当依照法律;法律没有规定的,可以适用习惯,但是不得违背公序良俗。”

设例 10:

甲委托乙装修公司装修其结婚用的住房 A,并将住房 A 的钥匙交给乙公司的人保管。后乙公司的员工丙因与老板吵架想不开在住房 A 中上吊自杀。甲起诉到法院主张房屋死过人已经不宜结婚和居住,从而要求乙公司赔偿损失,乙公司认为自己没有过错,甲的要求是封建迷信,所以不应该承担责任。

问题:乙公司是否承担责任?

设例 10 中,甲主张房屋死过人不宜结婚和居住的理由,恐怕在社会多数人看来都是没有科学根据的,但是多数人也不会愿意购买这样的房屋,进而导致房屋价格的贬损。从甲的财产权保护的角度看,乙公司管理不善导致甲受损失既可以是其违约造成的,也可以是侵权造成的,在两者竞合的情况下,可以适用《民法典》第 186 条的规定,选择主张某一权利并根据第 577 条或第 1165 条要求乙进行损害赔偿。也许有人会说,甲的这种主张是不是应该按照当地的习惯去解释,但如果司法实践按照这种习惯解决问题就违背了法律所保护的公序良俗。

具体在寻找民法的渊源时,需要按照法律的位阶,从《宪法》逐次展开。

(一)宪法

宪法是我国的根本大法,我国《民法典》第 1 条即提出了立法的依据“根据宪法,制定本法”。虽然宪法是我国民法的渊源,但不能直接援引它来裁判案件。最初,曾有过直接援引宪法进行裁判的案例,即“齐玉苓案”。齐玉苓被冒名顶替上大学,之后冒名顶替者被发现,齐玉苓起诉到法院,当时因为找不到合适的法律根据来判案,最高人民法院出了一个批复,援引了宪法进行裁判,后来这个批复又被最高人民法院明确废止。最高法院的行为表明了一个态度,在具体案件的裁判中是不能直接援引宪法的,但也表明宪法是民法的渊源,其中可以解释出民法规范的内容。在当时,因为法律供给不足,找不到合适的依据,只能在宪法中援引基本权利的条文来裁判案件。但基本权利的条文是基于保护公民利益,限制公权力来进行规定的,不是纯粹意义上的私权保障。在现今通过人格权编的法条进行裁判,会得出相似的结论。在德国,也可以根据作为宪法的《德国基本法》第 14 条解释出所有权应有社会负担,这也表明了宪法可以成为民法的渊源。

(二)法律

民事法律特指由全国人大及其常委会颁布的规范性文件,是我国民法的主要形式。在我国,民事法律包括《民法典》和各种民事单行法,例如《个人信息保护法》等。在处理一般法和特别法的关系时,需遵循一定的规则,《民法典》第 11 条规定:“其他法律对民事关系有特别规定的,依照其规定。”

(三)行政法规

行政法规是国务院颁布的规范性文件,其效力仅次于宪法与民事法律,它通常以“条例”为名称,可以对于民事法律关系的具体内容作出相应的规定。例如,《中华人民共和国城镇国有土地使用权出让和转让暂行条例》《不动产登记暂行条例》等都包含一些规范民事法律关系的内容。

(四)地方性法规或者自治条例和单行条例

地方性法规,是指地方各级人民代表大会及其常务委员会在宪法、法律规定的权限内所制定发布的决议、命令、法规等规范性文件。有些地方性法规会规定法律没有规定的内容,例如,《民法典》第 33 条虽然规定了意定监护,但是对于如何设立此种监护的具体方式没有明确规定,而《上海市老年人权益保障条例》中就明确了“老年人监护应当按照公证的方式进行”,可操作性较强。这里提到的《上海市老年人权益保障条例》就是地方性法规。

自治条例,是指民族自治地方的人民代表大会及其常务委员会依据宪法和法律,结合当地民族自治地区特点所制定的、管理自治地方事务的综合性法规。

单行条例,是指民族自治地方的人民代表大会及其常务委员会在宪法和法律所规定的自治权范围内,结合民族地区的特点,就某方面具体问题所制定的法规。

(五)司法解释

司法解释是最高人民法院和最高人民检察院依法作出的,在审判、检察工作中具体应用法律的解释。司法解释在很多国家算不上民法的渊源,但因为我国长期以来立法供给不足,《中华人民共和国人民法院组织法》《中华人民共和国人民检察院组织法》和《中华人民共和国立法法》(以下简称《立法法》)都明确授权最高人民法院和最高人民检察院可以制定司法解释,作为为各级审判机关进行裁判援引的依据。例如,《民法典》于 2021 年 1 月 1 日施行,在 2020 年 12 月 30 日最高人民法院颁布了许多司法解释,包括《最高人民法院关于适用〈中华人民共和国民法典〉时间效力的若干规定》《最高人民法院关于适用〈中华人民共和国民法典〉总则编若干问题的解释》《最高人民法院关于适用〈中华人民共和国民法典〉婚姻家庭编的解释(一)》《最高人民法院关于适用〈中华人民共和国民法典〉物权编的解释(一)》《最高人民法院关于适用〈中华人民共和国民法典〉继承编的解释(一)》等,这些司法解释对具体法律规范的适用给出了解释,也具体化地规定了一些内容。

(六)民事习惯

对法律没有明确规定的事项,可以适用习惯处理。习惯必须为人们所知,反复适用,而且不能违反公序良俗。如 1951 年,最高人民法院西南分院在关于赘婿要求继承岳父母财产问题的批复中指出:"如当地有习惯,而不违反政策精神者,则可酌情处理。"对此类问题,《民法典》第 10 条规定得更加明确,但需要特别指出的是,习惯既不能与现行法相违背,也不能与公序良俗相违背,否则不能作为民法的渊源。《最高人民法院关于适用〈中华人民共和国民法典〉总则编若干问题的解释》第 2 条规定:"在一定地域、行业范围内长期为一般人从事民事活动时普遍遵守的民间习俗、惯常做法等,可以认定为民法典第 10 条规定的习惯。当事人主张适用习惯的,应当就习惯及其具体内容提供相应证据;必要时,人民法院可以依职权查明。适用习惯,不得违背社会主义核心价值观,不得违背公序良俗。"

第四节 民法的基本原则

一、基本原则的含义与功能

(一)民法基本原则的含义

民法的基本原则,是指民事立法、民事司法、民事活动的基本准则。法律基本原则的意义,就是法律所反映的基本价值和精神。民事立法要不要规定基本原则,在世界各国立法中并无定论,传统民法代表的近代民法典并没有专门规定基本原则,只是在理论上被概括为若干基本原则。但是在我国,由于中华民族有讲究“正名”的历史传统,重大活动必定有基本精神宣示在先,所以民事立法一直有基本原则的规定。从近代民法传统来看,《法国民法典》的规范表述已经确立了三大基本原则,即所有权绝对原则、意思自治原则和自己责任原则。

1. 所有权绝对原则

所有权绝对原则,是指所有权绝对地按照权利人的意思行使,排斥任何人甚至国家干涉的原则。此原则进一步扩大表述为私权神圣,指民事主体所拥有的民事权利(所有权)神圣不可侵犯。这里的不可侵犯,不仅仅指不受其他民事主体的侵犯,更重要的是指不受公共权力的侵犯。进入近代社会后,私权神圣以及对所有权绝对原则的过分强调产生了一些消极后果:比如修建公共工程需要征用土地时,土地所有人可以不同意。所以,现代民法立法出现了修正所有权绝对原则的规定:德国 1919 年《魏玛宪法》规定,所有权承担社会义务,个人所有权必须为社会公共利益服务。这就是“所有权的社会义务原则”。这一原则的基本含义,是在私有权利受保护的基础上,限制过于绝对地主张私有权利。

所有权绝对原则在《法国民法典》中体现为第 544 条,即“所有人对所有物绝对无限制的使用、收益和处分的权利”。我国《民法典》第 240 条也有关于所有权的定义:“所有权人对自己的不动产或者动产,依法享有占有、使用、收益和处分的权利。”其精神内核是一致的,也需要按照绝对所有权的观念进行解释。

2. 意思自治原则

意思自治原则,指任何人只是依据自己的内心真实意愿参加法律关系并承受其后果,此外不接受他人包括国家的强制,也不受自己身份限制的原则。意思自治原则在民法上的表现,主要是合同(契约)自由原则。民事主体对于是否缔结合同、何时何地缔结合同、与谁缔结合同、缔结什么性质的合同、合同内容如何等问题,均享有自己的权利。意思自治原则虽然保障了法律的形式正义,但是无法保障实现实质正义这一法律的终极目标。这些问题在劳工问题方面尤其突出,因为在此原则下,劳动者等弱势群体无法保护自己的正当利益。

意思自治原则在《法国民法典》中体现为其第 1134 条,即“任何人只是依据自己的内心真实意愿参加法律关系并承受其后果,此外不接受他人包括国家的强制,也不受自己身份的限制”。这一基本原则在我国《民法典》中的规范表现为第 465 条:“依法成立的合同, 受法律保护。依法成立的合同,仅对当事人具有法律约束力,但是法律另有规定的除外。”

3. 自己责任原则

自己责任原则,即民事主体只能因为自己行为的过错而承担法律责任的原则。也就是说,当民事主体应该承受某种法律制裁性后果时,必须将其行为有没有过错以及过错的大小作为追究其责任的依据,而不能根据身份等因素来追究其责任。因此这一原则也被称为“过错责任原则”。但是在现代社会,由于工业高度发展,科学技术日新月异,如果法律拘泥于自己责任,会对社会造成不公平的现象。因为在一些领域里,发生对于弱势群体或者社会的侵害时,侵害者常常会以自己没有法律上的过错来拒绝承担责任。因此,法律开始建立“无过错责任”制度,在高度危险作业、环境侵权等各个方面建立一旦发生侵害,则不问当事人有无过错一律追究其责任的制度。

自己责任原则在《法国民法典》中体现为第 1382 条,即“人的任何行为给他人造成损害时,因其过错而致损害发生之人应当负担损害赔偿”。这一基本原则在我国《民法典》中的规范表现为第 1165 条,该条第 1 款规定:“行为人因过错侵害他人民事权益造成损害的,应当承担侵权责任。”

从近代民法三大基本原则的演变可以看出,基本原则更多的是民法本质内容的抽象概括,随着时代的发展,基本原则所反映的民法精神内容也在不断地修正。此外,立法也开始对民法基本原则的一些内容予以条文规范化,并直接将其在司法实践中适用于对具体案件的裁判。我国民法学界将这些规范了民法基本原则内容的法律条款称为“民法的基本原则”,而有的国家如日本,则将之与价值层面的基本原则加以区别,称为一般条款。我们在这里着重讲述这种作为一般条款的民法基本原则。

(二)民法基本原则的功能

设例 11：

甲男于某日到乙餐厅用餐，其间使用餐厅卫生间。 该餐厅一位女性保洁员丙进入卫生间打扫卫生，甲为丙所惊扰，认为乙餐厅安排女性员工打扫男卫生间的举动侵犯了他的人格尊严，交涉未果后，甲将乙餐厅起诉至法院。

问题：甲的主张能得到支持吗？

对于安排女性员工打扫男卫生间是否妥当，法律没有作出明文规定，而且一般来说法律也没有必要规定得那么详细。但发生了这样的事情，法院却必须作出裁判。在设例 11 中，从民法基本原则的角度看，乙餐厅的做法实际上与我们这个社会的善良风俗相违背，所以从根本上说是侵权行为，侵犯了甲的一般人格权，甲可以要求乙承担赔礼道歉等民事责任。

通过设例 11 的规范适用可以发现，除了价值宣告的作用以外，用条文的一般条款表达的基本原则还具有可应用于司法实践的作用。除此之外，民法基本原则还有很多功能和作用，具体表现为以下三个方面。

第一，指导立法的功能。在民事立法中，基本原则是立法的指导性规则。由于民法基本原则反映民法的基本精神，所以它在民法中居于基础地位，整个民法都应该制定在基本原则之上，其规范都应该符合基本原则的要求。所以民法基本原则是民法全部规则的统帅，立法机关制定的其他民法单行法如违背民法基本原则时无效，司法机关所做的裁判如违背民法基本原则也无效。

第二，法律解释的准据的功能。由于民法的各项制度和民法规范是按照民法基本原则制定的，所以在这些制度和规范需要解释的时候，基本原则即可以发挥法律解释的准据作用。所谓法律解释的准据，指的是解释法律的基本依据和标准。对于民法具体制度和规范的解释，必须符合民法基本原则的要求，否则解释无效。法律解释是在立法、司法和执法中经常遇到的问题。在立法中，立法者需要对上位法进行解释，以作为自己立法的依据；在司法中，遇到某个条文的适用时，更需要法律解释以具体裁定。民法的解释必须以民法基本原则作为准据，这一点十分重要。

第三，法律漏洞的弥补功能。任何一部法律，即使立法者在法律制定时已经最大限度地考虑到未来，也不能制定出穷尽未来的法律。因此，在法律出现漏洞时，立法者和司法者不能自缚手脚，而应该根据法律规定的基本原则来弥补法律的漏洞，当然法律有强制性禁止规定的情形除外。

二、《民法典》规定的基本原则

我国《民法典》总则编第一章“基本规定”的第 4~9 条，是规定基本原则的一般条款，主要包括平等原则、自愿原则、公平原则、诚信原则、合法和符合公序良俗原则、绿色原则。除了第一章外，第五章“民事权利”第 132 条规定的“禁止权利滥用”也是基本原则，只不过限于其规定的位置，其作用的范围是民事权利的行使，在这里不做具体介绍。

(一)平等原则

平等原则是指当事人在民事活动中的地位平等。《民法典》第 4 条规定了这一原则，“民事主体在民事活动中的法律地位一律平等”。在民事活动中，所有的民事主体，不论是自然人还是法人、非法人组织，其地位一律平等，谁也不享有优越于对方的特权地位，谁也不能声称自己的级别、性别、民族、经济上的优势，并以此获得不正当的利益。平等原则是民法作为私法基本法的关键，所有的民事活动，不论是涉及人身关系的活动如结婚或者离婚，还是涉及财产关系的活动如订立合同等，都要遵守这一原则，违背这一原则，不会得到法律的承认和保护。

设例 12：

甲书店拒绝将《民法总论》教材卖给穿着夹克衫的乙同学，理由是根据甲的经验，穿夹克衫的都是水平差的法律人。

问题：乙可否要求甲将《民法总论》卖给自己?

在设例 12 中，甲并没有违反平等原则，甲自己有一些个人喜好，并把喜好在买卖中作为差别对待的理由没有问题，并不构成对他人的侵权。但是换一个场景，如果是奉行强制缔约规则的交易场景，此种挑剔的条件就可能违反法律的规定。

这里必须指出的是，民法上所说的平等只是地位平等和机会平等，而不是结果的等值或者均等。民法只是提供当事人进行平等活动的平台，而不能对活动的结果是否等值或者均等作出强制性的要求。比如按照平等原则，当事人之间订立合同时不能恃强凌弱，但是当事人自己在交易中的“让利”行为、半卖半送行为，在法律上也是有效的。

(二)自愿原则

自愿原则是指民事主体在民事活动中按照自己的真实意愿建立、变更和废止法律关系，不受任何人强迫的原则。《民法典》第 5 条规定了自愿原则，“民事主体从事民事活动，应当遵循自愿原则，按照自己的意思设立、变更、终止民事法律关系”。同时,《民法典》婚姻家庭编规定了婚姻自愿原则,合同编规定了合同自愿原则。自愿原则是近代民法“意思自治”原则的体现。自愿原则主要体现该原则在民事活动中所体现的精神。自愿原则体现为所有权自由、合同自由、结社自由、遗嘱自由等。

设例13:

甲和乙是同事。甲欲出卖自己的汽车,乙欲购买。甲说:“你可以3万元拥有这辆车。”乙说:“好的,我明天带钱来提车。”第二天,甲告诉乙,丙向他提出以3.5万元的价格收购这辆车,因而拒绝把车卖给乙。

问题:甲必须以约定的价格转让这辆汽车给乙吗?

在设例13中,甲和乙已经缔结合同,虽然没有采用比较容易证明的书面形式,而是口头形式达成合意,但买卖合同并不要求书面形式,所以合同关系已经成立生效,甲应受合同的约束。当然,如果此时甲和丙又订立了合同,也是有效的,如何履行将成为争议问题,这涉及债权平等的问题。

法律承认依据自愿发生的民事法律关系,对于非自愿的法律后果,民法不仅不予承认,而且还可能追究强迫者的责任。自愿,就是不受强迫,包括不受自己上级的强迫、不受自己亲属的强迫、不受第三人的强迫,更包括不受和自己发生法律关系的相对人的强迫。同时,自愿也指既不在人身关系中遭受强迫,比如婚姻自由,也不在财产关系中遭受强迫,比如合同自由。

(三)公平原则

公平原则,是指民事主体应本着公平的观念实施民事行为,司法机关应根据公平的观念处理民事纠纷,民事立法也应该充分体现公平理念的原则。

公平原则作为被一般条款规定的基本原则,通过在特定的场景中协调双方的关系来达到公平的结果。《民法典》颁布之前,《民法通则》第132条、《侵权责任法》第24条都是公平原则在侵权责任领域的具体规则,被称为公平责任或公平分担损失规则。在《民法典》之前的司法实践中,公平责任被一定程度地扩大适用或者说是滥用,所以《民法典》第1186条实际上限制了公平原则的适用范围,该条规定:“受害人和行为人对损害的发生都没有过错的,依照法律的规定由双方分担损失。”与之前的立法相比,《民法典》明确要求“依照法律的规定”才可以公平分担损失,而具体的公平分担损失的规则体现在《民法典》的第182条、第1188条、第1190条、第1254条。

设例 14:

甲、乙同为丙学校的学生，某日利用午休时间与其他数名同学在学校操场上踢足球。甲为守门员，乙的射门球打在甲左眼上，给甲造成伤害，经医院诊断为十级伤残。甲以乙和丙学校为共同被告诉求人身损害赔偿。

问题：对于甲的损害，乙、丙是否承担侵权责任?

在设例 14 中,甲、乙从事的体育活动是具有一定风险的,乙将球踢到甲眼睛上并非出于故意或重大过失,因此并不需要对此承担侵权责任,而丙学校也没有过失,不存在违反安全保障义务的情形,所以也不需要承担侵权责任。根据《民法典》第 1176 条、第 1198 条等规定,可以认为甲的损害后果只能自己承担。《民法典》颁布之前,法律对此并没有规定得这么明确,所以司法实践中经常会适用《侵权责任法》第 24 条要求乙、丙和甲一起分担损失,表面看这是出于公平的衡量,但实际上却是不公平的。甲承受的风险和乙、丙没有关系,不能让乙、丙一起分担后果,否则就是对公平秩序的破坏,违反公平原则。

(四)诚信原则

诚信原则,也称为诚实信用原则,是指民事主体在民事活动中应该遵循恪守信用、不欺不诈的原则。诚信原则本身是道德原则,将这一道德原则作为民法的基本原则,体现了民法对于民事主体的道德要求,其意义十分重大。《民法典》第 7 条规定了这一原则,另外合同编第 500 条关于缔约过失责任的规定等也体现了这一原则。

设例 15:

甲为农村居民，在宅基地上建设了房屋 A。乙为城市居民，想搬到农村居住，正好甲迁到城市儿子家欲转让房屋。于是双方签订了合同。后房屋 A 因为建设高铁而被征收，甲主张征收补偿应归自己所有。

问题：征收补偿应归谁所有?

在设例 15 中,根据《民法典》第 153 条的规定,甲和乙之间的合同因为违反法律和行政法规的规定而无效。再根据《民法典》第 157 条的规定,合同无效后,行为人因该合同取得的财产,应当予以返还;不能返还或者没有必要返还的,应当折价补偿;有过错的一方应当赔偿对方由此所受到的损失,各方都有过错的,应当各自承担相应的责任。显然,在设例 15 中,甲、乙双方都是有过错的,所以最终虽然甲可以取得征收补偿,但应该在价值上给予乙一部分,相当于对于征收补偿这一超出了当时买卖合同标的物价格部分的增值,无效合同的双方当事人都因为自己的过错而不能得到全部。

诚信原则在一切民事活动中均发挥作用,并不仅仅是市场经济的原则,也不仅仅反映在订立合同这样的行为中,而是法律对所有民事活动的正当性要求。在人身关系的活动中,比如婚姻、收养等活动,该原则当然发挥指导作用。在财产活动中,一些非商事的民事活动,典型的如赠与、买卖、租赁等,当然也要遵守诚信原则。在商事领域,诚信原则发挥的作用更大,因为正常的市场经济秩序对那种尔虞我诈的行为是坚决排斥的,一个有信誉的商家,不但对自己的客户负有责任,而且对整个社会也负有责任。因此,在当代民事实践中,诚信原则已成为民法最重要的原则,规定该原则的法律条文一般被称为“帝王条款”。

诚信原则的基本要求可以归纳为以下三点:其一,民事主体应该信守诺言,自觉受自己诺言的约束,使受自己诺言影响的人的权利不受侵害。其二,在民事主体之间建立民法上的权利义务关系之后,任何人在行使权利或者履行义务时,都应该以诚实的态度主动考虑对方的正当利益。其三,即使民法上的权利义务关系尚未建立,民事主体对于相对人所为的行为,也要讲究诚实信用,违背者要承担责任。

(五)合法和符合公序良俗原则

合法是指所有的民事法律行为都不得违反法律的强制性规定。公序良俗是善良风俗和公共秩序的简称。合法和符合公序良俗原则是指民事活动必须符合法律和公序良俗的要求。合法的意义无须多言,符合公序良俗是因为善良风俗和公共秩序对应着社会公共秩序的稳定,因此公序良俗原则是世界各国民法均采纳的原则。《民法典》第 8 条就是针对合法和符合公序良俗原则的表述,该条规定:“民事主体从事民事活动,不得违反法律,不得违背公序良俗。”除此之外,《民法典》第 143 条、第 153 条均提到了合法和不违背公序良俗的规定。公序良俗因为是道德和伦理的概念,所以在学理和司法实践中比较难以确定。对于公序良俗原则的含义解释,学理上差别较大,但是对于这一原则的重要性,各国立法均予以承认,规定违背公序良俗原则的法律行为无效。

一般而言,公序良俗原则的含义包括以下三个方面:其一,公序良俗原则是将社会主流的道德标准引入民法,成为民法的强制性规范。所谓主流的道德标准,就是为社会普遍承认、符合社会基本价值的道德。其二,公序良俗原则主要是针对法律行为是否发生后果确定的原则。它发生作用的领域包括婚姻行为、合同行为、财产处分行为等。尤其是婚姻等人身关系行为,更是渗透了这一原则的要求。其三,违背公序良俗原则的行为无效。这一规定在法律的效果方面十分强硬,它反映了民法对其基本道德价值予以维护的精神。

通过公序良俗原则,社会道德观念可以在民事司法中被有效纳入。根据这一原则,法官可以依据具体个案行使自由裁量权,以决定当事人的权利义务,但同时需要把握公序良俗作用的范围,不能超越界限放大公序良俗的作用。

设例 16:

甲、乙为二婚夫妻。甲婚后和乙关系不睦,后和丙非婚同居。甲有婚前个人财产房屋 A,并将房屋 A 赠与丙并完成过户登记。后甲因意外事件死亡,乙要求丙返还房屋并作为甲的遗产继承。

问题:房屋 A 的归属为何?

在设例 16 中,甲和丙非婚同居,其关系违反法律,也违背了公序良俗,《民法典》也不认同这种婚外的两性关系具有法律拘束力,但是甲处分个人财产行为并非直接违反法律和公序良俗的行为,因此,不应认定无效,房屋 A 的所有权归属于丙。如果甲和丙之间将房屋 A 的赠与和两性关系直接关联,构成了一种交易行为,就违反了法律,也违背了公序良俗,从而导致赠与合同无效,房屋 A 则应成为甲的遗产归法定继承人所有。

(六)绿色原则

绿色原则的表述是一种民法理论上的习惯用法,具体应表述为有利于节约资源和保护生态环境原则,是指民事活动应当遵循节约资源、保护生态环境的原则。《民法典》第 9 条的规定反映了绿色原则,该条规定:"民事主体从事民事活动,应当有利于节约资源、保护生态环境。"将节约资源和保护生态环境作为基本原则规范的内容,这是《民法典》积极回应现代社会问题的体现。另外,有些具体规定,如《民法典》第 286 条的规定:"业主应当遵守法律、法规以及管理规约,相关行为应当符合节约资源、保护生态环境的要求。对于物业服务企业或者其他管理人执行政府依法实施的应急处置措施和其他管理措施,业主应当依法予以配合",也体现了绿色原则。

设例 17:

甲系某小区地下车库 19 号车位业主。甲订购了特斯拉牌小汽车一辆,并向小区业主委员会提出安装充电桩的申请。小区业主委员会提请小区业主大会以投票的方式对甲的申请进行表决,占业主人数以及建筑面积一半以上的表决票的意见为"不同意"或"改造后同意",决议不允许。甲即请求法院撤销小区业主大会作出的不允许其在地下车库 19 号车位上安装特斯拉汽车充电桩的决议。

问题：甲的请求能否得到法律的支持?

在设例17中,业主甲安装充电桩的行为虽然被业主大会表决不通过,但该决议并没有合理的理由指出业主甲的行为损害了全体业主或部分业主的利益,相反,业主甲的行为符合节约资源和保护环境的绿色原则。新能源汽车有节约燃油能源、减少废气排放的特点,它的应用实际上对环境保护有积极作用,新能源汽车及其配套安装使用的充电桩设施,符合国家倡导的绿色环保原则,业主委员会应予以支持配合。安装充电桩的目的是方便新能源汽车的使用,其行为具有必要性,故有权申请在车位安装充电桩。

绿色原则的内容主要包括两个方面:其一,有效地利用资源,人们在生产和生活中有效利用包括自然资源在内的各种资源,节约资源;其二,保护环境和生态,建设环境友好、人与自然和谐相处的社会。

第五节

民法的适用

一、民法的效力

民法的效力,也就是民法的适用范围,是指民法在何时、何地、对何人发生法律效力。其主要包括时间效力、空间效力和对人效力。正确地理解民法的效力,是准确地适用民法规范的重要条件。

设例18:

大连经销商甲从日本乙公司购入一部分自行车用来销售。韩国人丙在甲处购买了一辆自行车，后来甲和丙关于该自行车的质量问题发生纠纷，甲也因此与乙发生纠纷。

问题：甲和乙的纠纷是否适用我国的《民法典》?

设例18涉及的就是民法的适用范围中空间效力和对人效力的问题。从一般人所熟知的常理来判断,甲在中国土地上发生的纠纷当然适用中国法律,但法律上的根据是什么,就需要我们从学理上加以分析。

(一)民法的时间效力

民法的时间效力,即民法可以发挥作用的时间范围。民法在效力问题上首先会受到时间范围的限制。民法的时间效力最基本的确定标准是民法的生效时间。所以,民法的时间效力要说明的,实际就是一个民法规范生效的起始时间、终止时间等问题。这里所谓的有效的民法,首先就是指民法在时间上处于生效到失效的时间内,在此时段里,民法持续地可以被应用到具体案件的裁判中。对于民法的时间效力,各国或地区民法并无固定规则,比如民法的生效,有的自颁布之日起生效,有的由新法来规定具体的生效时间,有的在颁布后达到一定期限再开始生效。民法的失效的立法规则也是一样的。不过,法律生效还是失效,都只能由有权立法的机构确定。

在民法生效问题上应当重点探讨的是,民法是否有溯及力的问题。所谓溯及力,是指新的法律颁布后,对其生效前的行为是否适用的问题。如果适用,则具有溯及力;如果不适用,则不具有溯及力。民法作为一种裁判规则,其原则是不能溯及既往。《最高人民法院关于适用〈中华人民共和国民法典〉时间效力的若干规定》第1条规定:"民法典施行后的法律事实引起的民事纠纷案件,适用民法典的规定。民法典施行前的法律事实引起的民事纠纷案件,适用当时的法律、司法解释的规定,但是法律、司法解释另有规定的除外。民法典施行前的法律事实持续至民法典施行后,该法律事实引起的民事纠纷案件,适用民法典的规定,但是法律、司法解释另有规定的除外。"

因为当事人总是基于行为时的规则实现对自己行为后果的判断,由此实现法律可预测的目标,所以民法如果可以溯及既往,则意味着法官可以依据新颁布的民法进行裁判,这就超出了当事人的合理预见,有可能造成不公正的法律后果。但需要注意的是,法律不溯及既往的原则实际上是司法原则,不是立法原则,它主要要求法官不应以今天的法律裁判过往的行为。但是在立法过程中,立法者有权基于各种利益的权衡,以立法的方式赋予特定的法律条款以溯及力。

法律效力的终止,即某些法律通过明令被废止或被默示废止的形式终止效力。我国法律终止的形式有五种:其一,新的法律公布后,原有的法律即丧失效力;其二,新法律取代原有法律,并且同时宣布旧法作废;其三,法律本身规定的有效期届满;其四,由有关机关颁布专门文件宣布废止某个法律;其五,法律已经完成其历史任务而自行失效。《民法典》第1260条规定:"本法自2021年1月1日起施行。《中华人民共和国婚姻法》、《中华人民共和国继承法》、《中华人民共和国民法通则》、《中华人民共和国收养法》、《中华人民共和国担保法》、《中华人民共和国合同法》、《中华人民共和国物权法》、《中华人民共和国侵权责任法》、《中华人民共和国民法总则》同时废止。"该条就是关于民法典生效时间和旧法效力终止的规定。

在此应特别提到“新法改废旧法原则”。关于同一事项倘若有新法公布，即使没有废止旧法的明文，旧法也当然自新法生效之时起废止，或者关于此项旧的规定也当然失效，转而依从新法的相应规定。此即新法改废纠纷原则，但此原则仅对于同一位阶的法律适用，对于不同位阶的法律，例如一个为普通法而另一个为特别法时，即使公布时间有先后，也不能适用该原则。

(二)民法的空间效力

民法的空间效力，也叫作地域效力，即民法能够发挥作用的地域范围。

民法是由一定的立法机关制定出来的法律，它的效力受到地域范围的限制。《民法典》第12条规定：“中华人民共和国领域内的民事活动，适用中华人民共和国法律。法律另有规定的，依照其规定。”这是各国主权对内的绝对性和对外的排他性所决定的。

通常来说，在中华人民共和国的领域内都应该适用《民法典》，但在实际的适用上却因为某些具体情况而有例外。在我国，其实存在多个法域，香港特别行政区与澳门特别行政区基于两者的基本法，即对我国法律有着特别的适用。在香港特别行政区主要施行的是普通法规则，而澳门特别行政区则有自己地区的民法。我国台湾地区也是中华人民共和国的领土，但并没有真正适用《民法典》，现在实际上仍然在适用已经被废止的1929年开始陆续颁布的“民法”。因此，在我国内部也可能涉及发生纠纷时是否适用《民法典》的问题。

(三)民法的对人效力

民法的对人效力，指民法可以适用的人的范围。

民法上的“人”包括自然人、法人和非法人组织，他们是民事权利的享有者和民事义务的承担者。一个国家的法律适用于哪些范围内的人，各国立法例大致可以分为两种情况：其一，以属人主义为原则，即该法律只适用于本国人。只要一个人拥有本国国籍，则不论其身处何地，本国法律对其都可以行使管辖权。其二，以属地主义原则作为法律管辖的标准，即该法律对本国范围内的一切人均享有当然的管辖权，只要身处该国，即受该国法律管辖，不论其是否具有该国国籍，该法律对于其境内的外国人、无国籍人一律适用。属人主义与属地主义都是国家主权的要求，但这两种立法原则都有效力过宽或效力过窄的缺陷，所以当今各国一般都以一项原则为基础，以另一项原则加以调和，来满足国际交往的需要。

我国民法采取属地主义为基础的折中主义原则。原则上，我国民法适用于我国境内的本国自然人、外国自然人、无国籍人、本国法人、外国法人。但有以下例外:其一,对于不在本国境内的中国人,或者不在中国境内的外国人、无国籍人,根据国际私法规则应当适用中国民法时,仍可适用中国民法。其二,在中国境内的中国人或外国人、无国籍人,也可能同样因国际法和国际私法规则,适用国际条约、国际惯例或外国法,从而排除中国民法的适用。例如享有外交豁免权的外国驻中国外交人员,就不在中国民法的适用范围内,除非其放弃管辖豁免自愿接受中国民法管辖。

二、民法适用的规则

(一)民法作为裁判规则的适用

法律适用的意义就是将法律条文应用于实践,民法的适用也是这种意思。民法的适用有广义、狭义之分。广义的民法适用,既包括民事诉讼程序中或仲裁程序中司法者运用民法规范解决当事人之间民事纠纷的实践,又包括民事主体在民事活动中自己运用民法规范来建立、变更、废止法律关系,以及解决矛盾和冲突。但是,民事主体自己运用法律在法学上的专门概念是“法律的遵守”,所以通常意义上的民法的适用,仅指狭义的概念,即专门机关运用民法规范裁判案件的情形,而不包括社会成员自己运用法律的情形。

民法的适用,或者说裁判运用民法规范的一般方式,就是逻辑三段论规则。传统民法在对法条逻辑结构分析的基础之上,将逻辑学的三段论作为民法适用的基本规则。这个逻辑结构就是:法律假设一个事实 T 应被赋予的法律效果是 R(大前提),而现实中的特定案件事实 S 满足了 T 规定的条件(小前提),这样法律适用的结果就是对 S 赋予法律效果 R(结论)。我们把这些逻辑语式称为“确定法效果的三段论法”。其中,某一个法律规范构成大前提;将某具体的案件事实视为一个“事例”,而将之归属于法条构成要件之下的过程是小前提;结论则是指对此案件事实应赋予该法条所规定的法律效果。一般情况下,这种逻辑结构解决了法律适用的基本规则应该解决的问题。但是在同一个事实(小前提)可能符合两个法条规定的条件(大前提)时,例如一个行为既构成违约责任又构成侵权责任的时候(比如啤酒瓶爆炸伤人),确定其法律结果时就要运用更多的法律知识。民法是以裁判为核心成立的法律,上述民法作为裁判规则时奉行的推理,在法学上也称为“涵摄”。《民法典》也有许多规则不用来裁判,但是却仍以裁判为中心,它构建的规则就是在裁判上适用并得出一个确定的结论。

(二)民法适用的具体规则

一个具体案件可能有多个规则可以适用,从而造成了规则重合的现象。那么,在这些可以被用来裁判案件的法律规则中,哪些是应该被优先选择适用的呢?依据《民法典》的规定和民法学的理论,民法适用必须遵守以下六个方面的要求。

1. 上位法优先于下位法

从立法的角度,规范性法律文件是有位阶的。从制定规范性法律文件的机关来看,处于高位阶的机关制定的规范性文件在效力上称为上位法,反之则称为下位法。效力位阶较高的规范性法律文件与效力位阶较低的规范性法律文件内容冲突时,应该优先适用效力位阶较高的规范性文件。

2. 新法优于旧法

两个具有相同等级的规范性文件发生冲突时适用新法优于旧法的规则。《立法法》第103条明文规定了这一规则。但如果在新法颁布之后,旧法没有废止,则旧法继续有效。例如,2017年《民法总则》颁布之后,《民法通则》并没有被废止,此时两部法律涉及的若是相同的内容,则适用《民法总则》的规定。实际上,从《担保法》开始,《合同法》《物权法》《侵权责任法》等法律都有很多与《民法通则》不一致的地方,都应该适用新法优于旧法的规则。

3. 特别法优于普通法

所谓民法的普通法,也就是指适用于一切民事法律关系的法律。就大陆法系国家而言,民法的普通法就是民法典或者具有普遍适用效果的民事法律。所谓民法的特别法,即立法者特别就民法的某一个领域,或者某些特别的主体制定的法律。在适用法律时,经常可以遇到一个行为规则在普通法和特别法中均有规定的情形。例如关于有缺陷产品的法律责任问题,作为普通法的《民法典》有规定,而专门针对这一问题的《中华人民共和国产品质量法》(以下简称《产品质量法》)也有规定,此时《产品质量法》应该优先适用。《最高人民法院关于适用〈中华人民共和国民法典〉总则编若干问题的解释》第1条第2款规定:"就同一民事关系,其他民事法律的规定属于对民法典相应规定的细化的,应当适用该民事法律的规定。民法典规定适用其他法律的,适用该法律的规定。"

虽然特别法优先于普通法适用是法律适用中的普遍原则,但在中国司法实践中具体处理关于特别法与普通法之间的关系时,必须注意如下两个问题:其一,必须准确定义什么是特别法、什么是普通法,不能认为单独制定的法律就是特别法。

中国在没有民法典的时代单独制定的《合同法》《婚姻法》《继承法》等法律都是普通法。对这些法律,不能认为它们是《民法典》的特别法。其二,同位阶的法律不具备特别法和普通法之间的关系。比如《中华人民共和国全民所有制工业企业法》(以下简称《全民所有制工业企业法》)和《公司法》之间就存在这种现象,不能因为全民所有制工业企业中的公司是公司的一种特别类型,而强调《全民所有制工业企业法》的优先适用。

4. 强制性规范优先于任意性规范

强制性规范,指的是某种行为的后果已经由法律明确规定,不能由当事人自己选择的法律规范。而任意性规范,指的是行为后果可以由当事人自己选择的规范。强制性规范常常是依据保护社会公共利益或者一些法律的基本价值,比如保护人权等精神制定的,所以强制性规范必须具有优先于任意性规范的适用效力。

民法的基本精神或者基本原则是意思自治,当事人享有最普通的依据自己的内心真意来确定行为后果的自由,但即便如此也不能认为民法的全部规范都是任意性规范。原因在于:其一,民事主体所为的行为中,有一些并不仅仅只涉及当事人之间的利益关系,也可能涉及公共利益,因此为保护大众利益,法律建立了强制性规定。比如有关大型建设项目的合同,我国制定了许多强制性法律予以规范,比如《中华人民共和国招标投标法》(以下简称《招标投标法》),所以在订立这种合同时,应该首先适用《招标投标法》,而不是合同自由。其二,民事主体所为行为涉及法律基本价值的,必须遵守法律的强制性规定,当事人不可以违背。例如,当事人之间订立合同时,不得依据合同自由的原则订立损害人格尊严、损害消费者利益、损害社会伦理道德、损害劳动者基本利益的条款。

5. 具体规则优先于原则性规定

民法作为制定法,其特点是根据"从具体抽象出一般"的逻辑,制定出许多"一般规则"。因此,即使适用同一部法律时,也可能发生多个条文都可以运用的情况,从而也就产生了究竟要优先适用原则性条款还是优先适用具体规则的问题。对此,民法适用的基本规则是,具体规则优先于原则性条款适用,表现在以下两方面:其一,总则编和其他各编构成总分结构,一般来说,其他各编内容都可以认为是相对于总则编的具体规则,此外,总则编也有一些规则是具体规则。《最高人民法院关于适用〈中华人民共和国民法典〉总则编若干问题的解释》第 1 条第 1 款规定:"民法典第二编至第七编对民事关系有规定的,人民法院直接适用该规定;民法典第二编至第七编没有规定的,适用民法典第一编的规定,但是根据其性质不能适用的除外。”其二，无论是总则编还是其他各编都有一些原则性规定，例如，《民法典》总则编规定的民法基本原则中有诚信原则，这一原则可以应用在许多涉及民事法律行为法律效果判断的场合，但如果《民法典》对这些民事法律行为的效力已经确定了具体规则，还是应该优先适用具体规则。原则性规定的条款只能在民法适用中发挥弥补漏洞的作用，不能优先于具体规则适用。《最高人民法院关于适用〈中华人民共和国民法典〉总则编若干问题的解释》第 1 条第 3 款规定：“民法典及其他法律对民事关系没有具体规定的，可以遵循民法典关于基本原则的规定。”

6.“但书”优先于一般规定

所谓“但书”，指法律明确规定的“例外规则”。这些例外规则，在法律文件中总是用“但是，则……”或者“然而，法律另有规定的除外”这些语句来表示，所以法学上将这些条款称为“但书”。“但书”相对于一般规定而言具有优先适用的效力，这是法律的普遍规则。民法的适用当然也遵守这一规则。

三、民法的解释

（一）民法解释的含义

民法的适用离不开民法的解释。所谓民法的解释，就是借助于一定的方法，确定民法规范内容的具体含义。确定法条的含义其实就是对已经制定的法律的理解，而理解法律条文是一个看似简单，实际上比较复杂的事情。因为法律解释并不仅仅是一个宣读法律条文的过程，而是在一个法律的背景已经改变的条件下重新理解立法者本意的过程，所以它面临着是否正确表达出了原来立法者本意的问题，也面临着有没有必要表达原来立法者本意的问题。所以法律解释的过程有可能演化成为一个新的法律制定的过程。这一点关系到法治国家的基本原则，所以法律解释尤其是民法的解释，历来是民法学界争议的重点之一。

纯粹从“确定立法含义”这一点来理解法律解释，也有一些思路需要理清。因为法律解释的目标是要澄清法条的标准意义，但是对于什么是法条的标准意义的理解，则存在重大分歧。就这一问题，法学家在历史上形成了主观论和客观论两种见解。主观论，又称为意志论，以探询历史上立法者的心理意愿为解释目标；客观论，以解析法律现存的意义为目标。这两种学说都只包含了部分合理性。主观论正确地认识到法律是人制定的，不同于自然规律，所以隐含了立法者的价值考虑，法官要遵守宪法上关于应受法律约束的原则，解释法律也应受到立法者最初意愿的约束，否则立法权优先的要求就会付之东流。但是，客观论也注意到，法律具有时间性，可以在历史进程中发展出自己的生命，而且立法者不能全部预见多样而不断变更的社会关系，所以法律解释可以逾越立法者当初的预期，可以脱离立法者原始意愿之外提供答案。

（二）民法解释的具体方法

民法解释的具体方法可以区分为不同的层次，再区分为不同的方法。奥地利学者克莱默把解释方法区分为三个层次，理解起来较为简单明了，分别对应适用规范的不同角度：第一个层次为原本意义上的法律，是根据法律规范原本的意义进行阐释；第二个层次是受约束的法官法，是指在解释法律的过程中需要调动法官的能动性，但是它受约束于必须按照一定的方法、按照一定的规则来阐释法律的内容；第三个层次叫作超越法律的法官法，其解释的内容并不存在于规范性文件中，需要依据法理、比较法等法治资源阐释出具体的规则。[1] 例如，我国《民法典》没有规定先占规则，但先占规则在我国法理已有阐释，也为比较法所确认，在具体的司法案件中依据《民法典》规范的法理，确认先占规则就是超越法律的法官法。

设例 19：

甲包装公司与农民乙签订了清除垃圾的合同，每个月劳务费 500 元。合同签订后，乙每天按时清除垃圾，并将垃圾中的废纸箱收集起来卖给废品收购站，平均每月又收入 600 元。甲包装公司知道后，责令乙上缴捡卖废弃物的收入，乙不同意。甲包装公司即扣发乙的劳务费并单方解除合同。

问题：甲包装公司的废弃物应归谁所有？

在设例 19 中，甲、乙之间的合同确定的清除垃圾的工作安排，并不包括废纸箱的归属，而从废纸箱被定义为垃圾来看，甲包装公司已经将其抛弃，废纸箱经由抛弃行为而变为无主物。对于无主物，乙基于先占的法理将其据为己有，符合《民法典》规范的法理，虽然《民法典》并没有对其做具体的规定。

第一个层次的解释，即原本意义上的法律的具体解释方法有四种：其一，文义解释，又称为语义解释，指按照法律条文用语的文义及通常使用方式，阐释法律内容的意义。其二，体系解释，是指以法律条文在法律体系中的地位，即依照其编、章、节、条、款、项的前后关联位置，或关联法条的含义，阐明法律规范的意旨的解释方法。其三，历史解释，又称为立法解释，或沿革解释，或法意解释，是指探求立法

---

① ［奥］恩斯特·A. 克莱默：《法律方法论》，周万里译，法律出版社 2019 年版。

者或准立法者在制定法律时所做的价值判断及其所欲实现的目的,推知立法者本来意思的法律解释方法。其四,目的解释,指以法律规范的目的为根据,阐释法律疑义的解释方法。

在进行第二个层次的解释时,需要基于对既有规则的理解,或者说在没有曲解法律的基础上,综合运用多种方法来确定适用的具体规则。在某种程度上,立法是一个滞后的行为,并不能在立法时确定法律适用时的具体情况,而且人类的语言表达也是有局限性的,正确理解法律必须结合一定的具体语境。这个层次的具体解释方法包括:其一,扩张解释,指在法律条文的文义过于狭窄不足以表示立法真意的情况下,扩张法律条文的文义,以求正确阐释法律意义内容的一种法律解释方法。例如,《民法典》第 179 条规定了诸多承担民事责任的方式,其中的赔偿损失可做扩大解释。这里的赔偿损失既可以是针对财产损害的赔偿,也可以是针对精神损害的赔偿。其二,限缩解释,又称为缩小解释,指在法律条文的文义过于广泛、不符合立法真意的情况下,限缩法律条文的文义,以正确阐释法律意义内容的解释方法。例如,强制性规定可限缩为"效力性的强制规定"和"管理性的强制规定",已经废止的《合同法》的司法解释就认为只有效力性的强制规定才能当然导致合同无效。其三,当然解释,指法律虽然没有明文规定,但依照规范目的衡量,该事实比法律所规定的情形更有适用的理由,因而径行适用该法律规定的法律解释方法。当然解释的法理学依据是所谓的"举重以明轻,举轻以明重"。其四,合宪性解释,指依照宪法来解释位阶较低的法律规范的一种法律解释方法。例如德国会根据基本法解释抽象人格权。在我国,最高人民法院曾经也根据宪法保护受教育权,来解决冒名顶替上学案件中被顶替者的利益保护问题,但这一司法解释后来又被最高人民法院废止了,主要考虑的是不应该在司法裁判中直接援引宪法。

在进行第三个层次"超越法律的法官法"中,先例和法理特别需要注意。就具体的解释方法而言,超越法律的法官法和受约束的法官法同属于"法官法"的范畴,两者并没有清晰的界限,区分只为表明观点。比如说,没有法律规定的情况下的法律续造,以一般法律原则为导向,这可以被称为受约束的法官法,也可被称为超越法律的法官法。再比如说,在对一般条款的解释中,如果从形式上看是在文义范围内运作,这就是原本的法律解释;但如果立法者在一般条款之外进行了穷尽式的列举,那么在适用该条款时的法官造法可被称为受约束的法官法;再如果任何具体的法定例子都没有,那么对一般条款的具体化就可被称为超越法律的法官法。在解释方法上,具体包括:其一,比较法解释,指引用外国立法例及判例学说作为一项解释依据,用以阐释本国法律规范意义内容的一种法律解释方法。其二,社会学解释，指将社会学方法运用于法律解释，着重于社会效果预测和目的衡量，在法律条文可能的文义范围内阐释法律规范的意义内容的法律解释方法。

重要问题提示：

1. 民法的调整对象是什么？
2. 请简要说说《民法典》编纂的历史沿革。
3. 请简要说说《民法典》的体系构成。
4. 《民法典》规定了哪些民法基本原则？
5. 民法的解释方法有哪些？

第二章 自然人

第一节 自然人的概念

一、自然人概念的语义界定

自然人在语义学上是指基于自然规律出生的人。在民法中,自然人并非直接指基于自然规律而出生的人,它是与法人相对应的概念。自然人是指基于自然规律出生的人作为民事主体的一种类型。自然人和法人共同构成了传统民法上的“人”,即民事主体。在民法理论中,“人”和“自然人”都是法律术语,有别于通常社会观念中的生物意义上“人”的概念,以生物意义上的人作为法律主体的还有另一个概念——“公民”。“人”“自然人”“公民”等概念都以生物意义上的人为原型,但含义是不同的。“人”这一概念在民法中主要是作为民事主体的同义语使用,既包括自然人,也包括法人。《民法典》的民事主体制度构造中除了自然人和法人,还有“非法人组织”,但从名词表述上可以看出,非法人组织是法人的补充,并不能和自然人与法人等量齐观。

“自然人”和“公民”均描述生物意义上的人作为法律主体的概念,但也有区别。“自然人”是民事主体的一种,是基于自然规律出生的人参与到民事法律关系中的形象。“公民”是指具有一个国家的国籍并根据该国宪法和法律的规定享有权利和承担义务的人，其从性质上说是一个公法的概念。各国立法例一般都严格区分"自然人"和"公民"这两个概念。如《法国民法典》第一编标题为"人"，而《法国宪法》则明确使用"公民"这一术语。《德国民法典》第二编第一章以"人"为标题，下分"自然人"及"法人"两章，而德国《魏玛宪法》则以"人民""公民"等词语表述公法中基本权利主体的概念。在民法中，区分自然人和公民的另一个意义就是确定外国人的民事主体资格。在《民法典》以自然人为章名之前，《民法通则》使用的术语是"公民(自然人)"，没有区分自然人和公民，这是受到苏联法学影响的结果。《合同法》首次明确使用了"自然人"的概念，但其后颁布的《物权法》却没有沿用"自然人"的概念，而是采用了权利人、私人等不精确的表述，并一直到《民法典》将自然人作为典型民事主体加以规范表述后才得以改观。虽然这只是一个概念上的变化，但却从一个侧面折射了我国的社会转型，即从公法和私法的界限模糊不清到相对清晰，以及法律用语日趋精确的过程。

民事主体的立法表达，是从以人为本的立场出发的，基于自然规律出生的人当然地可以成为民事主体。但是，如果涉及我国的基本政治制度或者基本经济制度，则要谨慎使用"自然人"这一概念。在《民法典》的物权编中，我们会发现"自然人"这个名词仿佛消失了一般。物权编第五章"国家所有权、集体和私人所有权"中，不再使用"自然人"来表示生物意义上的人作为民事主体，而是用"私人"这一概念，其实质要表达的是一种私人与集体、国家等公有制经济主体之间的对应关系，表明社会主义公有制的经济基础是生产资料的公有制。该章使用"私人"的概念表达所有权主体，实际上表明了我国民法上的物权制度始终与我国的基本经济制度、基本政治制度密切相关。无论是自然人还是法人，都是作为私法主体而与土地、矿产等自然资源的所有权主体(国家)相对应的存在。

二、生物意义上的人与伦理意义上的人

虽然自然人是基于自然规律出生的人，是一个物质体，但在民法中，人并不是生物学意义上的人，而是伦理意义上的人。这意味着自然人首先是与"物"对应的概念，它不能被作为客体或者物来对待，而必须作为主体来对待。这还意味着民法要以人为本位，以关注人的尊严和自由作为基本目的。民法中的自然人是市民社会中的个体，而民法首要关注的是人的自由，以在市民社会中间形成一个"自由人

的联合体”。[①] 所以,人只能是主体,不能是客体,只能是目的,不能是手段,即在任何情况下也绝不容许以人为手段而达到目的。

设例 20:

甲、乙、丙三人遭遇海难,三人共乘一条救生艇漂泊在海上。数日后,三人因没有淡水和食物而濒临死亡,其中甲因是少年更接近死亡。乙、丙二人商量后将濒临死亡的甲吃掉,得以维持,从而等到了救援。

问题:乙、丙二人是否应承担法律责任?

在设例 20 中,乙、丙的行为在得救之后会得到法律上的否定评价,不仅要承担民事赔偿责任,还要承担故意杀人的刑事责任。虽然从生物意义上,乙、丙二人的行为是不得已的,但在现代人类社会中,任何以人为手段的行为都不会得到法律的承认。

事实上,每一个人或主体在民法的世界中都应该得到平等的对待,获得同样的尊重。在民法的世界中,只有作为权利客体的财产才可以用价值大小去衡量,在人的领域不存在大小比较和孰优孰劣的问题,每一个人都应该得到尊重和保护。

第二节

民事权利能力和民事行为能力

自然人是生物意义上的人,基于出生而取得民事主体资格。确定自然人享有民事主体资格表现为其具有两个方面的能力:民事权利能力和民事行为能力。这两方面的能力在不同层面确定了自然人之所以成为民事主体的根据。除了这两方面的能力之外,传统民法理论还有民事责任能力的概念,用以确定自然人是否能够独立承担侵权责任。在一些特殊的场合,民法理论还有意思能力、判断能力等不同表述,这些抽象概念的作用在于解释自然人参与民事法律关系中的诸多考虑因素,并且能解释自然人享有权利和承担义务的正当性和手段性的问题。

---

① [日]星野英一:《私法中的人——以民法财产法为中心》,王闯译,中国法制出版社 2004 年版。梁慧星主编:《民商法论丛》(第八卷),法律出版社 1999 年版。

一、自然人的民事权利能力

(一)自然人民事权利能力的概念

自然人的民事权利能力,是指自然人依法享有民事权利和承担民事义务的资格。无论是有生命的人类个体,还是无生命的组织团体,只有具有权利能力,才具有成为民事主体的资格,才能作为民事主体享有权利和承担义务。可以形象地说,自然人具有的权利能力宛如人持有一张踏入市民社会的入场券,只有凭券入场,才能成为法律所承认的市民社会的主体,从而在市民社会的交往中享有权利和承担义务。

自然人的民事权利能力具有以下特征:

第一,属人性。除法人组织由法律特别赋予权利能力外,通常作为一种资格的权利能力只能为生物意义上的人所享有,动物等人类以外的其他客观存在都不具有权利能力,从而也不能成为民事主体。因此,动物不仅不可能作为主体积极地从事某项法律行为,即使民事主体向动物实施如遗赠之类的法律行为,也是无效的。虽然为适应动物保护的潮流,《德国民法典》第 90a 条规定:"动物不是物,它们受特别法的保护。法律没有另行规定时,对于动物适用为物确定的相关规则",明确地将动物排除在物的范围之外,不允许人们像处置无生命的物那样随意处置动物,也不得用先占无主物的方式取得野生动物的所有权。但是,此种保护动物的理念在现阶段可能略显极端,并不能完全得到贯彻,或者说即便依此条款将动物排除在物之外,但距离赋予动物以主体地位的主张的实现仍旧遥遥无期。

另外,随着人工智能技术的发展,是否应赋予人工智能以主体资格呢?现阶段的答案是否定的,设计比较成熟的人工智能产品,如自动驾驶汽车等,虽然具有脱离人独自运行的能力,但至少在今天的法律秩序中,并未见到将其视为如自然人一般的法律主体的可能性,因此人工智能不能作为主体享有权利和承担义务。至于未来的世界如何看待继续不断发展的人工智能产品,我们今天不好妄下断言,但法律秩序一般也不会对未出现的问题进行超前的解读。

第二,普遍性。近现代各国法律在自然人的权利能力问题上奉行一条基本的伦理原则——任何人因其出生而当然取得权利能力,除死亡外不得加以剥夺。也就是说,一切生物意义上的人都享有权利能力。《民法典》第 13 条规定:"自然人从出生时起到死亡时止,具有民事权利能力,依法享有民事权利,承担民事义务。"任何人自出生到死亡,都具有享有权利和承担义务的资格。

第三,平等性。自然人权利能力的平等性由普遍性派生而来。由于人人都享有权利能力,说明在权利能力的享有上,人们实际上都处于同等的地位。人们不分性别、年龄、种族、阶级、财富、宗教、受教育程度等,仅凭其自然出生的事实就取得同等的权利能力,是为自然人权利能力的平等性。《民法典》第 14 条规定的"自然人的民事权利能力一律平等"即揭示了这种意旨。

第四,不可让与性。权利能力是人的价值和主体性的基础,与自然人的人身须臾不可分离,不得转让或者抛弃。如果丧失权利能力,人立即失去享有民事权利的机会和可能,不仅寸步难行,而且难以安身立命,甚至使人仿佛回归古代社会一般面临成为客体的风险。鉴于权利能力的不可或缺性,世界多数国家明确规定权利能力不得抛弃。我国立法虽然未作出如此具体的规定,但也做了同样的解释。

第五,权利能力和义务能力的统一性。自然人权利能力的内容既包括自然人享有民事权利的资格,也包括自然人承担民事义务的资格,即自然人的权利能力是自然人享有民事权利资格和承担民事义务资格的统一体。自然人的民事权利能力作为其主体资格的衡量因素表现出自然人既是权利主体也是义务主体。

(二)自然人民事权利能力的开始

自然人的民事权利能力始于出生,或者说自然人享有民事权利始于出生。传统民法典如《德国民法典》第 1 条、《日本民法典》第 3 条以及我国台湾地区现行所谓"民法"第 6 条均做如此规定。《民法典》第 13 条规定"自然人从出生时起到死亡时止,具有民事权利能力,依法享有民事权利,承担民事义务",也表达了同样的内容。

1. 出生时间的标准

关于出生时间的确定标准,在理论上存在着不同的观点,有"阵痛说""一部露出说""全部露出说""独立呼吸说"等。[①] 影响比较大的是"独立呼吸说",根据这一学说,所谓出生,是指胎儿与母体完全分离,且能独立呼吸,保有生命,至于脐带是否剪断、胎儿是否啼哭在所不问。我国法律对出生时间的规定以医学证明为准并结合其他证据来认定,在法律上并不确定出生的标准。《民法典》第 15 条规定:"自然人的出生时间和死亡时间,以出生证明、死亡证明记载的时间为准;没有出生证明、死亡证明的,以户籍登记或者其他有效身份登记记载的时间为准。有其他证据足以推翻以上记载时间的,以该证据证明的时间为准。"

---

① 梁慧星:《民法总论》,法律出版社 2021 年版。

2. 胎儿利益的保护

胎儿是指自然人未出生但在受胎之中的生物体状态。胎儿并不是自然人，由此，存在一个和自然人明确区分的胎儿利益需要保护。

设例 21：

甲和怀孕的妻子乙以及甲父丙一起开车出游，与丁驾驶的卡车相撞，导致甲死亡。后乙产下一子戊，因为乙在车祸后治疗用药的影响，戊出生即畸形。

问题：戊是否可以继承甲的遗产？戊可否要求丁赔偿损失？

在设例 21 中，甲、乙、丙遭遇事故时戊还没有作为自然人存在，而且继承财产的权利变动和被侵害导致的利益损失都发生在戊出生前，只有通过特别的规定才可以明确戊能够得到这些利益损失的赔偿。根据《民法典》第 16 条的规定，戊既可以继承甲的财产，也可以在出生后要求丁赔偿损失。

以出生来确定生物意义上的人成为民事主体是近代以来传统民法的一般做法，其本意是为了人的自由和解放，但是却忽略了在自然状态下，生物意义上的人在出生之前就已经开始孕育，并且会在特殊的情形下享有一个和其母体不同的利益。为了保护胎儿的利益，各国民法的做法大致分为三种：第一种立法例为总括性的保护，即视胎儿具有权利能力，如《瑞士民法典》第 31 条第 2 款规定："胎儿，只要其出生时尚生存，出生前即具有权利能力的条件。"第二种立法例是为个别保护主义。在个别情况下，视胎儿具有权利能力，如《日本民法典》第 721 条规定："胎儿，就损害赔偿请求权，视为已经出生。"再如该民法典第 886 条："胎儿在继承上视为已经出生。前项的规定，在胎儿以死体出生时，不予适用。"第三种立法例是在不承认胎儿具有权利能力的前提下，考虑到胎儿将成为自然人的利益，给予特殊的保护。《德国民法典》第 844 条在"致人死亡情形下第三人的赔偿请求权"时规定："即使该第三人在侵害发生时已经被孕育成胎儿但尚未出生，也发生该项赔偿义务。"

我国对于胎儿利益的保护采取的是总括式的做法。《民法典》第 16 条规定："涉及遗产继承、接受赠与等胎儿利益保护的，胎儿视为具有民事权利能力。但是，胎儿娩出时为死体的，其民事权利能力自始不存在。"

对于胎儿利益的保护需要注意这样五个方面：

其一，胎儿的继承权。胎儿的继承权乃是法律强制赋予的权利，这与受赠与和受遗赠不同，后者取决于赠与人或胎儿法定继承人以外的遗赠人的意愿。为了保护胎儿的利益，被继承人必须在遗嘱中为胎儿保留必要的份额，否则其他继承人不得分割遗产。例如，《民法典》第 1155 条规定："遗产分割时，应当保留胎儿的继承份额。胎儿娩出时是死体的,保留的份额按照法定继承办理。”

其二,胎儿受胎后至出生之前,其身体受到诸如车祸、挤压等所致的损害时,胎儿得向加害人请求损害赔偿所支出的医疗费。胎儿因母体受到来自外界的伤害而导致出生前损害的,也可以向加害人请求损害赔偿。

其三,加害人不法侵害他人致死,而受害人对第三人负有法定扶养义务的,该第三人享有扶养费请求权;并且加害人不法侵害他人致死的,包括被害人的父母、子女、配偶在内的近亲属可以请求精神损害赔偿。胎儿也可以享有这些权利。

其四,胎儿可以自己的名义享有权利,但其权利应由母亲等亲权人以法定代理人的身份行使。《最高人民法院关于适用〈中华人民共和国民法典〉总则编若干问题的解释》第 4 条规定:“涉及遗产继承、接受赠与等胎儿利益保护,父母在胎儿娩出前作为法定代理人主张相应权利的,人民法院依法予以支持。”

其五,胎儿为死胎时的法律关系。《民法典》第 16 条“但书”采取的是法定解除条件说,由于胎儿于出生前即取得权利能力,故可以在未出生前行使权利,如主张本身受不法侵害的损害赔偿等。在此期间,义务人不得以胎儿未出生为由拒绝给付。不过胎儿出生时为死体时,其权利能力溯及消灭,上述各项请求权不能发生,法定代理人基于上述请求权所受领的给付构成不当得利,应予返还。与《民法典》规范不同,也有其他国家的立法采取法定停止条件说,该说认为:胎儿于出生前并未取得权利能力,至其出生非为死体时,才溯及受胎时取得的权利能力,因此胎儿未出生前不得主张权利。

(三)自然人民事权利能力的终止

自然人的民事权利能力终于死亡,包括自然死亡和宣告死亡。自然死亡也称为生理死亡,是指自然人生命的自然终结。至于自然人是患病,还是被人杀害、意外事故而致死,对主体资格的丧失并无影响。生理死亡的时间在民法上具有一定的法律意义。根据《民法典》第 15 条的规定,自然人死亡以后应当由医院和有关部门开具死亡说明书,自然死亡的时间一般应以死亡说明书上记载的时间为准。当然,如果死亡说明书中记载的时间与自然人死亡的真实时间有出入的,则应以事实为准。自然人死亡将发生重要的法律效果,首先是自然人不再具有权利能力,从而不能再作为权利主体;其次是将发生继承开始、婚姻消灭等效果。

在如何认定自然死亡的时间问题上,主要有“心脏跳动停止说”“呼吸停止说”“脑电波消失说”等三种不同的观点。脑电波消失说,也称脑死亡说,是指脑干或脑干以上中枢神经系统永久性丧失功能,这一概念有别于传统的、以心脏和呼吸停止为标准的心肺死亡判断标准。[1] 随着医学科技的发展,病人的心跳、呼吸、血压等生命体征都可以通过一系列药物和先进设备加以逆转或长期维持,因此,在换心脏的例子中无法用心脏跳动停止说来判断死亡,但脑干发生结构性损伤破坏,无论采取何种医疗手段最终必然导致心脏死亡,因此脑死亡说更为科学。目前,我国法律虽然并没有明确规定采用这个标准,但与出生时间的确定一样,都将标准指向医学领域,所以实质上也相当于采取了脑死亡说。

死亡标准还涉及拟制的问题,如果数人在同一事件中死亡,但又不能确定死亡的先后时间,应如何确定其死亡顺序呢?对此各国立法规定不一,其核心都是要推定一个顺序。在两个相互有继承关系的人同时死亡时,需要确定死亡的先后顺序,如果不能确定死亡的先后顺序,则需要采取推定方法。对此,《民法典》第 1121 条第 2 款规定:"相互有继承关系的数人在同一事件中死亡,难以确定死亡时间的,推定没有其他继承人的人先死亡。都有其他继承人,辈分不同的,推定长辈先死亡;辈分相同的,推定同时死亡,相互不发生继承。"该规定体现了"抵抗力强者后死,弱者先死"的罗马法观念。[2]

自然人死亡,从而丧失权利能力,不能再作为民事权利主体。不过法律在例外的情况下需要对自然人死亡后的某些利益进行保护。

设例 22:

甲创作了一部小说,其主人公以已故艺人乙为原型,并使用乙的艺名,其中对主人公的生活多有负面描写。乙的母亲丙以甲侵犯乙的名誉权为由诉至法院,而甲认为死者没有权利能力,无法享有名誉权。

问题:丙的请求能否受到法律保护?

在设例 22 中,乙已经死亡,其主体资格已经灭失,一般情况下权利也因主体的死亡而消灭,但是相关利益并没有完全消失,虽然其脱离了乙这一存在,但是会进入公共利益领域,因此仍需要对死者的名誉、肖像、隐私等利益以及著作权进行保护,而因这种公共利益保护的反射也使近亲属享有一定的利益。所以,根据《民法典》第 994 条规定:"死者的姓名、肖像、名誉、荣誉、隐私、遗体等受到侵害的,其配偶、子女、父母有权依法请求行为人承担民事责任;死者没有配偶、子女且父母已经死亡的,其他近亲属有权依法请求行为人承担民事责任。"丙的请求可以得到法律的支持。

---

① 梁慧星:《民法总论》,法律出版社 2021 年版。

② 陈朝璧:《罗马法原理》,法律出版社 2006 年版。

对于死者的这种保护，究竟应该保护到何种程度也是存在争议的。比如我国台湾地区著名的"诽韩案"，自称韩愈后代的人起诉报告文学的作者"诽谤死人罪"就面临时间经过较长的情况，自称韩愈后代的人并不能有效证明其是否是韩愈直系亲属，如果也对其宣称的利益进行保护，不仅没有维护现在的法律秩序，反而带来更多不确定的后果，影响秩序的稳定。① 也由此可以明确，对于死者人格要素的保护，本质上维护的是法律的秩序价值，保护的主要是公共利益，反射到死者亲属的私益只是将其纳入私权秩序的手段，并不能简单将其定义为单纯的私益。

对于死者人格要素的保护，还有更特别的领域，就是对于英雄烈士的保护，我国《民法典》第185条规定："侵害英雄烈士等的姓名、肖像、名誉、荣誉，损害社会公共利益的，应当承担民事责任。"该条文保护的是英雄烈士的名誉。该条规范的起因来源于一个媒体报道引起的纠纷，这起纠纷叫作"狼牙山五壮士后人诉《炎黄春秋》杂志案"。在该案中，《炎黄春秋》杂志刊登了一篇分析文章，从历史的角度分析狼牙山五壮士的故事不真实，从根本上质疑狼牙山五壮士是否真实存在，这导致狼牙山五壮士的后人听闻后起诉《炎黄春秋》杂志。最终《炎黄春秋》杂志败诉，被判决向狼牙山五壮士的后人赔礼道歉。从这个案件处理以及《民法典》第185条的规范表述看，对于死者人格要素保护的关键是"损害社会公共利益"，尤其是英雄烈士的人格要素，更是会对社会公共利益产生影响。

二、自然人的民事行为能力

自然人具有民事权利能力即有资格享有权利、承担义务，不过，在享有的权利和承担的义务中，有的基于法律规定而产生，如各种具体人格权；有的是基于自然人的行为而取得，如合同权利等。前者只要具备法律规定的要件，权利人即可与他人发生权利义务关系；而后者，则尚需自然人具备民事行为能力，即以自己的意思独立从事民事法律行为的资格。只有具备民事行为能力，自然人才能通过自己的行为与他人发生权利义务关系。

设例23：

甲的儿子乙很有绘画天赋，年仅6岁就先后在学校、区、市乃至全国比赛中获奖。丙美术出版社知道后找到乙，要把乙的画作择优加入该社将出版的《儿童获奖美术作品选》一书中，乙征求甲同意后，将自己的两幅作品寄去。该书出版后，甲发现乙的作品没有署名，并且出版社也未支付稿酬。出版社解释说

① 杨仁寿：《法学方法论》，中国政法大学出版社2013年版。

年仅7岁的小孩连选举权都没有，何来著作权，并且该书是教材性读物，并不是为了赚钱，所以也没有稿酬。

问题：乙是否享有著作权？　乙和丙出版社是否存在民事法律关系？

在设例23中,乙作为自然人享有民事权利是没有任何条件的,所以乙享有著作权。但是乙年仅7岁,怎么样才能和丙出版社之间建立法律关系呢？因为出版著作肯定是要订立合同的。年仅7岁的小孩自己是不能订立合同的,但可以通过其父母作为法定代理人代其订立合同,合同关系也依旧发生在乙和丙出版社之间。本案中,甲仅同意且让无行为能力人乙亲自为之显然不当,不能成立有效合同关系。另外,丙出版社未经允许利用了乙的画作,侵犯了乙的著作权,构成侵权责任的法律关系。

(一)自然人民事行为能力的概念

自然人的民事行为能力是指自然人以其行为参与民事法律关系,取得民事权利、承担民事义务的资格。需要注意的是,行为能力的本质并非自然人进行任何民事活动的资格,只是自然人实施以意思表示为基本要素的民事法律行为的资格或能力,因此行为能力其实就是法律行为能力。由于人的智力发育水平和辨认行为的精神状态的差别,具有民事权利能力的自然人并非都具有能够独立进行民事法律行为的能力。

民法之所以规定民事行为能力制度,其根本宗旨在于：

第一,保护未成年人和不能或不能完全辨认自己行为的成年人的利益。民事行为能力其实就是自然人独立进行法律行为的能力,自然人欠缺行为能力就意味着他不具备独立从事法律行为的能力,如果贸然从事民事法律行为,该行为人在交易中就非常容易受到损害。所以,法律有必要限制这部分人独立地从事交易活动并对其参与法律关系加以协助,从而保护这部分人的利益。在民法上主要是通过对欠缺民事行为能力人所为法律行为的效力做类型化限制,使他们免受其行为后果的约束。保护的对象既包括未成年人,也包括不能辨认或者不能完全辨认自己行为的人。

第二,保护交易的安全和秩序。现代社会对动态的交易安全的保护优先于对静态的个人权利安全的保护,但既然保护上述行为能力欠缺者的利益是民事行为能力制度的一项基本功能与价值诉求,那么民法对欠缺民事行为能力人的保护又在一定程度上优于对交易安全的保护。当然,民事行为能力制度也具有保护交易安全的作用,因为如果任何人都可以以其无民事行为能力为由主张交易后果无效,将会对交易安全的保护造成灭顶之灾。所以,民法对民事行为能力应规定严格而明确的标准,以兼顾对交易安全的保护。另外,许多国家的民法都规定,限制行为能力人使用诈术使相对人相信其具有行为能力或者已取得法定代理人允许,则他们之间的法律行为有效。这种规定一方面是考虑到限制行为能力人既然已经能使用诈术,说明其智识不薄,而且对玩弄手段无保护的必要,另一方面也是为了避免相对人因误信而遭受不利益。

民事行为能力制度承载着重大的制度价值,因此其与民事权利能力具有不可让与性、不可抛弃性相仿,也不得转让与抛弃。世界上许多国家和地区的立法都明确"民事行为能力不得抛弃",因为民事行为能力制度本为保护识别能力和预见能力欠缺者的利益,如果容许其以自己的意思全部或部分抛弃,则完全背离立法意欲保护欠缺行为能力人的良好初衷。此外,如果容许识别能力和预见能力健全者抛弃民事行为能力,不但使其不能依其意思享受权利、负担义务从而营造正常的社会秩序,而且会有害于交易安全。

(二)自然人民事行为能力的类型

自然人的民事行为能力以自然人对事务具有正常识别能力及能预见其行为所可能发生的效果为前提,可是人与人之间千差万别,根据每个人的识别能力与预见能力个别地判断自然人是否具有民事行为能力在理论上固然为最佳选择,但在事实上自始就不可能,也不利于交易安全,且容易产生纠纷,因此,各国多采取类型化或阶段化的民事行为能力区分自然人在多大范围内具有行为能力,又因为人的识别能力与预见能力往往随着年龄的增长而增大,因此年龄可以作为判断识别能力与预见能力是否健全的主要标准。

纵观世界各国立法,都以年龄为标准将人的行为能力划分为若干阶段,只是有的立法将人分为无行为能力人和完全行为能力人两种,如《法国民法典》《意大利民法典》等;有的立法则将人分为无行为能力人、限制行为能力人和完全行为能力人三种,如《德国民法典》和我国台湾地区现行的所谓"民法"等。当然,完全以年龄作为判断行为能力的标准虽然较为客观,但不免失之僵化,因为个人的情况千差万别,所以年龄可以被作为判断预见能力和识别能力有无的主要标准,却不应该被作为唯一标准,对此,各国民法往往通过设置例外规定来予以缓和。《民法典》即采取上述第二种立法方式,从而对行为能力做三种类型的划分。

1. 完全民事行为能力

完全民事行为能力是指可以独立从事有效法律行为并取得权利和承担义务的

能力。

《民法典》第 17 条规定:“18 周岁以上的自然人为成年人。不满 18 周岁的自然人为未成年人。”第 18 条第 1 款规定:“成年人为完全民事行为能力人,可以独立实施民事法律行为。”除此之外,尚有未成年人在符合一定条件下被视为完全民事行为能力人的规定,《民法典》第 18 条第 2 款规定:“16 周岁以上的未成年人,以自己的劳动收入为主要生活来源的,视为完全民事行为能力人。”需要注意的是,《民法典》规定的所谓“以自己的劳动收入为主要生活来源”,包括两个方面的内容:其一,具有一定的劳动收入,即依靠自己的劳动获得了一定的收入,并且这种收入应当是固定的,不是临时的、不确定的。其二,其劳动收入构成其主要生活来源,也就是其劳动收入能够维持其生活,不需要借助其他人的经济资助,也可以维持当地群众的一般生活水平。

设例 24:

甲 16 周岁时找到一份工作，每月收入 3 000 元。 17 周岁生日这一天，甲和公司解除了劳动合同，一直没有找到工作，待业在家。

问题：此时，甲的民事行为能力属于哪种类型?

在设例 24 中,即使甲失去工作待业在家,也还是完全民事行为能力人,因为通过“以自己的劳动收入为主要生活来源”标准推定的完全民事行为能力人,不会因为经济收入较少而改变其心智能力,除非他失去了辨认自己行为的能力而变为限制行为能力人或无行为能力人。经济收入只是判断其心智发育健全的侧面标准,即能够赚钱养活自己可以证明心智能力提前发育成熟了,但经济收入本身并不能作为判断行为能力有无的实质标准。

这一标准为我国《民法通则》首创,其他国家立法例并不存在这一做法。对这一判断标准的科学性也存在可以质疑的地方,简单“以自己的劳动收入为主要生活来源”作为判断民事行为能力的标准存在以下问题:其一,自然人以自己的劳动收入作为主要生活来源,只表明其就社会生活的某一方面具有一定的意思能力,并不意味着他具有完全的意思能力,也就是诉诸意思能力以外的因素作为判断行为能力的标准,这不利于司法实践中法官对行为能力的准确判断。其二,将“以自己的劳动收入作为主要生活来源”当作行为能力的判断标准,会造成以经济收入作为标准来划分行为能力的假象,这显然不符合行为能力制度的本质。其三,此种判断标准难以掌握,比如,什么叫“以自己的劳动收入为主要生活来源”? 达到了多少收入才能认为是达到这个水平? 这是很容易引起争议的。但《民法典》继续坚持了《民法通则》的做法,所以在解释上必须结合民事行为能力的宗旨来考虑。

2. 限制民事行为能力

限制民事行为能力是指在法律限定的范围内,进行有效的法律行为并取得权利、承担义务的能力。

《民法典》第19条规定:"8周岁以上的未成年人为限制民事行为能力人,实施民事法律行为由其法定代理人代理或者经其法定代理人同意、追认,但是可以独立实施纯获利益的民事法律行为或者与其年龄、智力相适应的民事法律行为。"第22条规定:"不能完全辨认自己行为的成年人为限制民事行为能力人,实施民事法律行为由其法定代理人代理或者经其法定代理人同意、追认,但是可以独立实施纯获利益的民事法律行为或者与其智力、精神健康状况相适应的民事法律行为。"据此,8周岁以上不满18周岁的未成年人和年满18周岁但不能完全辨认自己行为的成年人,具有限制民事行为能力。限制民事行为能力人原则上不能独立从事民事法律行为,而需要其法定代理人代理或者经过其法定代理人同意、追认。法定代理人事先为其子女确定范围,允许子女在该范围内处分财产,实际上是事先授权子女从事某种行为,因此该子女的处分财产的民事法律行为有效,比如父母给子女一笔资金允许其外出旅游,那么可以认定父母已经概括地作出同意,该子女对该笔资金在旅游范围内发生的必要交易中享有处分权。

但是也有例外,限制行为能力人可以实施以下行为:其一,纯获法律上利益的行为。所谓纯获法律上利益,是指单纯取得权利、免除义务,即限制行为能力人不因其法律行为而在法律上负有义务,如对限制行为能力人为无负担的赠与等。上述内容由《民法典》第19条"但书"规定。其二,与限制民事行为能力人智力、精神健康状况相适应的民事法律行为。限制行为能力人可以从事一些日常生活所必需的交易,如果不赋予其这种自由,不仅会限制其行为,而且会给其生活造成不便,如未成年人到理发店理发、到食杂店购买零食等。《最高人民法院关于适用〈中华人民共和国民法典〉总则编若干问题的解释》第5条规定:"限制民事行为能力人实施的民事法律行为是否与其年龄、智力、精神健康状况相适应,人民法院可以从行为与本人生活相关联的程度,本人的智力、精神健康状况能否理解其行为并预见相应的后果,以及标的、数量、价款或者报酬等方面认定。"这一点上,英美法中有所谓的"必需品理论"值得参考,根据1979年英国《货物买卖法》第三节的定义,"必需品"是"与未成年人的生活条件……和与其在出售和交付时的实际需要相适应的物品",应依未成年人的经济能力、身份、地位、职业等各种情况为标准来判断。

3. 无民事行为能力

无民事行为能力是指完全不具有独立进行有效法律行为,进而取得民事权利和承担义务的能力。

《民法典》第 20 条规定:"不满 8 周岁的未成年人为无民事行为能力人,由其法定代理人代理实施民事法律行为。"因为,年龄不满 8 周岁的自然人年龄尚小,处于生长发育的最初阶段,虽然这些未成年人有一定的智力,但不能理性地从事民事活动,让未成年人自主从事民事活动既容易使他们自己蒙受损失,也不利于交易的安全。《民法典》第 21 条第 1 款规定:"不能辨认自己行为的成年人为无民事行为能力人,由其法定代理人代理实施民事法律行为。"完全不能辨认自己行为的成年人由于心智丧失,不具有识别能力和判断能力,从保护其利益出发,法律将其规定为无行为能力人是十分必要的。据此,年龄不满 8 周岁的未成年人和不能辨认自己行为的成年人,为无行为能力人。另外,根据《民法典》第 21 条第 2 款的规定:"8 周岁以上的未成年人不能辨认自己行为的,适用前款规定。"8 周岁以上的未成年人本来已经是限制民事行为能力人,但是如果不能辨认自己的行为,则会变为无民事行为能力人。无民事行为能力人如果自己独立参与了民事活动,会产生什么后果也需要根据具体场合加以判断,比如在纯获法律利益的场合,其实施的法律行为也存在认定为有效的理论解释空间。

设例 25:

甲有音乐天赋,16 周岁就不再上学,以演出收入为主要生活来源。甲成长过程中,多有长辈馈赠:7 岁受赠口琴一个,9 岁受赠钢琴一架,17 岁受赠名贵小提琴一把。

问题:这些受赠的法律后果如何?

在设例 25 中,甲在 16 周岁就已经以自己的劳动收入为主要生活来源,故已经被视为完全民事行为能力人,所以其 17 岁时虽未成年但发生的民事法律行为应为有效,而 9 岁时虽然是限制行为能力人,但赠与属于纯获利益的法律行为,所以也是有效的。唯一有疑问的是 7 岁时受赠口琴的事实,如果解读为民事法律行为,则无行为能力人所为的行为均应无效,但是此时可以考虑在结果上并不一定以民事法律行为来解读受赠行为,而应看成是事实行为,则该纯获利益的后果并不存在法律应该否定的内容。

(三)成年人欠缺民事行为能力的认定

成年人欠缺民事行为能力需要进行认定。《民法典》第 24 条第 1 款规定:"不能辨认或者不能完全辨认自己行为的成年人,其利害关系人或者有关组织,可以向人民法院申请认定该成年人为无民事行为能力人或者限制民事行为能力人。"可见，认定成年人欠缺行为能力由本人、利害关系人或者有关组织申请，并由人民法院依特别程序认定，具体程序应根据《中华人民共和国民事诉讼法》的规定来进行。

认定成年人欠缺行为能力需要具备以下要件：其一，被宣告人为不能辨认或者不能完全辨认自己行为的成年人。除了成年人以外，根据《民法典》第 21 条第 2 款的规定，8 周岁以上的未成年人不能辨认自己行为的可以参照适用，也可以通过认定程序确认为无行为能力人。其二，必须由本人、利害关系人或者有关组织申请。所谓利害关系人，是与被申请宣告的人有利害关系的人，如被申请人的配偶、父母、成年子女以及其他亲属等。这里所说的有关组织包括居民委员会、村民委员会、学校、医疗机构、妇女联合会、残疾人联合会、依法设立的老年人组织、民政部门等。如果没有利害关系人的申请，则认定程序不能启动，法院不得主动进行认定。其三，必须经人民法院特别程序认定。由于欠缺民事行为能力的认定在后果上将会导致自然人的行为能力丧失的外观，所以只有人民法院可以依法作出。如果利害关系人要求宣告某人为无行为能力人，并要为其指定监护人，法院应当受理此类案件。

被人民法院认定为无民事行为能力人或者限制民事行为能力人的，经本人、利害关系人或者有关组织申请，人民法院可以根据其智力、精神健康恢复的状况，认定该成年人恢复为限制民事行为能力人或者完全民事行为能力人。

（四）民事行为能力和民事责任能力的区别

《民法典》没有明确规定自然人责任能力的概念，但民法理论上，人们一直认为民法制度应该解释出包含民事责任能力的内容，如《民法典》第 1188 条第 1 款规定："无民事行为能力人、限制民事行为能力人造成他人损害的，由监护人承担侵权责任。监护人尽到监护职责的，可以减轻其侵权责任。"这实际上是把民事行为能力当成是民事责任能力来使用。

民事责任能力，是指为自身违法行为负损害赔偿义务的资格。传统民法把对自己的不法行为的承担责任设计成一种能力或资格的做法，有时不容易为人所理解。但是当我们了解其设计动机时，就可以明白这确实是近代民法上一项不可或缺的制度。近代康德主义及其以后的哲学思想提出，要使伦理上自由的主体——自然人成为具有尊严的人，就应当使其具有承担责任的能力。不能由个人对自己行为负责的法律，是以否定个人社会独立为条件的，所以近代民法对自然人赋予责任能力，乃是个人主义法律制度完整不可缺的一部分。民事责任能力在标准上，大体有两种体例：一种是出生主义，即采取自然人出生就具有侵权责任能力的标准，以《法国民法典》为代表；另一种体例以一定的识别能力为准，自然人有无责任能力，视其有无识别能力而定，以《德国民法典》和我国台湾地区现行所谓“民法”为代表。根据前面提到的《民法典》第 1188 条的表述，可以认为《民法典》以识别能力为基础，并与行为能力完全一致。但是必须强调，我们只能认为是两者的认定标准一致，而绝非两者混同，因为行为能力和责任能力作用的领域是截然不同的。

三、自然人的住所

（一）住所的概念

住所是自然人所参与的各种法律关系发生的中心地域。

民法理论认定住所的标准不一，主要有三种不同的观点。其一，主观说。该说认为住所应当以当事人长期居住的意思来决定，《瑞士民法典》为此立法例。其二，客观说。该说认为住所为生活的中心地，故应当以当事人客观上实际长期居住的地点为住所，《日本民法典》和《德国民法典》为此立法例。其三，折中说。该说将当事人长期居住的意思（主观要件）与客观上长期居住的事实（客观要件）结合起来加以考察，我国台湾地区现行所谓“民法”实际上采纳了折中说。①

《民法典》第 25 条规定：“自然人以户籍登记或者其他有效身份登记记载的居所为住所；经常居所与住所不一致的，经常居所视为住所。”由此可见，我国现行法以户籍所在地的居住地为自然人的住所。户籍是指我国行政法上以户为单位记载公民有关事项的行政管理性法律文件，它既是行政管理文件，也是证明有关公民身份的文件，同时也可用来确定住所。在住所的认定标准上，我国法律接近于客观说，并不要求考察当事人是否有久住的意思。

（二）住所的法律意义

在民法上确定住所具有以下法律意义：其一，确定自然人的民事主体状态。如宣告失踪和宣告死亡都以自然人离开住所地下落不明为前提。其二，决定债务的清偿地。如《民法典》第 511 条第 3 项规定：“履行地点不明确，给付货币的，在接受货币一方所在地履行；交付不动产的，在不动产所在地履行；其他标的，在履行义务一方所在地履行。”其三，决定婚姻登记的管辖地点。如《婚姻登记条例》规定，依申请人住所地管辖婚姻登记。其四，在涉外民事关系中确定法律适用的准据法。

---

① 魏振瀛主编：《民法》，北京大学出版社 2021 年版。

如《中华人民共和国涉外民事关系法律适用法》第 11 条规定:“自然人的民事权利能力,适用经常居所地法律。”其五,决定诉讼管辖和司法文书送达地。如《民事诉讼法》第 22 条第 1 款规定:“对公民提起的民事诉讼,由被告住所地人民法院管辖;被告住所地与经常居住地不一致的,由经常居住地人民法院管辖。”

第三节

监　护

一、监护的概念

监护是指为无民事行为能力人和限制民事行为能力人设置监护人对其人身、财产以及其他合法权益进行监督、保护。其中履行监督、保护职责的人为监护人,而被监督、保护的人为被监护人。

监护具有以下三方面功能:其一,弥补被监护人的行为能力。行为能力欠缺的自然人,不能或者不能独立地进行民事活动,无法独立主动地通过自己的行为为自己取得权利、设定义务,从而难以安身立命。监护制度使得被监护人通过监护人可以从事一些民事活动,从而使其行为能力的缺陷在一定程度上得以弥补。其二,保护、照顾被监护人的人身和财产等合法权益。其三,对被监护人进行监督和管束,防止其实施违法行为,损害他人和社会的利益。

关于监护的性质,可以从权利义务属性的角度进行解读。根据《民法典》第 34 条第 2 款的规定“监护人依法履行监护职责产生的权利,受法律保护”,可以将监护解读为一种权利——监护权,并将其归入身份权一类,如已经被废止的《侵权责任法》第 2 条规定的保护权益中就包括“监护权”。但是从监护制度的内容看,监护制度并没有赋予监护人任何利益,相反只是课以沉重的负担,所以就事实而言,监护是法律单方面授予被监护人的片面利益。监护权的表述从保护父母等亲属利益的角度而言有道理,但并没有指向监护制度的典型特征。从《民法典》的表述看,监护既不是典型的民事权利也不是典型的民事义务,当然更不是权力,而是以监护人的职责作为其核心内容。《民法典》第 34 条第 1 款规定:“监护人的职责是代理被监护人实施民事法律行为,保护被监护人的人身权利、财产权利以及其他合法权益等。”关于监护性质的模糊是由权利、义务等概念内涵的狭窄,而监护本身所包含的内容复杂所造成的。严格来说,监护的性质中包含了上述几种元素,但又不是绝对地属于哪种性质，所以《民法典》所表述的职责更符合监护制度的定位。

二、监护的分类

根据《民法典》的规定，被监护的对象包括未成年人和欠缺民事行为能力的成年人。因此，根据监护对象的不同，我国的监护可以分为未成年人监护和成年人监护两类。此外，根据监护人的设定方式不同，我国的监护又可以分为法定监护、遗嘱监护、指定监护、协议监护、国家监护和意定监护等六种，这些监护人的设定方式，有的对两种监护都可适用，有的仅为未成年人监护或成年人监护所独有。以下按照未成年人监护和成年人监护的区分来具体讲解。

(一)未成年人监护

未成年人监护是指以未成年人为监护对象的监护。此处的未成年人不包括已经按照《民法典》第18条第2款规定视为完全民事行为能力人的未成年人。未成年人监护设定的方式包括法定监护、遗嘱监护、协议监护、指定监护和国家监护等五种。

法定监护，是指监护人是由法律直接规定而设置的监护。关于未成年人的法定监护人，《民法典》第27条第1款规定："父母是未成年子女的监护人。"另外，该条第2款规定的担任监护人的顺序也是针对法定监护的规定，"未成年人的父母已经死亡或者没有监护能力的，由下列有监护能力的人按顺序担任监护人：(一)祖父母、外祖父母；(二)兄、姐；(三)其他愿意担任监护人的个人或者组织，但是须经未成年人住所地的居民委员会、村民委员会或者民政部门同意"。需要注意的是，监护人并非当然地和被监护人一起生活。关于监护能力，《最高人民法院关于适用〈中华人民共和国民法典〉总则编若干问题的解释》第6条规定："人民法院认定自然人的监护能力，应当根据其年龄、身心健康状况、经济条件等因素确定；认定有关组织的监护能力，应当根据其资质、信用、财产状况等因素确定。"

设例26：

甲、乙婚后生有一子丙。后甲、乙离婚，丙随再婚的母亲乙一起生活，而甲一直未再婚。乙对丙的生活控制很严，禁止其与甲会面。于是甲起诉至法院，认为乙已经因为再婚而丧失监护权。

问题：丙的监护人是谁？

在设例26中，丙的监护人仍然是甲和乙两个人。虽然甲、乙已经离婚，且丙随母亲生活，但是父母是当然的法定监护人，除非父母不适合担任监护人，否则不会丧失监护人资格。乙已经再婚并不能说明乙不适合担任监护人。

父母作为法定监护人时,根据《民法典》第29条的规定:“被监护人的父母担任监护人的,可以通过遗嘱指定监护人”,可以成立遗嘱监护,遗嘱监护是指父母以遗嘱的方式为被监护人设定的监护。遗嘱确定的监护人,优先于《民法典》第27条规定的父母之后顺序的人担任监护人。遗嘱监护既可以是父母双方共同确定,也可以是父母一方确定。但如果仅有一方确定的,根据《最高人民法院关于适用〈中华人民共和国民法典〉总则编若干问题的解释》第7条的规定,父母另一方具有担任监护人条件的,仍应该由父母一方继续担任监护人。

在父母没有监护能力,而适合担任监护人的主体为多数时可以协议监护。协议监护是指数名具有监护资格的人,在尊重被监护人真实意愿的条件下,以协议的方式设定监护人。《民法典》第30条规定:“依法具有监护资格的人之间可以协议确定监护人。协议确定监护人应当尊重被监护人的真实意愿。”协议监护不需要按照《民法典》第27条确定的顺序。《最高人民法院关于适用〈中华人民共和国民法典〉总则编若干问题的解释》第8条规定:“未成年人的父母与其他依法具有监护资格的人订立协议,约定免除具有监护能力的父母的监护职责的,人民法院不予支持。协议约定在未成年人的父母丧失监护能力时由该具有监护资格的人担任监护人的,人民法院依法予以支持。依法具有监护资格的人之间依据民法典第30条的规定,约定由《民法典》第27条第2款、第28条规定的不同顺序的人共同担任监护人,或者由顺序在后的人担任监护人的,人民法院依法予以支持。”

在监护有争议的情况下,应进行指定监护。指定监护是指在设定监护人有争议的情况下,监护人由基层组织或人民法院指定而设置的监护。指定的监护人一般应当是一人,由数人共同担任监护人更有利于保护被监护人利益的,也可以是数人。《民法典》第31条第1款规定:“对监护人的确定有争议的,由被监护人住所地的居民委员会、村民委员会或者民政部门指定监护人,有关当事人对指定不服的,可以向人民法院申请指定监护人;有关当事人也可以直接向人民法院申请指定监护人。”另外,根据第31条的相关规定,居民委员会、村民委员会、民政部门或者人民法院应当尊重被监护人的真实意愿,按照最有利于被监护人的原则在依法具有监护资格的人中指定监护人。在指定监护人前,被监护人的人身权利、财产权利以及其他合法权益处于无人保护状态的,由被监护人住所地的居民委员会、村民委员会、法律规定的有关组织或者民政部门担任临时监护人。监护人被指定后,不得擅自变更;擅自变更的,不免除被指定的监护人的责任。前一顺序有监护资格的人无监护能力或者对被监护人明显不利的,可以根据对被监护人有利的原则,从后一顺序有监护资格的人中择优确定。根据《最高人民法院关于适用〈中华人民共和国民法典〉总则编若干问题的解释》第9条的规定,基层组织或人民法院在指定监护时,按照最有利于被监护人的原则指定,具体参考以下因素:其一,与被监护人生活、情感联系的密切程度;其二,依法具有监护资格的人的监护顺序;其三,是否有不利于履行监护职责的违法犯罪等情形;其四,依法具有监护资格的人的监护能力、意愿、品行等。

国家监护是指法律规定的国家机关或社会组织在法定条件下,为保护被监护人的合法权益,担任监护人履行监护职责的监护。《民法典》第32条规定:"没有依法具有监护资格的人的,监护人由民政部门担任,也可以由具备履行监护职责条件的被监护人住所地的居民委员会、村民委员会担任。"

(二)成年人监护

成年人监护是指以无民事行为能力或限制行为能力的成年人为监护对象的监护。成年人监护设定的方式包括法定监护、遗嘱监护、指定监护、协议监护、国家监护和意定监护等六种。

关于成年人的法定监护,《民法典》第28条规定:"无民事行为能力或者限制民事行为能力的成年人,由下列有监护能力的人按顺序担任监护人:(一)配偶;(二)父母、子女;(三)其他近亲属;(四)其他愿意担任监护人的个人或者组织,但是须经被监护人住所地的居民委员会、村民委员会或者民政部门同意。"根据该条,成年人的法定监护和未成年人的法定监护一样,依据亲属关系可以确定监护的顺序,但是对于成年人来说,并不是亲属关系近或者和其共同生活的人就适合担任监护人,固定顺序会造成选任监护人的一些困扰,如二婚的配偶和成年子女谁更适合担任监护人等。

成年人的父母作为监护人的情形下,也可以进行遗嘱监护,在数人适合担任监护人的情况下,监护人之间也可以进行协议监护。这些和未成年人监护是一致的。同样,在存在监护争议的情况下,基层组织或人民法院也需要进行指定监护,而且也存在国家监护的情况,即没有依法具有监护资格的人的,监护人由民政部门担任,也可以由具备履行监护职责条件的被监护人住所地的居民委员会、村民委员会担任。

成年人监护中较特殊的是意定监护,即被监护人自己给自己选定监护人。所谓意定监护,是指自然人与受托人通过书面协议的方式为自己预先设定的监护。《民法典》第33条规定:"具有完全民事行为能力的成年人,可以与其近亲属、其他愿意担任监护人的个人或者组织事先协商,以书面形式确定自己的监护人,在自己丧失或者部分丧失民事行为能力时,由该监护人履行监护职责。”选任监护人必须是在自己具有完全民事行为能力时才可以进行;意定监护的开始必须是在成年人丧失或部分丧失民事行为能力之时;意定监护应优先于法定监护适用。另外,根据《最高人民法院关于适用〈中华人民共和国民法典〉总则编若干问题的解释》第11条的规定,成年人与他人订立书面协议事先确定自己的监护人后,协议的任何一方均可以在该成年人丧失或者部分丧失民事行为能力前请求解除协议,而在该成年人丧失或者部分丧失民事行为能力后,协议确定的监护人无正当理由不能请求解除协议。

设例27:

甲今年70岁,膝下无子。乙为甲的邻居,热心公益。甲、乙签订两份书面协议:其一,甲在丧失行为能力后,由乙作为其监护人;其二,乙照顾甲的日常生活、生养死葬,甲死后其房产归乙所有。

问题:这两份协议的法律后果如何?

在设例27中,甲和乙签订的第一份协议就是意定监护协议,其法律后果是在甲丧失或部分丧失民事行为能力后,乙作为其监护人履行监护职责。但是如果在签订这份协议的时候甲已经丧失或部分丧失民事行为能力,则协议无效。第二份协议是遗赠扶养协议,将乙对甲的扶养与遗赠的后果进行合并约定,其后果是在乙履行义务后,可以在甲死亡时取得遗赠的财产。从这两份协议可以看出,监护和扶养是两回事,监护履行的是以法定代理为代表的监护职责,而扶养是照顾、养老等内容。

三、监护人的职责

《民法典》第34条第1款规定:“监护人的职责是代理被监护人实施民事法律行为,保护被监护人的人身权利、财产权利以及其他合法权益等。”根据该条内容,监护人的职责主要概括有以下三方面。

第一,担任被监护人的法定代理人。被监护人如果是限制民事行为能力人,可以进行与其年龄、智力、精神健康状况相适应的民事活动,其他民事活动则由其法定代理人代理,或者征得其法定代理人的同意。被监护人如果是无民事行为能力人,则应由其监护人作为法定代理人代理其一切法律行为。

设例28:

甲与其九周岁的女儿乙联名购买A房屋,登记所有人为甲、乙。丙银行与

以甲、乙为股东的丁公司签订 1 000 万元的借款合同，以 A 房屋设立抵押。抵押合同上的乙的签字由甲代签。

问题：抵押权是否设立？

在设例 28 中，虽然甲是乙的代理人，可以代理其为民事法律行为，但根据《民法典》第 35 条第 1 款规定："监护人应当按照最有利于被监护人的原则履行监护职责。监护人除为维护被监护人利益外，不得处分被监护人的财产。"所以，甲为了丁公司的利益，以甲、乙的房产做担保的行为是无效的。

在监护人作为法定代理人履行监护职责时，根据《民法典》第 35 条第 2 款、第 3 款的规定，未成年人的监护人履行监护职责，在作出与被监护人利益有关的决定时，应当根据被监护人的年龄和智力状况，尊重被监护人的真实意愿。成年人的监护人履行监护职责，应当最大限度地尊重被监护人的真实意愿，保障并协助被监护人实施与其智力、精神健康状况相适应的民事法律行为。对被监护人有能力独立处理的事务，监护人不得干涉。

第二，保护被监护人的人身、财产及其他合法权益。监护人应当保护被监护人人身方面的合法权益，主要包括被监护人的生命健康权等人格权。为了被监护人的利益，可以合理利用或处分被监护人的财产。当被监护人的人身、财产和其他合法权益受到非法侵害时，监护人作为法定代理人有权代理被监护人请求人民法院给予保护。

第三，根据《最高人民法院关于适用〈中华人民共和国民法典〉总则编若干问题的解释》第 13 条的规定，监护人可以在患病、外出务工等特定情形下在一定期限内将监护职责委托他人履行，但受托人并非监护人。

四、监护的撤销

监护人在履行监护职责时如果出现了不利于被监护人的情形，在一定的条件下，人民法院根据有关个人和组织申请，可以撤销其监护人资格。有资格申请的主体包括其他依法具有监护资格的人、居民委员会、村民委员会、学校、医疗机构、妇女联合会、残疾人联合会、未成年人保护组织、依法设立的老年人组织、民政部门等。一旦监护人资格被撤销，人民法院除了应安排必要的临时监护措施外，还应该指定监护人。根据《民法典》第 36 条的规定，具体分为三种情形。

第一，实施严重损害被监护人身心健康的行为，例如虐待、遗弃被监护人，对被监护人进行精神暴力。

第二，怠于履行监护职责或者无法履行监护职责，且拒绝将监护职责部分或者全部委托给他人,导致被监护人处于危困状态。需要注意,这一项的要求是并列式的规定,不仅要有这样的一些行为,即或者是怠于履行职责,或者是无法履行监护职责,而且拒绝将监护职责委托给他人,更重要的是要出现导致被监护人处于危困状态的结果。

第三,实施严重侵害被监护人合法权益的其他行为。《民法典》第 36 条前两项是具体的条件,第三项是一个列举非穷尽的兜底条款,有些行为虽然不直接符合第一项、第二项的规定,但是从严重程度上可以跟第一项和第二项相比。如果监护人实施了这样的行为,也可以由人民法院衡量撤销其监护人的资格。

五、监护的终止

根据《民法典》第 39 条的规定,监护可以因五方面的原因而终止。

第一,对于未成年人监护,自被监护人成年或取得完全民事行为能力之日起,监护关系自然终止。

第二,对于成年人监护,自成年人恢复民事行为能力,且由人民法院作出撤销民事行为能力欠缺的宣告恢复行为能力时,监护关系才能终止。

第三,监护人丧失监护能力。这包括监护人丧失民事行为能力导致其自身也需要监护,还包括监护人缺乏履行监护职责的能力。

第四,监护人或被监护人一方死亡。

第五,人民法院认定监护关系终止的其他情形。例如,监护人辞职,监护人病重、服兵役、长期在被监护人居所地之外的地方工作等不适合担任监护人而辞去监护人资格。

第四节

宣告失踪和宣告死亡

一、宣告失踪的概念

(一)宣告失踪的定义

宣告失踪,是指自然人离开自己的住所下落不明达到法定期限,经过利害关系人申请,人民法院依照法定程序宣告其为失踪人的一项制度。

《民法典》规定宣告失踪制度，其目的是通过人民法院确认自然人失踪的事实，结束失踪人财产无人管理及其应履行的义务不能得到及时履行的非正常状态，以保护失踪人和利害关系人的利益，并维护社会经济秩序的稳定。

（二）宣告失踪的条件

《民法典》第 44 条规定："自然人下落不明满 2 年的，利害关系人可以向人民法院申请宣告该自然人为失踪人。"第 41 条规定："自然人下落不明的时间从其失去音讯之日起计算。战争期间下落不明的，下落不明的时间自战争结束之日或者有关机关确定的下落不明之日起计算。"根据此两条规定，宣告失踪应当具备如下条件：

第一，必须失踪人下落不明满 2 年。下落不明是指自然人离开自己最后的居所和住所后没有音讯的状况，而且这种状况是持续不间断的。只有从自然人音讯消失起开始计算，持续地、不间断地经过 2 年时间，才能申请宣告失踪。

第二，必须由利害关系人向人民法院提出申请。《最高人民法院关于适用〈中华人民共和国民法典〉总则编若干问题的解释》第 14 条规定："人民法院审理宣告失踪案件时，下列人员应当认定为民法典第 40 条规定的利害关系人：（一）被申请人的近亲属；（二）依据民法典第 1128 条、第 1129 条规定对被申请人有继承权的亲属；（三）债权人、债务人、合伙人等与被申请人有民事权利义务关系的民事主体，但是不申请宣告失踪不影响其权利行使、义务履行的除外。"宣告失踪的申请可以由这些利害关系人中的一人或数人同时申请，并且是没有先后顺序的。

第三，必须由人民法院根据法定程序宣告。宣告失踪只能由人民法院作出，其他任何机关和个人无权作出宣告失踪的决定。人民法院在受理宣告失踪的申请后，应当根据《民事诉讼法》规定的特别审理程序进行。

二、宣告失踪的法律后果

（一）一般法律后果

在自然人被宣告为失踪人以后，由于其民事主体资格仍然存在，故而不发生婚姻关系解除和继承开始的后果，但是仍可发生两个方面的后果：

第一，为失踪人的财产设定代管人。人民法院判决宣告自然人失踪的应当同时指定失踪人的财产代管人。根据《民法典》第 42 条的规定："失踪人的财产由其配偶、成年子女、父母或者其他愿意担任财产代管人的人代管。代管有争议，没有前款规定的人，或者前款规定的人无代管能力的，由人民法院指定的人代管。"如果失踪人是无行为能力人或限制行为能力人,则由其监护人为财产代管人。由于失踪人的财产代管人从事的乃是一种无偿的代管行为,因此仅在代管人因自己的故意或重大过失造成失踪人的财产遭受损害时,才承担赔偿责任。

第二,清偿失踪人的债务,并追索其债权。代管人的另一项主要职责是代理失踪人履行债务和受领他人的履行。代管人有权从失踪人的财产中支付税款、债务和诸如赡养费、扶养费之类的其他应当支付的费用;代管人也要尽力追索失踪人的债权,代理失踪人受领他人所做的清偿。

(二)宣告失踪的撤销

《民法典》第45条第1款规定:"失踪人重新出现,经本人或者利害关系人申请,人民法院应当撤销失踪宣告。"宣告失踪的撤销,同样要由人民法院依据法定程序进行。失踪宣告经撤销,则代管随之终止,只要代管人并非出于恶意,其在代管期间支付的各种合理费用,失踪人无权要求代管人或相对人返还。

三、宣告死亡的概念

(一)宣告死亡的定义

宣告死亡,是指自然人下落不明达到法定期限,经利害关系人申请,人民法院经过法定程序在法律上推定其死亡的一项制度。

法律之所以要规定宣告死亡制度,其目的在于破除自然人长期下落不明所造成的财产关系和人身关系的极不稳定状态,及时了结下落不明人与他人的财产关系和人身关系,从而维护正常的社会秩序。

设例29:

甲自2009年1月起外出打工后就下落不明。2015年甲的妻子乙向当地法院申请宣告甲已经死亡。此后不久,乙患重病,无钱医治,甲、乙的女儿丙的生活和学习也成了问题。邻居丁提出收养丙,乙和丁办理了收养手续。2016年乙和戊结婚,2018年戊因车祸而死亡。2019年甲突然回到家中,并主张与丁的收养协议无效,同时恢复和乙的婚姻关系。

问题:甲的主张能否得到支持?

在设例29中,甲下落不明的时间符合宣告死亡的条件,乙申请宣告死亡符合条件。但是实际上甲并没有死亡,所以相关法律关系需要理顺,婚姻关系因为乙已经再婚而不可能自动恢复,收养关系不能自动撤销。

(二)宣告死亡的条件

在很多情况下,利害关系人往往是先申请宣告失踪,而后又申请宣告死亡,针对利害关系人既申请失踪人宣告死亡,又申请失踪人宣告失踪的情形,《民法典》第47条规定:“对同一自然人,有的利害关系人申请宣告死亡,有的利害关系人申请宣告失踪,符合本法规定的宣告死亡条件的,人民法院应当宣告死亡。”宣告失踪并非宣告死亡的必经程序,不管利害关系人是否曾申请过宣告失踪,都可以直接到人民法院申请宣告死亡。

根据《民法典》第46条的规定:“自然人有下列情形之一的,利害关系人可以向人民法院申请宣告该自然人死亡:(一)下落不明满4年;(二)因意外事件,下落不明满2年。因意外事件下落不明,经有关机关证明该自然人不可能生存的,申请宣告死亡不受2年时间的限制。”宣告死亡必须具备以下条件:

第一,自然人下落不明达到法定期限。一般情况下,法定期限是下落不明满4年;因为意外事件下落不明的,满2年;因意外事件下落不明,经有关机关证明该自然人不可能生存的,申请宣告死亡不受2年时间的限制。

第二,必须由利害关系人向人民法院提出申请。《最高人民法院关于适用〈中华人民共和国民法典〉总则编若干问题的解释》第16条规定:“人民法院审理宣告死亡案件时,被申请人的配偶、父母、子女,以及依据民法典第1129条规定对被申请人有继承权的亲属应当认定为民法典第46条规定的利害关系人。符合下列情形之一的,被申请人的其他近亲属,以及依据民法典第1128条规定对被申请人有继承权的亲属应当认定为民法典第46条规定的利害关系人:(一)被申请人的配偶、父母、子女均已死亡或者下落不明的;(二)不申请宣告死亡不能保护其相应合法权益的。被申请人的债权人、债务人、合伙人等民事主体不能认定为民法典第46条规定的利害关系人,但是不申请宣告死亡不能保护其相应合法权益的除外。”

第三,必须由人民法院依法定程序作出宣告。人民法院在受理死亡宣告申请后,应当依照《民事诉讼法》规定的特别审理程序作出宣告。

四、宣告死亡的法律后果

(一)一般法律后果

宣告死亡可以发生与自然性死亡相同的法律后果。也就是说,被宣告死亡的自然人在法律上被认定为已经死亡,民事主体资格消灭,其财产关系和人身关系都要发生变动:首先财产继承开始,被宣告死亡的人的财产将由他的继承人继承,债权人有权要求继承了遗产的继承人清偿债务；其次婚姻关系终止，被宣告死亡的人与其配偶的婚姻关系终止。

不过，虽然自然人被宣告死亡，但死亡宣告毕竟只是一种推定，失踪人还有可能在异地生存，所以，死亡宣告是否绝对地发生效力呢？一般认为，宣告死亡的目的并非要绝对地消灭或剥夺被宣告死亡的人的主体资格，而在于结束以被宣告死亡人的原住所地为中心发生的民事法律关系，因此被宣告死亡的人在其存活地的权利能力并不终止，其仍然可以从事各种民事活动。《民法典》第 49 条规定："自然人被宣告死亡但是并未死亡的，不影响该自然人在被宣告死亡期间实施的民事法律行为的效力。"

(二) 宣告死亡的撤销

被宣告死亡的人重新出现或者确知他没有死亡，经本人或者利害关系人申请，人民法院应当撤销对他的死亡宣告。

死亡宣告被撤销后会产生以下法律效果：其一，财产关系恢复，不管利害关系人是因继承、受遗赠，还是因其他原因取得财产，都应当向被撤销死亡宣告的人返还财产。如果原物不存在，则应当适当补偿。利害关系人隐瞒真实情况，致使他人被宣告死亡而取得其财产的，除应当返还财产外，还应当对由此造成的损失承担赔偿责任。其二，人身关系不能自动恢复。如果配偶没有再婚，婚姻关系可以自动恢复。如果配偶再婚，即使再婚后又离婚或再婚后新配偶死亡，也不得因为撤销死亡宣告而自动恢复婚姻关系。根据《民法典》第 51 条的规定："被宣告死亡的人的婚姻关系，自死亡宣告之日起消除。死亡宣告被撤销的，婚姻关系自撤销死亡宣告之日起自行恢复。但是，其配偶再婚或者向婚姻登记机关书面声明不愿意恢复的除外。"被撤销死亡宣告人有子女的，父母子女间的权利义务关系应当自动恢复。如果子女已经被他人依法收养的，该收养关系不得单方解除。根据《民法典》第 52 条的规定："被宣告死亡的人在被宣告死亡期间，其子女被他人依法收养的，在死亡宣告被撤销后，不得以未经本人同意为由主张收养行为无效。"

第五节

个体工商户和农村承包经营户

一、“两户”的概念

个体工商户和农村承包经营户都与自然人密切相关，这两种主体实际上并不是典型的民事主体，而是自然人作为民事主体参与市场经济活动的一种特殊表现形式。作为参与市场经济活动的形式，个体工商户是由自然人组成的，农村承包经营户也是由自然人组成的，但是他们都会以家庭或者户为单位从事生产经营或者工商业生产经营活动。

（一）个体工商户

根据《民法典》第 54 条的规定，自然人从事工商业经营，经依法登记，为个体工商户。个体工商户可以起字号。个体工商户需要按照《中华人民共和国市场主体登记管理条例》办理登记，并确定从事工商活动的范围。

（二）农村承包经营户

根据《民法典》第 55 条的规定，农村集体经济组织的成员，依法取得农村土地承包经营权，从事家庭承包经营的，为农村承包经营户。农村承包经营户在签订土地承包合同时确定，并同时确定代表农村承包经营户的户主，代表农村承包经营户来进行民事活动。

二、“两户”的债务承担

《民法典》第 56 条的两款分别规定了个体工商户和农村承包经营户债务承担的规则。

（一）个体工商户的债务承担

根据《民法典》第 56 条第 1 款的规定，个体工商户的债务如果属于个人经营的，以个人财产来承担；属于家庭经营的，以家庭财产来承担；无法区分的，以家庭财产来承担。所谓的家庭财产是以家庭共同生活为内容的整体的财产或者共同享有的财产，而不是个人的财产。

（二）农村承包经营户的债务承担

根据《民法典》第56条第2款的规定，农村承包经营户的债务，以从事农村土地承包经营的农户财产承担；事实上由农户部分成员经营的，以该部分成员的财产承担。在农村地区可能存在家庭分解的情况，这也常被称为“分家析产”。这时候产生的债务要尊重现实的发展，而不是死板地根据特定户的存在进行承担。

重要问题提示：

1. 自然人的民事权利能力有哪些特点？
2. 胎儿利益如何保护？
3. 自然人的民事行为能力宗旨是什么？
4. 监护人的职责有哪些？
5. 意定监护的设立和适用对象如何？
6. 宣告失踪有哪些条件？
7. 宣告死亡有哪些条件？
8. 宣告死亡撤销的法律后果是什么？
9. 个体工商户和农村承包经营户应如何承担债务？

第三章 法人和非法人组织

第一节

法人概述

一、法人的概念

19 世纪初，德国学者专门创造了“法人”这一术语，用于表达可以作为权利义务主体的团体或组织体，并正式为 1900 年颁布的《德国民法典》所采纳。《德国民法典》对“法人”概念的采纳，正式确认了现代民事法律生活中的两类主体角色，即自然人和法人。法人内涵代指的是可以独立享有权利和承担义务的组织或团体，其以组织体作为存在基础。然而，值得注意的是，并非社会生活中的所有组织体都是法人，只有被法律认可其具有法律主体资格的这一部分组织体才是法人，而设置法人概念对复杂的社会交易有很大的作用，也带来了一些复杂的问题。

设例 30：

甲创造了一种游戏软件。为了推广赚钱，甲与乙各出资 50 万成立了丙信息有限责任公司。后因为游戏得不到社会认可，丙公司经营困难，最后资不抵债，其中欠丁银行 100 万元借款。

问题：甲是否应当偿还 100 万元借款？

在设例 30 中，甲不应该承担偿还 100 万元借款的责任。丙公司属于《民法典》规定的营利法人，具有独立法律人格，是可以独立享有权利和负担义务的民事主体。甲和乙作为丙公司股东，是丙的法人成员，其仅以出资额为限对丙的债务承担有限责任。因而，丙公司欠丁银行的100万元借款应由丙公司独立承担，不应由作为法人成员的甲和乙承担，除非债权人丁能够举证丙公司与其股东甲和乙存在人格混同，进而依据《民法典》第83条第2款否认法人的独立人格，才能主张甲和乙对丙的债务承担连带责任。

(一)法人的含义

法律设置法人概念的理论前提是认为某些社会组织体具备与生物学意义上的"人"相类似的特征，因而得以赋予其法律主体资格。这一观念对普通人而言是较难理解，甚至带有较重的形而上学色彩的，但其在法律生活中却是必要且合乎逻辑的。事实上，法律首先尊重有智慧、有理性的生物人，但法律也认为有必要将某些社会组织体当作生物人看待，尽管这些组织体本身并没有自然生命和理性思维。换言之，民法是把生物学意义上的人和某些社会组织体作为平等的民事主体来看待。这些组织体是在社会生活中存在独立的利益需求、具有理性的力量，同时还具备可以归结责任，却不同于一般生物人的社会实体。虽然法人术语的创造和被实证法采纳发生在19世纪，但组织体主体化的法律实践早在罗马法时期就已经初露端倪。早在古罗马共和国时期，罗马法就已承认各类公共团体的法律主体地位；到帝国时期又开始广泛认可私团体的主体意义；到罗马法晚期(查士丁尼皇帝时期)，罗马法甚至认可了具有一定目的的捐助财产也具备一定的法律主体资格，这被认为是现代法人制度中财团法人的雏形。①

欧洲中世纪时期，人们崇尚宗教生活，进而对宗教团体格外尊崇，由此导致了宗教团体的崛起。但是，宗教组织体的法律主体化实践笼罩了过多与人文主义无关的宗教阴影，这直接导致1804年《法国民法典》对团体的主体地位问题采取了刻意回避的态度。《法国民法典》作为近代民法的开端，终结了封建式的等级制民法，开启了个人中心主义、权力中心主义的近代民法理念。立法者出于弘扬个人主义的目的，认为有必要对封建团体和宗教团体加以否定，进而在《法国民法典》中回避了社会组织体的主体化问题。需要指出的是，《法国民法典》这一回避态度遭受到社会实践中另一类团体的挑战，这一类团体就是中世纪开始在地中海和波罗的海沿岸贸易城市发展起来，并推动资本主义经济崛起的商业团体。商业团体在

① 陈朝璧:《罗马法原理》,法律出版社2006年版。

其产生和发展过程中体现出明显的经济性和实用性特点，其不仅适应了商人个体利益的发展需求，也满足了社会整体财富积累的需要，是经济发展不可缺少的主体组织形式。结果，在《法国民法典》回避团体主体化问题的同时，法国的商事习惯法接受了商业团体的法律主体资格，并在1807年颁布的《法国商法典》中明确承认特定商业团体可以成为私法上的主体。之后，法国学理受到德国民法学说的影响，将商业团体这类法律主体称为法人，并在《法国民法典》的后续修订中加入了这一概念。我国民法受德国民法学说影响较深，同样继受了"法人"概念，从近代移植外国法开始一直到《民法典》以来，我国法律一直承认法人这一民事主体类型，并在《民法典》第57条中明确规定："法人是具有民事权利能力和民事行为能力，依法独立享有民事权利和承担民事义务的组织。"

需要注意的是，尽管我国民法中的法人概念与传统民法中的法人概念理出同源，但却存在明显的区别。在大陆法系国家传统的民事主体制度中，法人与自然人相对应，同为民法中"人"的子概念，法人和自然人具有多方面作为民事主体的共性特征，比如两者均具有权利能力等，但两者在法律体系中的地位并不等同。本质而言，在传统民法的主体制度中，自然人和法人的内涵都指代法律构造出来的抽象的"人"，而并非生物学意义上的人和社会学意义上的社会组织体，所以，我国《民法典》赋予法人与自然人同等的权利能力和行为能力，在立法逻辑上存在无法圆满解释的问题：其一，从民事权利能力上看，法人只能享有财产性权利，而不能享有如身体权、健康权、亲属权等基于人的生物学属性才能享有的人格权或身份权，所谓法人人格权事实上缺乏精神性的内容，与自然人的人格权大相径庭；其二，从民事行为能力上看，法人不具备如自然人一般的理性判断能力，即法人自身不具备作出意思表示的能力，所谓的法人意思的形成和表达乃是通过由"人"组成的法人意思机构来完成的。

对比近代传统民法中的法人概念和我国的法人概念，我们不难发现，虽然法人和自然人同为民法所确认的民事主体类型，但两者在本质上仍需要加以区分，不能以民事主体等同视之。

(二)法人的本质

我国民法学界关于法人本质问题历来争议不大，但近年来对于大陆法系民法国家的各种传统学说的反思之风日盛并渐成趋势。讨论法人本质问题的核心在于从理论层面回答两个问题：其一，法人缘何可以作为一种民事主体而享有民事权利能力与民事行为能力；其二，法人在多大范围或程度上享有民事权利能力和民事行为能力。围绕这两方面问题，民法理论中曾发展出多种学术主张，其中有三种学说最具代表意义，即法人拟制说、法人否认说、法人实在说。

第一，法人拟制说。法人拟制说的初步主张在罗马法时期就已存在。到12—13世纪罗马法在欧洲复兴时，早期的注释法学家们提出，法人是有团体名义的多数人的集合，是独立于自然人而存在的"抽象人"。之后，寺院法学者也附和这一观点，主张法人是"拟制人"或"观念人"，并进一步阐明法人基于法律的拟制而取得人格，法人为纯粹的观念存在。14世纪以后，晚期的注释法学派在寺院法学者的理论基础上进一步完善了"法人拟制说"，认为只有自然人是实在的"人"，而法人的人格不过是法律拟制的产物，仅为一种无肉体也无精神的观念上的存在。法人拟制说的集大成者是德国法学家萨维尼。18世纪末期，萨维尼阐明了自己对法人本质的认识，认为在罗马法传统、基督教神学、启蒙学说以及理性主义德国哲学中，均仅把自然人视为天生的，并且是预设的法律秩序中的法律主体，因为只有自然人能够为其思想和行为在"上帝"面前负责，并且能够依据道德规范进行自律。如果要使超越于个人的社会组织体像自然人一样享有权利能力，只能借助于客观法所创设的使其与自然人享有同等地位的这种方法，但这种"同等地位"并不能超越甚至取代自然人所固有的属性，而仅仅是"拟制"而已，至于这种同等地位是否真实存在，以及在多大范围或程度内存在，乃是实证法规范应当解决的问题，为立法者所决定。根据萨维尼的观点，应然上的法律主体仅以自然人为限，而法人之所以能够取得法律人格，仅仅是因为法律将其拟制为自然人而已。所以，法人的本质乃是单纯的人工拟制的主体，申言之，乃是因法律上的目的而被法秩序所创造或认可的人格。①

按照法人拟制说的主张，自然人之外本不应有其他独立的法律人格存在，因而对法律拟制的"人"应当加以必要的限制，具体表现为：一是法人必须经过国家的特许才能成立；二是严格区分法人与其成员的财产；三是严格区分法人与其成员的主体资格；四是严格区分法人与其成员的法律责任；五是法人与法人机构之间是代理关系，法人机构是法人的代理人。总之，法人拟制说是特定历史背景下的理论产物，其深刻反映出当时盛行于欧洲的个人本位的法律思想。这一思想曾在19世纪的德国法学界长期占据主流学说地位，对于现代法人制度的解释也具有非常重要的意义。

第二，法人否认说。严格来讲，法人否认说并非一个单一的学说，而是对否认

---

① 梁慧星：《民法总论》，法律出版社2021年版。

法人具有法律主体地位的多个学说的总称,包括以耶林为代表的受益人主体说、以赫尔德和宾德为代表的管理人主体说和以布林茨为代表的目的财产说。受益人主体说认为拟制的团体性法律主体是不存在的,因为所谓的法人意思本质上仍为个人意思,而团体意思或集合体意思是不存在的,至少是无法被证实存在的。换言之,即便是为团体目的或团体利益而作出的团体意思仍是个人意思,而非团体独立于其成员个人意思之外的另一个意思。因而,法人仅得作为形式上的权利义务主体,真正的权利义务的归属者乃是享有团体财产利益的多数团体成员。管理人主体说认为,法人的财产并非归属于法人团体本身所有,而是属于管理该财产的自然人所有,所以法人本身并不能充任法律主体,享有法人人格的主体实际上是作为法人财产管理人的自然人。目的财产说是以拟制说为理论基础进一步推演而来的学说。该学说认为,倘若超越于个人的社会组织体自身并不能当然地成为法律上的"人",而是仅能通过法律拟制其与自然人享有同等的法律地位,也可以将法律主体资格直接授予具有特殊目的但没有主体参与的财产。该学说的贡献在于其指出了一个法律生活中不容忽视的事实,即机构法人和财团法人乃是没有成员的法人,并由此将社团法人和没有成员的机构法人和财团法人统一于相同的理论框架之下。①

法人否认说拒绝承认法人具有独立法律主体资格的立场,难以在理论层面解释法人得以独立享有权利和承担义务的法律现象,也难以在社会实践层面满足社会经济生活发展的需求,因而始终没有成为主流通说,但不可否认其对于解释法人的本质也有着不可替代的作用。

第三,法人实在说。法人实在说的基本立场是主张法人并非法律创设的虚像,而是社会生活中客观存在的实体。作为社会实体存在的法人具有自身独立的团体意思和团体利益,可以成为法律主体的一个类型。基于对该实体性质的认识有所不同,法人实在说又发展出有机体说和组织体说两个子学说。有机体说又称为团体人格说或具体实在说,为基尔克所倡导。该说认为,是否具有法律主体资格与是否具备意思能力有关,而是否具备意思能力与是否构成"有机体"有关。每个自然人都构成一个独立的自然有机体,天然具备意思能力,进而当然地成为法律主体。基尔克将法人视为如自然人一样的"社会有机体",进而由这一"超越个人的有机体"完成独立的法人意思的形成和表达,比如在社团法人中由社员集体形成的集合意思构成社团的意思,在财团法人中捐助人的捐助意思构成财团的意思。在持

① 梁慧星:《民法总论》,法律出版社 2021 年版。

有机体说的学者看来，只要团体在法律生活中以单位的面目出现，并且他人也将其作为一个单独的行为单位来看待时，在法律上就可以将其视作同自然人一样的“人”。与法人拟制说和法人否认说相比较，有机体说更看重团体的社会实在性与精神实在性，视团体为超越个人的、实体存在的“社会生物”，它们通过为其做决定的人来行动，就如同自然人通过其身体器官来行为一样。有机体说的理论建构所依托的模型是早期的社会群体，如家庭共同体、氏族和城邦等。这一时期，个人与社会群体的相互关系体现为：个人在社会群体中生活，而该社会群体则决定着个人的生活，生活在群体中的个人极少能表现出个体的存在。同时，法律并非主动地创造这些社会群体，只是对其发现，并根据其生活条件对其进行规范和限制。有机体说源起于19世纪末期法学思想由个人本位向团体本位演化的时代，其对团体价值的强调正迎合了此时民事立法的需要。组织体说的代表人物是米休德。该学说认为，法人是一种组织体，作为法人的组织体具有与其成员相区别的独立的个体意志和利益。法人之所以可以成为法律主体，并非因为其被认为是一种社会有机体，而是因为其事实上具备了适合作为法律主体享有权利和负担义务的组织，这种组织就是具有特定目的的社团或财团。因此，法人本质上是一种以实体存在的抽象人格，其具有独立于其成员个人利益的团体利益，具有自己的组织机构，并由法人机构来实现法人组织的意志。组织体说的贡献在于明确揭示了法人的组织特征，以及法人与法人机构、法人与法人成员之间的关系。这些认识都为大陆法系法人制度的进一步发展奠定了理论基础，因此，组织体说得以在20世纪世界各国的民事立法中被普遍采用。需要指明的是，法人实在说一直在我国民法学界占据通说地位，尤其是组织体说，但近年来也有学者对其质疑。①

总体看来，对于法人本质的各种学说都仅仅从某一方面来观察法人团体，所以每个学说都存在致命的缺陷，比如，拟制说体现出对自然人尊崇的个人主义观点，却并没有真正回答赋予法人法律主体地位以及赋予其何种程度的法律主体地位的正当性的问题；法人否认说项下的几种主张也强调自然人在法律上的本体地位，但其事实上却否认了法人的主体地位，难以解释为何法人能够独立承担具有法律效果的法律实践；即便是较晚出现的法人实在说也不可避免地忽略了自然人与仅作为法律构造物的法人之间的界限，将法人与自然人等量齐观，甚至衍生出团体凌驾于个人的风险之虞。从根本上说，法人本质的问题是无法解决的，对其进行讨论也是多余的，其唯一的实益仅在于使初学者逐步认识了法人的概念。

---

① 梁慧星：《民法总论》，法律出版社2021年版。

(三)法人制度的作用

设例 31：

甲要生产并销售保健品，于是和乙订立原材料买卖合同，又和丙订立加工保健品的加工承揽合同，为将产品销往外地又和丁订立买卖合同。

问题：甲如何才能降低成本？

在设例 31 中，甲为生产和销售保健品，分别与原材料供应商、加工商与销售商订立不同类型的合同，大大降低了市场运行的效率，增加了交易活动的成本。如果甲与乙、丙、丁四人共同成立保健品生产与销售的有限责任公司即可形成完整的保健品生产与销售的市场流程。

法人制度集中表现为以下两方面的作用：

第一，便利参与交易。自然人作为法律主体可以从事各种各样的民事活动，但个人的力量毕竟是有限的，有些事业的举办，如设立公司，开设学校、医院等，并非个人力量所能及，必须依靠多个自然人的合作才能完成。最初，自然人通过组织一些不具备权利能力的团体来完成合作，但该团体参与交易的法律效果仍归属于具体的自然人。通常情况下，相对人之所以选择与这样的团体进行交往，前提是或者其在交易之前已明确知悉对方当事人是谁，或者其已经通过其他方式确保了合作目的能够万无一失地实现。但随着团体不断发展，此类团体的成员人数越来越多，成员更迭也越来越频繁，导致其从事法律交往的难度越来越大。一方面，相对人越来越难以确定其交易的对方主体究竟是谁；另一方面，越来越多的成员数量使得确认成员关系、管理团体财产、提起诉讼等都变得更加麻烦。于是，法律上就产生了创设一个独立于成员之外且具有独立法律主体地位的团体的需求，以满足社会经济发展的需要。法人即由此应运而生。

第二，限制责任需要。法人作为法律主体的制度内涵在于法人本身与其成员之间的人格独立、财产独立和责任独立。其一，法人作为一类民事法律主体，首先意味着法人与其成员在法律上具有区分的、独立的、同等的人格。其二，也意味着法人财产与其成员的个人财产是相互独立的。法人由成员出资设立，但法人成立后，出资即不再属于成员所有，而是转归法人所有。其三，也是最值得注意的一方面，法人作为民事主体还意味着限制责任。具体而言，法人责任并非其成员责任，法人成员仅就其在设立法人时的出资额间接地对法人债务承担责任，这就是所谓的“有限责任”。事实上，是法人与其成员之间人格和财产的独立催生了限制责任的法律效果，而限制责任则构成了当事人设立法人的本质动机。

设例 32：

甲和乙计划成立一个注册资金 40 万元的公司丙，但双方各出资 10 万元就注册登记成功了。后甲又从丙公司提款 10 万元自己使用。现在，丙公司欠丁银行 10 万元而无力还债。

问题：丙公司是否有独立的法人格？甲、乙是否承担还债的责任？

在设例 32 中，丙公司开始时具有独立的法人格，但之后与其成员甲发生人格混同，应否认其独立的法人格，进而由甲对丙公司欠丁银行的 10 万元借款承担连带偿还责任。此外，甲和乙均应按照认缴的出资额缴足未缴出资，丁银行也可向未缴足出资的甲和乙提出主张，由其两人在欠缴出资的额内代丙公司偿还借款。原因如下，设例中甲和乙成立丙公司时约定注册资本为 40 万，但两人实际各出资 10 万元即完成公司的登记注册是成立的。《公司法》2013 年修订时将有限公司注册资本由实缴制改为认缴制，便利了公司的成立，降低了市场主体的准入门槛，所以丙公司可以获得法人资格。但是，甲随意使用丙公司款项的情节，涉及《民法典》第 83 条第 2 款的规定，应由甲与丙公司对债务承担连带责任。此外，依据《最高人民法院关于适用〈中华人民共和国公司法〉若干问题的规定（三）》第 13 条关于出资的相关规定，未实缴出资的股东应在欠缴的出资本息范围内对公司债务承担连带责任。

（四）法人的分类

1. 公法人和私法人

传统民法中，根据法人设立的目的不同或法人设立所依据的法律不同，可以将法人区分为公法人和私法人。在大陆法系国家，以实现或服务公共利益为目的，依据公法设立的法人为公法人；以追求私益为目的，依据私法设立的法人为私法人。公法人大多基于如行政命令等公权力的行使行为，依据某一特别法律而成立，或者为某一特别法律认可其作为公共事业的承担者而成立。私法人则是根据私法上的设立行为，如设立合同或捐助行为等而成立的法人。在我国，尽管《民法典》规定的法人制度并未明确体现公法人和私法人的区分，但在民法理论中会使用此种分类，如《民法典》规定的机关法人乃是典型的公法人，而公司法人及其他企业法人均为典型的私法人。

2. 社团法人和财团法人

传统民法根据法人的成立基础不同，又可以把私法人区分为社团法人和财团法人。社团法人指的是以人的集合作为法人成立基础的私法人，例如各类公司、协会等都是社团法人。财团法人指的是以具有特定目的的财产作为法人成立基础的私法人。财团法人不具有法人成员,仅表现为一定数量的、独立的特别财产,典型的有各种基金会、私立学校、私立医院、寺庙和教堂等。

社团法人与财团法人本质的区别在于,前者以人的集合作为法人成立的基础,后者以特定财产的集合作为法人成立的基础,具体区别如下:其一,设立行为不同。社团法人依设立人的共同行为设立,共同行为的法律性质为多方法律行为和生前行为;财团法人依捐助人的捐助行为设立,行为性质为单方法律行为。此外,捐助行为既可以是捐助人的生前行为,也可以是其死因行为。其二,设立程序不同。一般来说,设立财团法人须履行其行政主管机关的特别审批程序,在法人设立程序方面比社团法人更为严格。其三,设立人地位不同。社团法人的设立人于法人成立之后取得法人成员资格,成为社团法人的社员。财团法人的设立人(捐助人)实施捐助行为后,未必再与成立后的法人有联系:一方面,财团法人不具有法人成员,因而财团法人的设立人在法人成立后不能成为财团法人的成员;另一方面,财团法人的设立人于法人成立后可以成为该财团的管理人,也可以不成为其管理人,从此与该财团再无关联。其四,变更和解散的条件不同。社团法人可依社员集体决议自主决定解散法人或变更法人事项;财团法人不具备法人成员,其解散或变更必须由法院或行政主管机关等特定机构依职权为之。其五,组织机构不同。社团法人以社员大会作为法人的意思形成机构,以董事会作为法人的意思表达机构,也就是说,决定社团法人行为的意思形成于社团法人的内部,即社团法人属于自律法人;财团法人内部没有法人成员,仅可由存在于法人外部的管理机关,依照捐助人订立的章程对财团进行管理,即财团法人行为所遵循的意思本质上来自并未进入法人内部的捐助人订立的法人章程,并始终由处在法人外部的管理机构予以执行,因而财团法人属于他律法人。

3. 营利法人、非营利法人和特别法人

传统民法以法人的目的事业不同为标准,可以将法人区分为营利法人和公益法人,《民法典》在这一理论基础上将法人区分为营利法人、非营利法人和特别法人。其中,营利法人指的是以从事持续性经营活动并从中获取利润进而分配给其法人成员为目的设立的法人,反之,则为非营利法人。而特别法人指的是基于特定的目的,根据特别法规范设立的法人。所谓法人的目的事业,是指设立人在设立法人时意欲追求或实现的目的,有营利和公益之区分。公益法人指的是为实现或服务公共利益而设立的法人。结合前一分类可知,社团法人可以是营利法人也可以是公益法人,但财团法人仅能以公益法人的形态设立和存续。需要注意的是,设立营利法人、非营利法人和特别法人所依据的法律、程序以及国家对其进行管理的手段均呈现出明显不同。

二、法人的成立

(一)法人的成立与设立

法人的成立之于法人的意义相当于出生之于自然人的意义,是法人取得法律人格的标志。法人的设立指的是设立人依照法律规定的条件和程序使社会组织取得法律人格的全部过程,换言之,是设立人创设法人的一系列行为的总称。法人的成立和设立在内涵上互有联系,但却并不相同,具体表现为:法人的设立是创设法人的行为,法人的成立是法人已然存在的事实状态,或者说法人的设立是法人得以成立的前提,而法人的成立是法人设立的结果。法人的成立意味着法人的设立已经圆满完成,但法人的设立并不必然发生法人成立的结果,例如,当设立行为无效时,法人就不能成立。

但实践中也存在将法人成立与法人设立两个概念混淆使用的现象,主要表现为法人设立不仅指代设立法人的行为,也表达法人设立的结果,即法人的成立。实际上,这样的做法在解释逻辑上是不周延的,应予纠正。

(二)法人的成立条件

法人虽然也是一类重要的民事主体,但其终究不能与自然人等量齐观,尤其在法律人格的取得上,法人与自然人存在非常明显的差异。自然人作为体现基本自然属性的伦理人,其天然具有民事主体资格,而法人作为法律构造的制度人,其对法律人格的获取必须严格满足法律规定的条件,否则就可能招致法人泛滥的社会风险。《民法典》第58条规定:“法人应当依法成立。法人应当有自己的名称、组织机构、住所、财产或者经费。法人成立的具体条件和程序,依照法律、行政法规的规定。设立法人,法律、行政法规规定须经有关机关批准的,依照其规定。”由此可见,在我国,法人成立须具备如下条件:

1. 依法成立

所谓“依法成立”,是指法人资格的取得必须遵照法律规定的程序,必须具备法律要求的所有实体要件。具体而言,“依法成立”是指社会团体要取得法人资格时必须满足《民法典》和其他法人组织法,如《公司法》《中华人民共和国农民专业合作社法》《基金会管理条例》等要求的法人目的、经营范围、组织机构、设立行为和程序等条件。如果其他法律对法人成立条件有特别规定的,同时还须满足其他法律或行政法规要求的特别审批事项。

2. 有必要的财产或者经费

必要的财产或者经费是法人从事民事活动的物质基础。法人享有民事权利、负担民事义务、承担民事责任离不开必要的财产或者经费作为物质保障。然而,法律对不同类型法人所需的“必要”财产或者经费在数量上的要求并不相同,事实上,法律也难以,甚至无法对此作出整齐划一的规定。比较而言,法律对企业法人成立应具备的必要的财产或者经费的要求比较严格,比如《公司法》在相当长的一段时间内一直设有法定最低注册资本的要求,达到这一要求才能成立公司法人,但对机关、事业单位法人和社会团体法人一般不具体规定法人成立应当具备的具体财产或者经费数额。

近年来,法人成立是否必须具备必要的财产或者经费的问题一直存在争议,反对观点认为:其一,法人成立后是否具有保障其正常开展活动的必要财产或者经费,以及由此带来的法律后果均由法人承担,这一问题在设立人创设法人的过程中自应考虑,无须法律特别强调;其二,法人成立后一旦开展交易活动,其设立时由设立人投入的必要财产或经费即处于流动状态,事实上并不能发挥保障交易安全的功能;其三,对法人成立应具备的必要财产或者经费的数额要求越高,就意味着法人成立的门槛越高,这是对市场准入门槛的提高,会阻碍市场经济的繁荣和发展。从实践来看,《公司法》2013 年修订时取消了对设立公司的最低注册资本额的限制,并将设立公司时注册资本的实缴制修改为认缴制,此种立法态度也在一定程度上印证了必要的财产或经费不宜作为法人成立条件的主张。但是,无论从传统法人制度的理论惯性,还是《民法典》第 58 条的立法表现来看,我国目前并未改变以必要的财产或者经费作为法人成立条件的基本立场。

3. 有自己的名称、组织机构和场所

法人作为法律主体必须拥有自己的名称。其一,这是法律“显名主义”的基本要求,目的在于使交易相对人明确知悉其交易对象究竟为谁;其二,法人不同于具有生命实体的自然人,其法律人格必须通过名称这一法律标志予以表现,在这个意义上,法人名称可算作法人“生命”的象征;其三,名称使得法人人格得以具体化、特定化,是区分各个不同法人的主要标志之一。

组织机构是法人意志赖以形成和实现的基础,是法人享有权利能力和行为能力的最基本的条件保障。作为由人或财产组成的社会组织体,法人本身并不具备思维判断能力,也不具备实施行为的能力。法人意志的形成和实现本质上是将组成法人或管理法人的自然人的意志转化为法人意志,再予以实现的过程,这就要求必须组成能够代表法人的组织机构,再通过这些组织机构来形成法人意思和实施法人行为。

"场所"是法人从事法律交往的基地,法人必须要具备一定的场所才能从事经营活动。"场所"对于法人的意义不仅在于能够彰显出法人作为社会团体的稳定性,更在于其可以作为确定与法人相关的诸多法律问题的基本依据,如债务履行、诉讼管辖、法律文书送达等。

4. 能够独立承担民事责任

法人作为民事主体的意义在于其能够独立地享有民事权利和承担民事义务。如果法人从事民事活动时仅行使权利不履行义务,就必然地要承担相应的民事责任。因此,要求法人必须能够独立承担民事责任乃是法人享有独立法律人格的必然逻辑结果。在民事活动中,将法人与其成员明确加以区分,并由法人独立承担其自身的民事责任,不仅是法人制度设立的初衷,也是法人制度得以蓬勃发展的重要原因之一。

(三)法人设立的原则

根据历史时代的不同或法人类型的不同,设立法人应当遵循的原则也不同,大致可以归纳为以下五种设立原则:

第一,特许设立主义,又称立法特许主义,即设立法人必须依据国家的专门法令或国家的特别许可,比如英国于 1720 年制定的《泡沫法》规定,设立具有法人资格的公司必须经过国会的许可,任何人不得滥设公司。特许设立主义原则本质上是王权或国家公权力对当事人设立法人的意志自由的绝对剥夺,严重阻碍了自由经济的发展,因此,近现代以来已为世界各国所摒弃。

第二,自由设立主义,又称任意主义或放任主义,是指国家对设立法人不进行任何干预,也不作出任何限制,完全由当事人依其自由意志自主决定是否创设法人。中世纪后期,欧洲商业贸易不断发展繁荣,尤其在自由资本主义思潮的影响下,各国对待商业团体的设立普遍采纳放任主义原则。自由设立主义对待设立法人的绝对的自由化立场对于交易安全的风险是显而易见的,因此,近代以来,除《瑞士民法典》对非营利法人的设立仍采纳这一原则外,其他国家已不多见。

第三,准则设立主义,又称登记主义,是指法律预先明确规定法人成立的条件,设立人创设中的法人一旦具备了法律规定的法人的成立条件,即可直接到登记机关办理法人的设立登记,法人即可成立,无须经过任何主管部门的批准。当代世界各个国家或地区，对待公司法人的设立大都采纳准则设立主义原则，《民法典》有关营利法人设立的规定也采纳这一立场。

第四，许可设立主义，又称核准设立主义，是指设立法人时除必须满足法律规定的法人的成立条件外，还须申请主管行政官署的特别批准，主管行政官署受理申请后依照法律规定进行审查，并作出批准或不批准法人成立的决定。《民法典》第58条第3款规定的"设立法人，法律、行政法规规定须经有关机关批准的，依照其规定"就是法人许可设立主义原则的体现。

第五，强制设立主义，是指国家以法令或行政命令的方式，强制要求某行业或某特殊情况下必须设立一定法人组织的法人设立原则。强制设立主义一般适用于公法人的设立。

在我国，营利法人一般采用准则设立主义，如有限责任公司作为典型的营利法人只要符合《公司法》规定的有限责任公司的成立条件，设立人仅须在登记机关完成设立登记，公司即告成立。但也有些有限责任公司的设立也例外地采纳许可设立主义，比如《公司法》第6条第2款规定的"法律、行政法规规定设立公司必须报经批准的，应当在公司登记前依法办理批准手续"即持此立场。根据此款规定，如果发起人想要创设的是从事金融业务的有限责任公司时，除符合《公司法》规定的成立条件外，在申请公司设立登记时还必须提交由金融行政主管部门出具的批准设立文件，否则金融公司不能成立。

在我国，非营利法人和特别法人一般采取特许设立主义。如非营利中的事业单位法人一般需依照法律和行政命令而设立，在设立原则上采用特许设立主义。但有一些事业单位法人，如民办学校的设立采用许可设立主义，事业单位法人自成立之日起，即具有法人资格。社会团体法人的设立兼采特许设立主义原则和许可设立主义原则。一部分社会团体法人须依据法律和行政命令的特别规定设立，采用特许设立主义，如妇女联合会、工会、共青团组织等；另一部分社会团体法人的设立须先经业务主管部门审查批准，再向登记机关申请登记才可成立，采用许可设立主义，如各种协会、学会等。在特别法人中，机关法人只能依据宪法和相关的国家机构组织法，如《中华人民共和国全国人民代表大会组织法》《中华人民共和国国务院组织法》等法律的特别规定设立，在设立原则上采用的是特许设立主义。机关法人自成立之日起具有法人资格。

（四）设立中的法人

法人的设立是一个过程。无论作为人的集合体的社团法人还是作为财产集合体的财团法人,都需要通过相应的设立行为才能够最终成为一个法人。通常意义上,法人的设立是指依照法律规定的条件和程序,使社会组织或团体获得法律人格的全过程,是设立人从订立发起协议到完成法人设立登记的一系列行为的总称。

一般而言,法人设立的结果可以从积极和消极两个方面进行观察。法人设立的积极结果即法人成立,也即法人取得民事主体资格;法人设立的消极结果是,因受各种不利因素的影响,法人最终未能成立,也即法人未能按照设立人的意愿取得民事主体资格。在法律后果上,根据《民法典》第 75 条的规定:"设立人为设立法人从事的民事活动,其法律后果由法人承受;法人未成立的,其法律后果由设立人承受,设立人为 2 人以上的,享有连带债权,承担连带债务。设立人为设立法人以自己的名义从事民事活动产生的民事责任,第三人有权选择请求法人或者设立人承担。"

设例 33:

甲、乙、丙签订协议共同投资成立丁有限公司。丁有限公司成立之前,甲以丁有限公司名义与戊公司签订合同,购买汽车若干,约定分期付款。丁有限公司成立后,这些汽车都交付给了丁有限公司。后甲去世,戊公司向丁有限公司主张支付剩余贷款,乙、丙认为这是甲的个人债务。

问:戊公司向谁主张权利?

在设例 33 中,戊公司应当向丁有限公司主张权利。根据《民法典》第 75 条的规定,设立中法人与设立后法人具有同一性,设立人为设立法人从事的民事活动,其法律后果理应由法人承受。甲为设立丁有限公司与戊公司订立的合同,理应由成立后的丁有限公司承受。从戊公司的角度看,依据《民法典》第 75 条第 2 款的规定:"设立人为设立法人以自己的名义从事民事活动产生的民事责任,第三人有权选择请求法人或者设立人承担。"戊公司既可以向法人丁有限公司主张权利,也可以向设立人甲主张权利,但由于甲已经死亡,所以戊公司应向丁有限公司主张权利。

(五)法人的住所

住所是民事主体从事民事活动,形成民事法律关系的主要场所。法人和自然人一样也应当有自己的住所。明确法人的住所,对于确认法人的债务履行地、诉讼管辖地和法律文书送达地等问题具有重要意义。《民法典》第 63 条规定:"法人以其主要办事机构所在地为住所。依法需要办理法人登记的,应当将主要办事机构所在地登记为住所。"

在我国,确定法人住所的主要规则包括两个方面。其一,以主要办事机构作为法人的住所地。一个法人可能同时拥有多个活动场所或办事机构,但住所只能有一个,当法人无须办理登记时,应当以其主要办事机构所在地作为其住所,比如,事业单位法人无须办理法人登记,因此可以将其主要办事机构所在地作为住所。其二,如果依法需要办理法人登记,但登记的法人住所与其主要办事机构所在地不一致时,法律要求应当及时进行变更登记,将法人的主要办事机构所在地登记为其住所。比如,某法人成立时登记的住所在A市,但后期因业务需要,法人的主要办事机构搬迁至B市,在此情况下,法人应及时将住所由A市变更登记为B市。

三、法人的能力

法人与创设它的民事主体(自然人或法人)在法律上是两个独立人格。作为与自然人一样的独立民事主体,这意味着:其一,法人必须具备民事权利能力,否则其难以成为权利义务的载体;其二,法人必须具备民事行为能力,否则其难以实施法律行为、参与民事活动;其三,法人必须能够独立承担民事责任,否则其难以为自己的行为承担法律后果。

(一)法人的民事权利能力

法人的民事权利能力指的是法人作为民事主体享有民事权利承担民事义务的资格。根据《民法典》第57条:"法人是具有民事权利能力和民事行为能力,依法独立享有民事权利和承担民事义务的组织。"又根据第59条:"法人的民事权利能力从法人成立时产生,到法人终止时消灭。"

法人终究只是法律构造出来的制度人,与自然人的权利能力不能等量齐观,具体有如下区别:

其一,民事权利能力开始与消灭的情形不同。法人的民事权利能力自法人成立时取得,到法人终止时消灭,所以法人权利能力得丧的标志分别为法人的设立登记和涂销登记;自然人的民事权利能力自出生时始,到死亡时止,因此自然人民事权利能力得丧的标志是出生和死亡。

其二,民事权利能力的范围不同。法人可享有全部的财产性民事权利,如物权、债权、知识产权等,但只能有限地享有人格性民事权利,比如法人能够享有名称权、名誉权等,但不享有身体权、生命权、肖像权等专属于自然人基于其自然伦理属性才能享有的民事权利,法人也不能享有身份权。

其三,民事权利能力的一致性和平等性不同。民事权利能力的一致性是指民事主体权利能力的范围一致,民事权利能力的平等性是指无论主体之间的国籍、性别、年龄、民族、宗教信仰、受教育程度等众多人身要素是否具有差异,均能够享有平等的民事权利能力。自然人的民事权利能力在一致性和平等性方面几乎不存在差别,但不同类型,甚至同类型各法人之间的民事权利能力大有不同,例如,法人可以基于行政管制的需要而享有某些特殊的权利,比如金融行业的经营权即仅为法人享有,不能由自然人享有。

设例 34:

甲公司是一个以销售肉食及其加工品为目的的公司,为了援助交易对象乙公司,用自己的厂房 A 设定抵押权担保乙公司在丙银行的借款 1 000 万元。后来乙公司经营状况恶化,无力偿还债务,于是银行要实现对 A 的抵押权。甲公司以设定抵押权的行为超越了其章程规定的目的范围为由拒绝。

问题:设定抵押权的行为是否有效?

在设例 34 中,甲设定抵押权的行为是有效的。《民法典》第 61 条规定:"法人章程或者法人权力机构对法定代表人代表权的限制,不得对抗善意相对人。"也就是说,法人章程是法人内部的纲领性、约束性文件,法人章程对法人行为的限制不能对抗善意第三人。从本案来看,尽管甲公司的对外担保行为超越了章程规定的目的范围,但只要丙银行主张己方对该担保行为超越章程的事实并不知情而为善意时,甲公司除非有充分的证据证明丙银行非善意,否则不得以抵押权的行为超越了其章程规定的目的范围为由主张抵押权设立行为无效。

(二)法人的民事行为能力

从内涵上看,法人的民事行为能力与自然人的民事行为能力一样,是法人通过自己的行为参与民事活动,享有民事权利、承担民事义务的能力。从概念上看,法人的民事行为能力是指法人依自己的意思独立实施法律行为的能力或资格。在法人是否具有行为能力的问题上,各国立法态度并不一致。比如,日本民法在法人本质的问题上采用实在说,因而承认法人具有行为能力;德国民法关于法人本质则采用拟制说,否认法人具有行为能力,主张凡与法人相关的一切法律行为均应被解释为由法人机构代理法人完成的代理行为,进而关于法人行为能力限制的问题也可以顺理成章地解释为法人机构的代理权限问题。在我国,无论是民法理论还是法律实践,均承认法人具有民事行为能力,根据《民法典》第 57 条的规定:"法人是具有民事权利能力和民事行为能力,依法独立享有民事权利和承担民事义务的组织。"

法人作为一类重要的民事主体,无论在应然上还是实然上,都享有民事行为能力,以保证其能够依自身的独立意志进行民事活动。然而,法人的民事行为能力与自然人的民事行为能力是不同的,表现在以下三个方面:其一,法人的行为能力与权利能力在时间上具有一致性。《民法典》第59条规定:“法人的民事权利能力和民事行为能力,从法人成立时产生,到法人终止时消灭”,这意味着,法人的权利能力和行为能力具有同时性,法人享有权利能力即享有行为能力,反之亦然。相比之下,自然人的权利能力和行为能力则不具有同时性。根据《民法典》的有关规定,自然人出生时开始享有权利能力,却不能享有行为能力。一般情况下,自然人直至8周岁,才开始享有限制行为能力,至18周岁时才开始享有完全行为能力。另外,如果自然人的智力程度、精神状况等不佳,哪怕其已成年,也不能享有或不能完全享有行为能力。其二,法人的行为能力为完全行为能力。自然人的行为能力可以类型化为“无行为能力、限制行为能力、完全行为能力”,这是因为自然人的行为能力主要受到年龄、心智和精神状况等因素的影响。按照自然规律,自然人的年龄越大,心智就越成熟,理性判断能力也就越强,其能够自由行为的范围就越大,即行为能力越强。法人自身并没有形成和表达意思的能力,法人的行为能力由法人机构来实现,但本质上法人的行为能力最终乃是由组成法人机构的自然人来实现的,又因为组成法人机构的自然人必须具备完整的意思能力,因此法人机构从组成开始被认为具有完全的理性判断能力,不受年龄或智力因素的任何影响。所以,评价法人的行为能力只能有“完全行为能力”和“无行为能力”两种结论。也就是说,一旦承认法人具有行为能力,即承认其已经具备完全行为能力,不存在某法人仅具有限制行为能力的情况。其三,法人的民事行为能力和民事权利能力在范围上具有一致性。法人的行为能力和权利能力的一致性指的是法人能够以自己的行为进行民事活动的范围,不能超过它权利能力所限定的范围。换言之,法人的行为能力的范围受到其权利能力范围的严格限制。在财产法领域,法人享有与自然人几乎等同的权利能力,因此在财产法领域,法人也具有与自然人同等的民事行为能力;在人身法领域,法人仅能享有名称权、名誉权等极少数人格权,对于仅基于自然人的生物人属性才能享有的绝大多数人格权和身份权,法人并不具有权利能力,因而,在这些领域,法人也不享有行为能力。

(三)法人独立承担民事责任

法人独立承担民事责任在传统民法中还概括为法人具有民事责任能力,法人的民事责任能力是指法人独立承担民事责任的资格。传统民法中,法人拟制说因否认法人具有意思能力,进而否认法人具有民事责任能力;法人实在说对法人的民事责任能力持肯定态度。有趣的是,德国民法对于法人本质的认识坚持采用拟制说,但《德国民法典》却同时承认了法人的民事责任能力,不得不说,这一现象较为明确地表现出德国法律的现实主义态度。

设例35:

甲有限责任公司经理乙派工作人员丙去邮局寄送急件,丙为赶去邮局,向其好友丁借用摩托车。在去邮局的途中,丙撞倒了戊并致摩托车报废。经交管部门鉴定,责任在丙。丁和戊起诉要求甲公司承担赔偿责任。

问题:丁和戊的损失由谁承担?

在设例35中,丁和戊的损失分担应区分不同情况进行评价。原则上法人成员或法人工作人员在执行法人事务过程中给其他民事主体造成的损失应由法人承担,但如果法人成员或其他工作人员本人存在故意或重大过失时,应由其承担连带责任。甲公司系营利法人,丙系甲公司的工作人员,丙受经理乙的指派从事法人事务期间造成丁和戊的财产损失,如果丙无过错,应由甲公司承担对丁和戊的赔偿责任;如果丙存在过错,应由甲公司和丙共同承担丁和戊的损失。

我国民法对于法人本质的认识,历来都采纳实在说的观点,因此,对法人的民事责任能力也始终持肯定态度。《民法典》第62条第1款明确规定:"法定代表人因执行职务造成他人损害的,由法人承担责任。"该规定延续了我国民法一直以来肯定法人具有民事责任能力的基本立场。肯定法人具有民事责任能力的积极意义主要表现在:一是确认法人能够以组织或团体的名义,独立地承担其在民事活动中给其他民事主体造成的人身或财产损失;二是确认法定代表人或法人机构成员在执行法人事务过程中造成的他人损害,由法人承担责任;三是在劳动关系或雇佣关系中,法人要对其工作人员因执行法人事务造成他人损害的行为承担侵权责任。值得注意的是,法人具有民事责任能力指的是法人应以其自身的全部资产对外承担民事责任,尤其是在营利法人中,法人成员或投资者仅以其对法人的出资额为限承担有限责任。法人的完全责任与法人成员或投资者的有限责任并非同一概念,也不应混淆。

四、法人的机构

(一)法人机构概念

法人机构指的是根据法律或法人章程的规定,对内管理法人事务和对外代表法人进行民事活动的组织机构。法人机构可以是个人,也可以是个人的集合体。

通常来讲,法人机构包括法人的权力机构、执行机构和监督机构,但不同类型法人的机构设置也不尽相同,比如,公司法人一般设有股东(大)会、董事会和监事会;基金会法人因为并没有法人成员,不能设置成员大会,仅设有理事会作为法人的执行机构,根据基金会的捐助章程实施法人行为;机关法人、事业单位法人一般实行机关首长负责制,由其法定代表人代表法人参与民事活动;社会团体法人,如各类协会、学会、研究会等,性质上属于非营利法人,一般设有成员大会作为法人的权力机构,理事会作为法人的执行机构。法人机构设置最为典型的是公司法人。公司法人的法人机构由股东(大)会、董事会和监事会组成,分别发挥着法人权力机构、执行机构和监督机构的功能。

第一,法人的权力机构是法人的意思形成机构,由全体法人成员组成,享有决定法人生产经营重大事项的权力,但通常不能对外代表法人参与民事活动。有限责任公司中的股东会和股份有限公司中的股东大会即为公司的权力机构。

第二,法人的执行机构,也称法人的意思表达机构,指的是依据法人章程或法律规定,执行法人权力机构决定的法人机构。法人执行机构对权力机构负责,主要职责在于:一是实现已经由权力机构形成的法人决议;二是经权力机构授权就法人生产经营事宜作出相关决策。有限责任公司和股份有限公司中的董事会即为公司法人的执行机构。传统民法中,作为法人执行机构的董事(会)有权代表法人对外参与民事活动。在我国,法人执行机构一般并无此代表权限,除非法人执行机构的负责人同时也担任法人的法定代表人,比如,有限责任公司或股份有限公司董事会的董事长同时也担任公司的法定代表人时,才有权对外代表公司进行民事活动。但公司的董事长并不是当然的公司法定代表人,依据《公司法》第 13 条的规定,"公司法定代表人依照公司章程的规定,由董事长、执行董事或者经理担任,并依法登记"。因此,在我国,不能武断地认为法人执行机构负责人即有权对外代表法人从事民事活动。

第三,法人的监督机构,指的是对法人执行机构的行为进行监督检查的法人机构,如作为营利法人的有限责任公司或股份有限公司都设有监事会。依据《民法典》第 82 条的规定,营利法人的监督机构行使以下职权:一是依法检查法人财务;二是监督执行机构成员、该级管理人员执行法人职务的行为;三是行使法人章程赋予的其他职权。但必须注意的是,法人的监督机构同样也不得对外代表法人进行民事活动。

(二)法定代表人

法人的法定代表人,是法人的代表机构,指的是依照法律或法人章程的规定,代表法人行使职权的主要负责人。“法定代表人”是我国民法特有的概念术语,最早由1982年的《民事诉讼法(试行)》首次提出,解决的是在诉讼中何人能专门代表法人的问题,一直沿用至今。针对法定代表人的概念,《民法典》第61条明确规定:“依照法律或者法人章程的规定,代表法人从事民事活动的负责人,为法人的法定代表人。法定代表人以法人名义从事的民事活动,其法律后果由法人承受。法人章程或者法人权力机构对法定代表人代表权的限制,不得对抗善意相对人。”

设例36:

甲、乙、丙共同成立丁有限责任公司,甲为董事长,乙为经理,丙为财务负责人。公司章程规定:购置财产超过20万元的,应当经三人协商同意。后甲为公司运货需要,私自订购了一辆价值25万元的货车。乙和丙知道后,主张购车合同无效。

问题:甲私自签订的合同效力如何?

根据《民法典》第61条的规定,法人章程或法人权力机构决议对法人法定代表人代表权限的限制不得对抗善意第三人。同时,依据《公司法》第13条,公司的法定代表人依据章程规定,由董事长、执行董事或者经理担任。也就是说,在设例36中,如果甲作为董事长且为丁公司法定代表人时,其对外缔结的购车合同虽然超越了章程规定的权限,但只要合同相对人对该越权代表行为并不知情,即可认定该订购货车的合同有效;如果甲本人并非该公司法定代表人,而其在超越章程权限与交易相对人签订合同时也并未出具法定代表人的委托授权书,则其构成无权代理,其签订的货车购置合同效力待定,如丁公司对其效力进行追认则合同有效,反之则合同无效。

法定代表人制度内涵具体表现为三个方面:

第一,法定代表人应当是自然人,且应当是作为法人内部主要负责人员的自然人。其一,法定代表人只能是自然人,意味着法人不能担任由其设立或作为成员的新法人的法定代表人;其二,法定代表人须为法人的主要负责人,根据《公司法》第13条:“公司法定代表人依照公司章程的规定,由董事长、执行董事或者经理担任,并依法登记。”也就是说,无论有限责任公司还是股份有限公司,由谁担任公司的法定代表人均应由公司章程决定,而公司章程仅能在董事长、执行董事和经理这三位公司主要负责人中选定法定代表人。

第二,法定代表人有权对外代表法人参与民事法律交往。在我国民法中,只有法定代表人有权依据法律或法人章程的规定,代表法人对外进行民事活动或参加诉讼。法定代表人在法律或法人章程赋予的权限范围内所实施的一切行为,均被视为法人行为,后果均由法人承受。当然,根据代理法的规则,法定代表人也可以授权法人内部的其他工作人员,以及法人外部的其他民事主体作为法人的代理人从事民事活动或参与诉讼,代理人行为的结果也由法人承担。法人内部的其他工作人员和法人外部的其他民事主体,若未经法定代表人授权,则不得以法人名义从事民事交往或参与诉讼,否则可能构成无权代理或冒名行为,并承担相应的民事责任。

第三,法人章程或法人机构决议对法定代表人权限的限制,不能对抗善意第三人。理论上,法定代表人对法人的代表权为一般代表权,通常被称为全权代表。但在实践中,为防止法定代表人滥用代表权限致使法人及其成员利益受损,法人章程或法人权力机构决议常就法定代表人对某些事项的代表权作出限制。原则上,法定代表人应当严格遵守章程或法人决议的限制,在限定范围内代表法人从事民事活动,同时,民事活动的相对人也应当充分尊重法人的真实意思,在法定代表人被赋予的权限内与之进行法律交往,这也是意思自治原则最基本的要求。但必须强调的是,如果交易相对人对法人章程或法人决议已经对法定代表人的代表权作出限制的事实并不知情时,即可构成民法中的"善意"。此种情形下,若相对人与该法定代表人从事了超越其代表权限的法律行为,法律出于对相对人合理信赖利益的保护,将认定该行为的后果仍由法人承受,法人不得以法定代表人越权代表为由对抗善意相对人。

(三)法人的分支机构

法人的分支机构指的是法人在某一区域设立的完成法人部分职能的业务活动机构,其属于广义上法人组织机构的一种,是法人的组成部分。比如母公司设立的分公司、商业银行设立的分支机构等,都属于典型的法人分支机构。《民法典》第74条第1款规定:"法人可以依法设立分支机构。法律、行政法规规定分支机构应当登记的,依照其规定。"据此可知:一是法人是否设立分支机构属于法人自身意思自治的范畴,由其依据自主意志自由决定;二是法人分支机构可以进行注册登记,也可以不进行注册登记,法律对此可能作出特别规定,但并非一味强制。

社会实践中,可依据是否进行过注册登记为标准,将法人的分支机构区分为已领取营业执照的法人分支机构和未领取营业执照的法人分支机构,两者在以下三方面有所区别:其一,前者可以法人分支机构自己的名义独立实施法律行为,后者仅能以法人的名义参与民事活动;其二,前者可以法人分支机构的名义独立参加诉讼,成为诉讼主体,后者只能以法人的名义参加诉讼;其三,前者可以法人分支机构自己经营管理的财产对外承担责任,后者只能由其从属的法人对外承担责任。但无论法人的分支机构是否注册登记,是否取得营业执照,均不能构成独立的民事主体,其法律性质仍然仅能作为法人的组织机构,也就是说,即使已领取营业执照的法人分支机构能够以自己的名义对外订立合同、参与民事诉讼,甚至可以率先用其自身经营管理的财产对外承担责任,但实际上,其进行民事活动所产生的一切法律效果的最终承受主体仍是其所从属的法人。

五、法人的变更

(一)法人变更的概念

法人变更,指的是法人在其存续期间发生的法律人格、组织形态、目的宗旨等法人重大事项的变动。《民法典》第64条规定:"法人存续期间登记事项发生变化的,应当依法向登记机关申请变更登记。"第65条规定:"法人的实际情况与登记的事项不一致的,不得对抗善意相对人。"也就是说,《民法典》认可在法人存续期间法人事项可以发生变更,但应当根据法律规定及时向法人登记机关申请法人事项的变更登记,未经过登记的法人事项变更不能对抗善意第三人。

(二)法人法律人格的变更

法人法律人格的变更包括法人合并与法人分立两种形式。

1. 法人的合并

法人的合并是指两个或两个以上的法人根据法律规定或合同约定,变更为一个法人的情形,包括法人的吸收合并与新设合并。根据《民法典》第67条第1款的规定,"法人合并的,其权利和义务由合并后的法人享有和承担"。具体来看,法人的新设合并,又称创设合并,是指两个或两个以上的法人,依据法律规定或合同约定合并为一个新法人的情形。例如,甲有限责任公司与乙有限责任公司合并成立丙有限责任公司。新设合并时,原有法人的法律人格全部归于消灭,合并前各法人发生的权利义务由新法人一并享有和承担。吸收合并,也称存续合并,指的是两个或两个以上法人准备合并时,根据法律规定或合同约定,将其他待合并法人归入其中一个法人的情形,例如,甲、乙、丙三个有限责任公司合并组成新的甲有限责任公司。法人吸收合并时,被合并法人的法律人格全部归于消灭,而吸收其他法人进入的原法人的法人资格继续存在,被吸收的法人在合并前发生的权利义务关系,由在合并中得以存续的新法人继承。比如,在上例中,甲、乙、丙三个有限责任公司合并组建新的甲公司时,原乙、丙公司的法人资格消灭,原甲公司的法人资格继续存在,而且乙、丙公司在合并前的权利义务由合并后继续存在的甲公司承受。

2. 法人的分立

法人的分立与法人的合并恰恰相反,指的是一个法人,根据法律规定、主管部门的指令或法人的自主决议,分立为两个或两个以上法人的情形,包括新设分立和存续分立两种情形。由概念可知,无论是新设分立还是存续分立,都是指由一个法人分立为两个或两个以上法人的情形,不同之处在于,法人新设分立时,分立前原有法人的法人资格消灭,由分立而来的各新法人取得法律主体资格。例如,甲公司依其股东会决议拟分立为乙公司和丙公司。分立后,新设的乙、丙公司取得法人资格,原甲公司的法人资格消灭。法人存续分立时,分立前的原有法人继续享有法人资格,同时,由分立而来的新法人也取得相应的法律主体资格。例如,甲公司依其股东会决议拟分立甲、乙、丙三家公司,分立后,不仅新设的乙公司和丙公司取得法人资格,原甲公司的法人资格也仍然得以存续。需要注意的是,根据《民法典》第67条第2款的规定:"法人分立的,其权利和义务由分立后的法人享有连带债权,承担连带债务,但是债权人和债务人另有约定的除外。"也就是说,无论是新设分立还是存续分立,原法人在分立前发生的权利义务,由分立后的各新法人一并享有连带债权和承担连带债务,除非法人分立时当事人已对此另做约定。

(三)法人组织形态的变更

法人组织形态的变更,指的是同一法人在不变动其法律人格的前提下,从一种组织形态变更为另一种组织形态的情形,比如《公司法》第9条第1款的规定,"有限责任公司变更为股份有限公司,应当符合本法规定的股份有限公司的条件。股份有限公司变更为有限责任公司,应当符合本法规定的有限责任公司的条件"。也就是说,在符合法定条件的前提下,有限责任公司可以变更为股份有限公司,股份有限公司也可以变更为有限责任公司。但是,法人组织形态的变更必将导致法人及其成员的权利义务,以及责任承担形式的变化,所以,各国法律在对待法人组织形态变更的问题上多设定限制条件,比如,我国有限责任公司欲将组织形态变更为股份有限公司时,必须符合《公司法》要求的股份有限公司的成立条件,反之亦然。此外,《公司法》第9条第2款规定:"有限责任公司变更为股份有限公司的,或者股份有限公司变更为有限责任公司的,公司变更前的债权、债务由变更后的公司承继”,即法人组织形态变更前业已发生的权利义务,由变更后的法人享有或承担。

(四)法人宗旨的变更

法人宗旨的变更,也称法人目的的变更,是指同一个法人所从事事业的性质或范围发生变更的情形,比如营利法人变更为非营利法人,或企业法人中经营范围的变更。在法律效果上,法人宗旨的变更对法人资格的存续不发生影响,即法人宗旨的变更并不会消灭原有法人的法人资格,也不会创设新的法人资格,但法人宗旨的变更会直接导致原法人权利能力和行为能力的改变,如当营利法人变更为非营利法人时,其不能再对其成员分配利润。

法人变更涉及的事项非常广泛,除上述法律人格、组织形式、法人宗旨等法人重大事项外,法人名称、住所、章程、成员、机构、注册资金等具体事项均可变更。但应当特别关注的是,无论何种事项的法人变更,均可能对不特定交易相对人的利益产生不利影响,因此,法律出于对交易安全的保护,规定一切法人事项的变更均应依法到登记机关申请变更登记。法人变更事项未予登记的,不得对抗对变更事项并不知情的善意第三人,应由法人承担原登记事项导致的外观责任。例如,某公司内部已形成更换法定代表人的公司决议,但并未及时到登记机关就更换法定代表人事项完成变更登记,这意味着公司更换法定代表人一事在公司内部已周知,但因未办理变更登记,登记机关登记簿记载的公司法定代表人仍为原法定代表人,所以公司外部的不特定的交易相对人对公司变更法定代表人一事未必知情,此时,若该原法定代表人仍代表公司与交易相对人签订合同,法律出于对合同相对人的合理信赖利益的保护,规定应由法人履行该合同确立的义务,而法人在履行合同义务中遭受的损失,可依法向该越权执行法人事务的原法定代表人主张赔偿责任。

六、法人的终止

法人的终止,也称法人的消灭,指的是法人丧失民事主体资格的情形。法人终止后,其民事权利能力和行为能力消灭。《民法典》第 68 条第 1 款规定:“有下列原因之一并依法完成清算、注销登记的,法人终止:(一)法人解散;(二)法人被宣告破产;(三)法律规定的其他原因。法人终止,法律、行政法规规定须经有关机关批准的,依照其规定。”由此可知,法人终止的主要原因包括:法人解散、法人被宣告破产,以及法律规定的其他原因。

(一)法人解散

法人解散与法人终止并非同一概念。法人解散仅是法人终止的原因,并非法人终止的结果,换言之,解散后的法人并不立即丧失民事主体资格,尚需按照法律规定,经历法人清算、注销登记等程序后,民事主体资格才得以终止。《民法典》第69条规定:"有下列情形之一的,法人解散:(一)法人章程规定的存续期间届满或者法人章程规定的其他解散事由出现;(二)法人的权力机构决议解散;(三)因法人合并或者分立需要解散;(四)法人依法被吊销营业执照、登记证书,被责令关闭或者被撤销;(五)法律规定的其他情形。"根据该条规定,法人可因以下原因解散:

1. 自愿解散

法人因章程规定的存续期间届满或者章程规定的其他解散事由成就解散,或者法人的权力机构自主决议解散,再或者因法人分立或合并的需要而解散,本质上都属于法人的自愿解散。其一,法人因章程规定的存续期间届满或者章程规定的其他解散事由的出现而解散。章程是法人内部用于规范法人设立和运行的总纲性文件,可视作法人的"宪法",因而西方法谚中有"无章程、不社团"的说法。法人成员可以在章程中约定法人设定的目的、存续期间或解散事由,当章程载明的法人目的实现、存续期间届满或解散事由成就时,法人即可依章程规定解散。以公司法人为例,发起人可以就开发某房地产项目专门设立一个公司法人,当项目开发完毕时,开发公司即可解散;另如,发起人可以在章程中约定公司的营业期限为5年,当5年届满时公司可依章程解散;再如,发起人还可以在章程中约定,如果公司连续3年不盈利时公司解散,若该解散事由成就,公司也可解散。其二,法人的权力机构自主决议解散。如果法人在性质上属于传统法人制度中的社团法人,如公司、协会、学会等,作为法人权力机构的社员大会可以以集体决议的方式自主决定解散法人,这是法人成员共同意志的具体表现。比如,在有限责任公司或股份有限公司中,经股东(大)会决议可解散法人,即使公司章程中有"公司不得解散"的明文规定,也不能阻却股东的集体意志。其三,法人因法人分立或合并的需要而解散。法人合并时,无论是新设合并还是存续合并,在法律效果上均会导致原有的某一个或某几个法人的民事主体资格消灭。在这一点上,法人的新设分立与法人合并的效果相同,直接导致分立前法人主体资格的消灭,但法人的存续分立与之不同,其在法律效果上仅会创设新的法人资格,却不会消灭既有法人的主体资格。综上,当法人合并与法人新设分立时,均会发生一个或数个法人民事主体资格消灭的法律效果,而这些即将丧失民事主体资格的法人即是因合并或分立的需要而解散。

2. 强制解散

法人的强制解散是指在法人的设立或经营行为违反法律或行政法规时,主管机关依法强令其解散。法人的强制解散主要包括:吊销企业法人营业执照、登记证书,被责令关闭,依法被撤销。法人的强制解散本质上是法人受到行政机关依法对其作出的行政处罚,从而丧失继续从事原活动的资格,不得不解散的情形。其一,吊销营业执照、登记证书,被责令关闭均为行政处罚的具体类型,其中吊销营业执照、登记证书通常指的是行政机关已经许可市场主体从事某项活动的资格或权利,但因该主体在生产经营等活动存在违反法律规定的行为,又依法剥夺其资格或权利的情形。其二,责令关闭是指行政机关责令违法者关闭其未经批准而从事违法生产经营活动的场所,主要适用于行为人违反法律法规规定,未经许可擅自从事某种应当经过许可才可以从事的活动。其三,法人资格依法被撤销,指的是法人违反法律法规的规定被主管部门撤销法人登记的情形,比如,《社会团体登记管理条例》第 30 条第 1 款规定:“社会团体有下列情形之一,情节严重的,由登记管理机关予以撤销登记……”

3. 法律规定的其他情形

此项为兜底性规定,意在说明除前两项原因外,若其他法律对法人解散设有专门性规定时,也应适用其规定解散法人。比如,《公司法》第 182 条规定:“公司经营管理发生严重困难,继续存续会使股东利益受到重大损失,通过其他途径不能解决的,持有公司全部股东表决权 10%以上的股东,可以请求人民法院解散公司。”《基金会管理条例》第 16 条规定:“基金会、境外基金会代表机构有下列情形之一的,应当向登记管理机关申请注销登记:(一)按照章程规定终止的;(二)无法按照章程规定的宗旨继续从事公益活动的;(三)由于其他原因终止的。”

(二)依法宣告破产

营利法人不能清偿到期债务,并且其全部资产不足以清偿到期债务或者明显欠缺清偿能力时,法人的法定代表人、有权代表法人的其他主体、法人的债权人或主管部门等可向人民法院提出申请,并由人民法院宣告法人破产。营利法人被宣告破产后,必须组成清算组织对营利法人的财产、债权和债务进行清结。但营利法人被宣告破产进入清算程序后,法人资格并未消灭,只是权利能力和行为能力依法受到限制,成为清算法人。只有符合《中华人民共和国企业破产法》(以下简称《企业破产法》)第 121 条的规定“管理人应当自破产程序终结之日起 10 日内,持人民法院终结破产程序的裁定,向破产人的原登记机关办理注销登记”之后,营利法人的民事主体资格才告终止。

(三)法律规定的其他原因

法人除因解散或被宣告破产而终止外,也可因法律特别规定的其他原因终止。例如,机关法人可能因国家机构调整而终止;再如,依据《慈善法》第 17 条第 3 款,连续 2 年未从事慈善活动的慈善组织(《慈善法》第 8 条第 2 款规定,慈善组织可以采取基金会、社会团体或社会服务机构等形式组织)应当终止。

(四)清算法人

设例 37:

甲银行和乙公司、丙公司签订了一份乙公司借款 100 万元并由丙公司提供保证担保的借款合同。 甲银行出款后,乙公司并未按时归还借款和利息,丙公司也没有履行保证责任。 甲将乙、丙起诉至法院,法院审理查明乙公司已经因未参加年检而被吊销营业执照,但未清算。

问题:乙公司是否还能作为独立民事主体参加诉讼?

根据《民法典》第 68 条、第 69 条、第 72 条的规定,法人民事主体资格消灭的标志是法人终止,法人终止的事由之一为法人解散,而法人解散的事由之一为法人被依法吊销营业执照。法人终止的程序为,法人解散事由出现进而法人解散,法人解散后应立即开始清算程序,以结清法人存续期间的一切法律关系,完成清算后由清算人向登记机关申请法人注销登记,注销登记后法人主体资格消灭。而清算期间法人的民事主体资格仍在存续,只是行为能力受法律限制,不得再从事与清算无关的活动。在设例 37 中,乙公司因被吊销营业执照而启动法人解散程序,但此时乙公司尚未开始清算,其民事主体资格并未消灭,所以完全可以作为独立的民事主体参加诉讼。

1. 清算法人的性质

清算法人是指处于清算状态中的法人,执行清算事务的组织称为清算组织或清算人。《民法典》第 70 条规定:"法人解散的,除合并或者分立的情形外,清算义务人应当及时组成清算组进行清算。法人的董事、理事等执行机构或者决策机构的成员为清算义务人。法律、行政法规另有规定的,依照其规定。清算义务人未及时履行清算义务,造成损害的,应当承担民事责任;主管机关或者利害关系人可以申请人民法院指定有关人员组成清算组进行清算。"据此可知,法人因合并、分立之外的事由而解散时,应当自行组成清算组或由人民法院指定清算人进行清算;法人因被宣告破产而终止时,应当依据《企业破产法》的相关规定进行破产清算。清算完成后,清算人或破产管理人应向法人登记机关申请办理法人的注销登记,法人自注销登记之日起丧失民事主体资格。也就是说,从解散事由或终止事由出现,到清算程序结束并办理注销登记之前,法人一直处于清算状态。

清算法人究竟属于何种法律性质、处于何种法律地位、具有何种权利能力和行为能力等问题,在学理上不乏争议,具体归纳为以下三个方面:其一,清算法人说。该说主张法人解散即应终止其民事主体资格,但为便利清算活动开展,应在清算程序中把原法人视为一个仅以清算为目的的清算法人,但清算法人不享有原法人的权利能力和行为能力。其二,拟制法人说。该说也主张法人解散时法人的民事主体资格便已经消灭,只是为了完成清算目的。法律拟制已经消灭了法律人格的法人在清算活动范围内仍享有权利能力,直至清算完成。其三,同一法人说。该说认为法人解散并不等同于法人终止或消灭,只有法人清算完成并注销登记后,法人资格才归于消灭。虽然法人在清算期间,已不具备进行各种积极的民事活动的能力,但它事实上仍必须以原法人的名义对外享有权利和承担义务,因此,足以说明法人在清算期间,其民事主体资格仍在存续。①

我国《民法典》采纳了同一法人说的观点,认为清算法人和出现解散事由前的法人具有相同的本质,所不同者仅在于清算法人能够从事民事活动的范围受到限制。比如《民法典》第 72 条规定:“清算期间法人存续,但是不得从事与清算无关的活动。”另外,《公司法》第 186 条第 3 款规定:“清算期间,公司存续,但不得开展与清算无关的经营活动。公司财产在未依照前款规定清偿前,不得分配给股东。”

2. 清算组织的产生

依据我国现行民商事立法,法人清算组织可依据以下三种方式产生:

第一,由法律规定的人选组成清算组织。《民法典》第 70 条第 2 款规定,“法人的董事、理事等执行机构或者决策机构的成员为清算义务人。法律、行政法规另有规定的,依照其规定”。此外,《公司法》第 183 条规定,“有限责任公司的清算组由股东组成”。

第二,由股东大会确定的人选组成清算组织。如根据《公司法》第 183 条第 2 句,“有限责任公司的清算组由股东组成,股份有限公司的清算组由董事或者股东大会确定的人员组成”。

第三,由人民法院指定的人选组成清算组织。《民法典》第 70 条第 3 款规定,“清算义务人未及时履行清算义务,造成损害的,应当承担民事责任;主管机关或

① 魏振瀛主编:《民法》,北京大学出版社 2021 年版。

者利害关系人可以申请人民法院指定有关人员组成清算组进行清算”。《公司法》第 183 条后半段规定,“逾期不成立清算组进行清算的,债权人可以申请人民法院指定有关人员组成清算组进行清算。人民法院应当受理该申请,并及时组织清算组进行清算。”

第二节

营利法人

一、营利法人的概念

《民法典》总则编第三章将法人区分为营利法人、非营利法人和特别法人。营利法人是指以取得利润并将利润分配给股东等出资人为目的而成立的法人。《民法典》第 76 条第 2 款规定:“营利法人包括有限责任公司、股份有限公司和其他企业法人等。”

根据《公司法》的规定,有限责任公司是指由 50 个以下的股东出资设立,每个股东以其认缴的出资额为限对公司承担有限责任,公司以其全部资产对其债务承担责任的经济组织,包括国有独资公司和其他有限责任公司。股份有限公司是指公司全部注册资本分为等额股份,股东以其认购的股份为限对公司承担责任,公司以其全部资产对其债务承担责任的经济组织。依据《公司法》,设立股份有限公司应当具备 2 人以上 200 人以下的发起人。营利法人中,除有限责任公司和股份有限公司外,还包括其他企业法人,但其他企业法人没有特定的指向,现实中如全民所有制企业、集体所有制企业、联营企业、外商投资企业等如果没有成立公司法人,则属于“其他企业法人”。

二、营利法人的共同规则

(一)营利法人的登记

营利法人的成立需要依法登记。《民法典》第 77 条规定:“营利法人经依法登记成立。”这里的“依法”是指《公司法》《市场主体登记条例》等对营利法人的条件和登记程序作出具体规定的法律、行政法规。《民法典》第 78 条规定:“依法设立的营利法人,由登记机关发给营利法人营业执照。营业执照签发日期为营利法人的成立日期。”这里的“营业执照”是市场监督管理部门发给营利法人,准许其从事生产经营活动的凭证。营业执照的格式由国家市场监督管理总局统一规定,一般应当载明法人的名称、住所、注册资本、经营范围、法定代表人姓名等。

营业执照分正本和副本,两者具有同等的法律效力。正本应置于法人住所或营业场所的醒目位置。营业执照不得伪造、涂改、出租、出借、转让。营利法人经主管机关核准登记注册,领取法人营业执照后即宣告成立。法人营业执照签发日期为营利法人的成立日期,营业执照是营利法人取得法人资格和合法经营权的凭证。登记主管机关可以根据法人开展业务的需要,核发法人营业执照副本。

(二)营利法人的章程

法人章程是指根据法人性质、任务和业务活动需要制定的关于法人的活动范围、组织机构以及内部成员之间的权利义务等重要文件,是法人从事生产经营活动的行为准则。《民法典》第 79 条规定:“设立营利法人应当依法制定法人章程。”

法人章程的内容可以分为绝对必要记载的事项和任意记载的事项。绝对必要记载的事项是指法律规定的在章程中必须具备的内容,通常包括法人名称、住所、宗旨、经营范围、注册资本金、投资数额、投资者姓名和住所、投资者的权利义务、法人的组织机构和解散条件、利润分配和亏损承担等。章程一经登记即具有法律效力,成为法人的行为准则。

(三)营利法人的机构

营利法人的机构是为了法人内部治理的需要而设置的机构,包括权力机构、执行机构和监督机构。《民法典》第 80 条规定:“营利法人应当设权力机构。权力机构行使修改法人章程,选举或者更换执行机构、监督机构成员,以及法人章程规定的其他职权。”第 81 条规定:“营利法人应当设执行机构。执行机构行使召集权力机构会议,决定法人的经营计划和投资方案,决定法人内部管理机构的设置,以及法人章程规定的其他职权。执行机构为董事会或者执行董事的,董事长、执行董事或者经理按照法人章程的规定担任法定代表人;未设董事会或者执行董事的,法人章程规定的主要负责人为其执行机构和法定代表人。”第 82 条规定:“营利法人设监事会或者监事等监督机构的,监督机构依法行使检查法人财务,监督执行机构成员、高级管理人员执行法人职务的行为,以及法人章程规定的其他职权。”

(四)营利法人的出资人滥用权利

《民法典》规定的营利法人在经营活动中还存在出资人滥用法人独立地位的

问题,因此而发展出所谓的法人人格否认制度,也称为“刺破法人面纱”“揭开法人面纱”等。《民法典》第 83 条规定:“营利法人的出资人不得滥用出资人权利损害法人或者其他出资人的利益;滥用出资人权利造成法人或者其他出资人损失的,应当依法承担民事责任。营利法人的出资人不得滥用法人独立地位和出资人有限责任损害法人债权人的利益;滥用法人独立地位和出资人有限责任,逃避债务,严重损害法人债权人的利益的,应当对法人债务承担连带责任。”该条第 2 款主要规定了法人人格否认制度。

设例 38:

甲经营手工皮鞋定制的生意,为扩大生意,投资 5 万元设立 A 有限责任公司,甲占 90%的股权,其妻子乙占 5%的股权,其子丙占 5%的股权。公司设立后,甲将自己原有的制鞋设备和资产转让给了 A 有限责任公司,价款 100 万元先拖欠,并以机器设备为该笔债权设定抵押权。后皮鞋定制生意亏损,甲以有担保的债权人的身份实现抵押权后,A 有限责任公司则什么财产都没有了。A 有限责任公司的其他债权人包括丁银行都向甲主张债权。

问题:丁银行能否向甲主张债权?

丁银行可以向甲主张债权。尽管在法律上法人享有独立的人格,可以独立享有权利和负担义务,且其成员仅以对法人的出资额为限对法人债务承担有限责任,但根据《民法典》第 83 条第 2 款规定:“营利法人的出资人不得滥用法人独立地位和出资人有限责任损害法人债权人的利益;滥用法人独立地位和出资人有限责任,逃避债务,严重损害法人债权人的利益的,应当对法人债务承担连带责任。”在设例 38 中,甲作为法人成员较为明显地表现出其与法人的人格发生混同,滥用公司独立地位和其个人的有限责任来逃避债务,损害债权人丁银行的利益,应当对公司的债务承担连带责任。

所谓“法人的人格否认制度”指的是在特定情况下,法人的债权人可以忽视法人的独立人格和法人成员对法人的有限责任,直接向法人成员追索债权的情形,在英美法中被称为“刺破法人面纱”“揭开法人面纱”,在德国法中则称为“直索责任”。众所周知,在近现代民法中,有限责任制度的地位举足轻重,诺贝尔和平奖获得者、哥伦比亚大学教育学院的创办人巴特勒先生(Nicholas Murray Butler)就曾说过,“有限责任是人类最伟大的发明之一”。因此,自有限责任制度确立以来,在有限责任和法人债权人的保护之间,制度的天平通常倾斜于前者。如上述设例,其原型乃是 1897 年发生于英国的“萨洛蒙诉萨洛蒙有限公司案”,该案被视为公司法史上公司人格独立的经典案例。虽然英国上议院最终推翻了初审和再审法院的意见，坚持认为：因萨洛蒙本人与萨洛蒙公司的人格相互独立，故萨洛蒙本人仅须就其对公司的出资额承担有限责任，无须对萨洛蒙公司的债务承担连带责任。但该案之后类似案件在英国频发，逐渐促使法律界意识到，在法律生活中的确有人在恶意利用公司的独立人格和有限责任来逃避本应由出资人承担的责任，并且，这样的做法已经严重损害了法人作为独立法律主体的正当秩序。最终，英国法律界改变了其一贯严格保护法人独立人格的保守态度，构建了法人人格否认制度。据此，法人的人格否认制度也可以看作针对破坏法人有限责任秩序行为的一种特殊的追究责任的方式。

事实上，法人人格否认并不是对法人独立人格或其成员有限责任的否定，只是允许法人的债权人在特定的情况下绕过法人本身，直接向法人成员追索债权的特别制度。原则上，法人的债权人只能向法人本身主张债权，涉及债权追索时，法人的债权人与法人成员之间仿佛隔着一重难以逾越的"墙"，这堵"墙"就是法人的独立人格和法人成员的有限责任。一般情况下，这堵"墙"能够在风险丛生的交易活动中有效地保护法人投资者，但如果这堵"墙"本身已经出现问题，即当法人成员与法人自身的人格并非真正独立，或法人成员恶意滥用法人的独立人格损害债权人的利益时，法律就应转变立场，从交易安全的角度出发去保护法人债权人的利益，即允许法人债权人越过这堵"墙"，直接到法人成员面前主张由其承担连带债务。这就是法人人格否认制度的构造逻辑，也是《民法典》第 83 条第 2 款和《公司法》第 20 条第 3 款的规范逻辑。

然而，在民法理论的惯常逻辑中，法人人格否认制度无论如何也仅能作为法人独立人格和有限责任制度的有益补充，而不能构成法人理论的本体，所以，在司法实践中，对法人人格否认制度的应用必须采取谨慎的态度，严格界定其适用条件，具体如下：一是股东实施了滥用营利法人独立地位和股东有限责任来逃避债务的行为；二是营利法人的债权人的利益实际遭受了损害；三是营利法人的股东滥用行为与营利法人债权人利益损害之间存在因果关系。需要强调的是，对股东滥用法人独立人格和有限责任的行为的认定，应以完全无过失为界限。此外，股东行为与债权人损害之间构成间接因果关系即可。

《民法典》第 83 条第 1 款主要是对出资人滥用出资人的权利的禁止性规定。法人的出资人享有法人的财产权和参与管理权，一旦滥用便会给其他人造成损害。出资人滥用权利的认定要件包括：其一，以损害法人或其他出资人利益为目的行使权利。比如控股股东通过决议向关联公司输送利益，损害法人和其他出资人利益。其二，法人或其他出资人遭受了实际损失。其三，出资人滥用权利的行为和法人或者其他投资人权益受损之间存在因果关系。《民法典》第 84 条规定:“营利法人的控股出资人、实际控制人、董事、监事、高级管理人员不得利用其关联关系损害法人的利益;利用关联关系造成法人损失的,应当承担赔偿责任。”第 85 条规定:“营利法人的权力机构、执行机构作出决议的会议召集程序、表决方式违反法律、行政法规、法人章程,或者决议内容违反法人章程的,营利法人的出资人可以请求人民法院撤销该决议。但是,营利法人依据该决议与善意相对人形成的民事法律关系不受影响。”

(五)营利法人的道德和社会责任

营利法人从事生产经营活动应承担社会责任,包括以下四个方面:其一,应当遵守商业道德。商业道德是指道德规范在商业活动中的具体应用,是职业道德的一种,也是判断商业活动是否符合道德规范的行为准则,包括文明经商、礼貌待客、遵纪守法、货真价实、信守契约等。其二,维护交易安全。保护善意的交易相对人的利益是民事主体从事经营活动的基本准则,市场经济是在陌生的不特定人之间发生的,相互之间的交易需要建立在信赖的基础上,对信赖的保护就表现为对善意相对人的保护,进而形成良好的营商法治环境。其三,接受政府和社会的监督。营利法人在经营活动中要自觉接受政府的监督,对有关部门的执法活动予以积极配合,同时还需要接受社会的监督,包括新闻媒体的监督、公众的监督等。其四,承担社会责任。营利法人不仅仅是谋取自身利益最大化的经济体,同时也是国家经济发展、社会文明进步的重要推动者。企业在发展过程中,不仅要关注自身的利益,同时也要承担应尽的社会责任,表现为对消费者权益负责、注重生态环境保护、热心公益宣传和慈善捐助、帮助社会中需要帮助的弱势群体等。

第三节

非营利法人

一、非营利法人的概念

非营利法人指的是为公益目的或者其他非营利目的成立,并不得向出资人、设立人或者会员分配利润的法人。《民法典》第 87 条第 2 款规定:“非营利法人包括事业单位、社会团体、基金会和社会服务机构等。”

非营利法人区别于营利法人的本质性特征在于：

第一，非营利法人设立的目的事业需为公益事业。不同于营利法人以设立人私益为目的设立，非营利法人的设立必须以公益事业为目的。比如公立高等院校系非营利法人中的事业单位法人，其设立目的是发展国家的高等教育事业，而非为某一个体的私益。

第二，非营利法人不得向出资人、设立人或捐助人分配利润。这一点是非营利法人与营利法人之间最本质的区别。非营利法人中“非营利”的内涵并非禁止其从事营利行为或从事经营行为。就如同营利法人也可以从事公益事业一样，非营利法人同样也可以通过从事营利行为获取利润，但非营利法人获取的营利性收益必须用于公益事业，即其营利的目的是更好地发展和服务公益事业，并非对其出资人、设立人或捐助人分配利润。

第三，非营利法人可有法人成员，也可没有法人成员。《民法典》中的法人分类并未遵循传统民法理论中社团法人和财团法人的分类规则，所以，《民法典》中规定的非营利法人既有社团法人，如事业单位法人、社会团体法人等，也有财团法人，如基金会等。由此可知，一些非营利法人在性质上属于社团法人，所以，其成立基础为“人”的集合，必须具备法人成员；另一些非营利法人在性质上属于财团法人，其成立基础为财产的集合，并不需要一定具备法人成员。

第四，非营利法人终止后剩余财产的分配去向特别。营利法人终止后，其剩余财产应分配给法人成员，但非营利法人终止后的法人剩余财产不能分配给其法人成员，而是应当继续用于公益事业。事实上，由于一些非营利法人，如基金会等并不具备法人成员，也根本无以谈及对其成员分配剩余财产。《民法典》第 95 条规定：“为公益目的成立的非营利法人终止时，不得向出资人、设立人或者会员分配剩余财产。剩余财产应当按照法人章程的规定或者权力机构的决议用于公益目的；无法按照法人章程的规定或者权力机构的决议处理的，由主管机关主持转给宗旨相同或者相近的法人，并向社会公告。”

二、非营利法人的类型

（一）事业单位法人

事业单位法人是指政府为了社会公益事业目的，利用国有资产设立的，从事教育、科技、文化、卫生等公益活动的社会服务单位，如政府举办的学校、医院、科研机构等。事业单位法人通常只能在其实现服务社会公益事业目的所必需的范围内从事民事活动,超出这一范围时,事业单位法人不具备权利能力。

另需注意的是,事业单位只是政府设置的带有一定公益性质的组织机构,并不是公权力的行使机构,不同于机关法人。《民法典》第 88 条规定:"具备法人条件,为适应经济社会发展需要,提供公益服务设立的事业单位,经依法登记成立,取得事业单位法人资格;依法不需要办理法人登记的,从成立之日起,具有事业单位法人资格。"第 89 条规定:"事业单位法人设理事会的,除法律另有规定外,理事会为其决策机构。事业单位法人的法定代表人依照法律、行政法规或者法人章程的规定产生。"

(二)社会团体法人

社会团体法人指的是自然人或法人自愿组成的,为实现会员共同意愿,按照其章程开展活动的非营利性社会组织,包括各行业协会以及科技、文化、艺术、慈善事业等社会群众团体,典型的如中国法学会、中国残疾人联合会等。社会团体法人通常仅能在其实现章程目的所必需的范围内从事民事活动,超出这一范围时,社会团体法人应视为无权利能力。《民法典》第 90 条规定:"具备法人条件,基于会员共同意愿,为公益目的或者会员共同利益等非营利目的设立的社会团体,经依法登记成立,取得社会团体法人资格;依法不需要办理法人登记的,从成立之日起,具有社会团体法人资格。"第 91 条规定:"设立社会团体法人应当依法制定法人章程。社会团体法人应当设会员大会或者会员代表大会等权力机构。社会团体法人应当设理事会等执行机构。理事长或者会长等负责人按照法人章程的规定担任法定代表人。"

(三)捐助法人

基金会法人和社会服务机构法人都基于公益捐助而成立。

基金会法人是指利用自然人、法人或其他组织的捐赠财产,以从事公益事业为目的,依法成立的非营利性法人,如中国环境保护基金会、壹基金等。基金会分为面向公众募捐的基金会,即公募基金会,以及不得面向公众募捐的基金会,即非公募基金会。根据《基金会管理条例》的规定,基金会应当在民政部门登记,性质上属于民间非营利组织。社会服务机构法人,早期也称为民办非企业单位法人,是指自然人、法人或其他组织为了提供社会服务,利用非国有资产设立的非营利法人,比如依据《中华人民共和国民办教育促进法》成立的民办非营利学校。成立社会服务机构法人,应当经其业务主管单位审查同意,并依法进行登记。社会服务机构法人不得从事营利性经营活动。《民法典》第 92 条规定:"具备法人条件,为公益目的以捐助财产设立的基金会、社会服务机构等,经依法登记成立,取得捐助法人资格。依法设立的宗教活动场所,具备法人条件的,可以申请法人登记,取得捐助法人资格。法律、行政法规对宗教活动场所有规定的,依照其规定。”第 93 条规定:“设立捐助法人应当依法制定法人章程。捐助法人应当设理事会、民主管理组织等决策机构,并设执行机构。理事长等负责人按照法人章程的规定担任法定代表人。捐助法人应当设监事会等监督机构。”第 94 条规定:“捐助人有权向捐助法人查询捐助财产的使用、管理情况,并提出意见和建议,捐助法人应当及时、如实答复。捐助法人的决策机构、执行机构或者法定代表人作出决定的程序违反法律、行政法规、法人章程,或者决定内容违反法人章程的,捐助人等利害关系人或者主管机关可以请求人民法院撤销该决定。但是,捐助法人依据该决定与善意相对人形成的民事法律关系不受影响。”

第四节

特别法人

一、特别法人的概念

特别法人并非传统民法理论中的法人类型,而是立法者在《民法典》总则编针对大量因设立、终止等方面存在较大特殊性,进而难以纳入营利性法人和非营利性法人区分范畴的单位或组织,如机关法人、基层群众性自治组织和农村集体经济组织、合作经济组织等,特别增加的一种法人类型。学理上对特别法人并没有统一的定义,《民法典》也仅以穷尽式列举的方式规定了特别法人的具体存在形态。

根据《民法典》第 96 条的规定,特别法人应包括机关法人、农村集体经济组织法人、城镇农村的合作经济组织法人、基层群众性自治组织法人这四种类型。其较为显著的特征在于:

第一,特别法人的设立方式特殊。与绝大多数营利法人和非营利法人均可依据发起设立人或捐助人的法律行为而设立的方式不同,机关法人、农村集体经济组织法人、城镇农村的合作经济组织法人、基层群众性自治组织法人等特别法人或依据宪法或法律的规定设立,或依据行政机关的行政命令设立,不能依据私主体的法律行为设立。

第二,特别法人的权利能力和行为能力特殊。基于为社会公益事业设立的特殊目的和依据法律和行政命令设立的特殊设立方式的要求,特别法人只能在履行职责所需要的范围内从事民事活动,即特别法人的民事权利能力和民事行为能力仅限于在其为履行职责所需要的范围内享有,并不能像普通民事主体一样,享有全面的民事权利能力和民事行为能力,这也是出于防范公权力滥用的风险而做的有益考虑。

二、特别法人的类型

(一)机关法人

机关法人是指依法行使国家公权力,并因行使公权力需要而享有相应的民事权利能力和行为能力的国家机关,比如国家或地方的党政机关、人大常委会机关、政协机关、行政机关、司法机关、监察机关、军事机关等。比较法上,机关法人一般是按照宪法和特别法律的规定,依据行政命令设立,属于公法人范畴,但《民法典》未采纳以公法人与私法人为代表的法人类别划分的方式,同时,机关法人基于其特殊性也无法纳入营利法人和非营利法人的评价范围,因而只能将其归属于特别法人。《民法典》第 97 条规定:“有独立经费的机关和承担行政职能的法定机构从成立之日起,具有机关法人资格,可以从事为履行职能所需要的民事活动。”第 98 条规定:“机关法人被撤销的,法人终止,其民事权利和义务由继任的机关法人享有和承担;没有继任的机关法人的,由作出撤销决定的机关法人享有和承担。”

机关法人的特别性表现为:其一,机关法人和事业单位法人、社会团体法人一样,仅能在保障或服务其公权力行使所必需的范围内从事民事活动,超出这一范围时,机关法人不具备民事权利能力和民事行为能力;其二,机关法人以法人身份参与民事活动时,仅作为与其他自然人、法人和非法人组织处于平等法律地位的民事主体,而不是行政主体。

(二)农村集体经济组织法人

农村集体经济组织法人,指的是由农民自愿联合,将其各自所有的生产资料(土地、牲畜、大型农具)投入集体所有,由集体组织农业生产经营,农民进行集体劳动,施行“各尽所能、按劳分配”的农业社会主义经济组织。农村集体经济组织产生于 20 世纪 50 年代的农业合作化运动,发展至今已成为我国社会实践中较为特殊的一类组织。农村集体经济组织同时具备着对外的营利性和对内之于集体与集体成员利益的保障性,既不同于营利法人,也不同于非营利法人,因而属于特别法人。《民法典》第 99 条规定:“农村集体经济组织依法取得法人资格。法律、行政法规对农村集体经济组织有规定的,依照其规定。”第 100 条规定:“城镇农村的合作经济组织依法取得法人资格。法律、行政法规对城镇农村的合作经济组织有规定的,依照其规定。”

(三)城镇农村合作经济组织法人

城镇农村合作经济组织法人,指的是按照资源互利、民主管理、协作服务原则组建的城镇或农村的经济组织,主要指的是供销合作社、农民专业合作社等。《民法典》第 100 条规定:“城镇农村的合作经济组织依法取得法人资格。法律、行政法规对城镇农村的合作经济组织有规定的,依照其规定。”

城镇农村合作经济组织法人在性质上与农村集体经济组织具有一定的相似性,其也同时具备了对外营利的经济性和对内实现其成员利益的公益性的双重属性,因而既不属于营利法人也不属于非营利法人,所以将其纳入特别法人的范畴。

(四)基层群众性自治组织法人

基层群众性自治组织法人,是指城市和农村居民、村民在居住地区建立起来的居民委员会和村民委员会。《民法典》第 101 条规定:“居民委员会、村民委员会具有基层群众性自治组织法人资格,可以从事为履行职能所需要的民事活动。未设立村集体经济组织的,村民委员会可以依法代行村集体经济组织的职能。”

居民委员会和村民委员会是建立在我国社会的最基层的,与群众直接联系的组织,是在自愿基础上由群众按照居住地区自己组织起来的,管理自己事务的社会组织。其明显呈现出以下特点:一是群众性,即基层群众性自治组织是群众基于共同生活需求而自愿建立的,帮助其处理居住地公共事务和公益事业的组织,但不是国家政权组织和其他政治、经济等社会组织;二是自治性,即基层群众性自治组织不是国家机关,也不是国家机关的下属或下级组织,在组织上具有自身的独立性;三是基层性,即基层群众性自治组织仅存在于居民居住地的基层社区。鉴于基层群众性自治组织具有上述不同于其他法人的特点,所以有必要对其赋予单独的一类法人资格。

第五节

非法人组织

一、非法人组织概述

（一）非法人组织的概念

《民法典》创新规定了非法人组织的概念，打破了传统民法自然人、法人的二元化民事主体结构，给非法人组织作为第三类主体提供了发展空间。非法人组织的规定将各种社会组织都包括进来，让各类组织在《民法典》中都能够找到合法地位。《民法典》规定非法人组织的概念，不仅解决了民事实体法之间可能存在的矛盾，也解决了民事实体法与程序法之间存在的矛盾，是对民法的完善。《民法典》通过抽象规定和具体列举相结合的方式明确了非法人组织的范围，进而又通过一般规则的规定对各类非法人组织予以了统一规范。

非法人组织是不具有法人资格，但是能够依法以自己的名义从事民事活动的组织。详言之，非法人组织是一种社会组织，依法能够以自己的名义从事民事活动，如订立合同等，但是它没有取得法人资格，不是法人。《民法典》第 102 条："非法人组织是不具有法人资格，但是能够依法以自己的名义从事民事活动的组织。"该条明确了非法人组织可以以自己的名义从事民事活动，但没有规定非法人组织的权利能力问题，以及如何作为独立的个体承担法律后果的问题，究其原因在于：其一，需要将非法人组织独立作为一类民事主体，是为了适应现代社会经济生活的需要。一方面简化程序，减少成本，鼓励人们创设多种社会组织，积极便捷地参加市场竞争；另一方面则需要将这种组织与法人区分开，主要体现在责任承担上，即以责任承担形式的不同，作为自然人、法人、非法人组织的主要区别之处。非法人组织能以自己的名义实施民事法律行为，但不能独立承受法律行为的后果，非法人组织的行为产生的法律后果，需由其全体成员或上级组织承担。其二，既然非法人组织能够以自己的名义订立合同，是否意味着其具有民事主体资格，是否意味着其具有权利能力和行为能力？对此学术界观点不同。其实，权利能力与人格是两个不同的概念，不应该发生混同，没有人格不等于没有权利能力。有没有人格取决于能否独立承担责任，而有没有权利能力取决于能否作为法律关系的主体。非法人组织不能独立承担责任,其行为效果归属于其背后的出资人或设立人,它们需要对非法人组织的债务承担无限连带责任,所以非法人组织不具有人格,但其可以以自己的名义从事民事活动,可以作为独立的民事诉讼参加人,可以成为法律关系的主体,比如可以以自己的名义签订合同。因此,非法人组织享有具体的权利能力、行为能力。

《民法典》之前的立法曾使用“其他组织”来表述法人之外的社会组织作为民事主体。《民法典》没有采用“其他组织”,而采用“非法人组织”的概念是因为“其他组织”在许多法律中均有使用,概念比非法人组织的范畴广,在不同语境中的外延和内涵也不同,特别是“其他组织”并非一个很准确的概念。

(二)传统民法的无权利能力社团

无权利能力社团,是指在民法中虽不具备法人资格,但却与社团法人具有相同实质的实体组织或团体,这一概念来源于对德语“Der nichtrecktsfähige Verein”的翻译。《德国民法典》第 54 条最早对无权利能力社团作出了明文表述,规定无权利能力社团不具备权利能力,进而不构成可积极从事民事活动的民事主体。但同时《德国民事诉讼法》第 50 条第 2 款又规定无权利能力社团可以成为被诉主体,即可以具备消极的诉讼当事人能力。考察当前各国民事立法,《意大利民法典》第 36 条将无权利能力社团表述为“未受承认的团体”,规定其不具有法人资格,受其组织协议约束;日本民法和我国台湾地区所谓“民法”对无权利能力社团无明文规定,但在法学理论和实务领域中,通常将其作为不具有权利能力的组织对待,在日本民法中被称为“法人以外的团体”,在我国台湾地区被称为“非法人团体”。无权利能力社团本质上是法人登记制度的消极产物。各国出于对社会组织或团体的管理便利创建了法人登记制度,又为了维护法人登记制度的有效适用,有意地将未进行登记的社会组织或团体排除于法人之外。《德国民法典》认定无权利能力社团不具备法律主体资格的立法态度即通过蓄意之手段迫使社会组织或团体通过登记成为民事主体,获得权利能力。《德国民法典》这一立场与 19 世纪末德国立法者对追求政治、宗教或社会政策宗旨的社会组织或团体所持有的不信任态度直接相关。在德国立法者看来,这些团体是“有害于公共利益的组织”,故此他们不仅设计了法人登记制度,要求此类社团要取得权利能力成为法律主体,还要求此类社区必须进行法人登记,从而更进一步赋权给行政机关可以对此类社团的登记情况提出异议(《德国民法典》第 61 条第 2 款,该条文已于 1919 年废除)。实际上,各国将未登记团体排除于民事主体之外的法政策手段并未达到立法者的预期目标,众多社团依然如雨后春笋般层出不穷，尤其是政治宗旨（政党）和社会政策宗旨（工会），宁可舍弃民事主体资格，也不愿承受登记带来的行政权力的监督和控制。也就是说，只要法律尚未以强制性规定，禁止这些业已成立但未经登记的团体存在，那么，它们宁愿游离在法人资格之外，也要有效地躲避公权力的监管。正因如此，尽管《德国民法典》后来逐渐简化了法人登记制度，比如 1919 年废除了《德国民法典》第 61 条第 2 款确立的登记监控制度，但德国各政党、雇主联合会和工会仍不屑于通过登记取得法人资格。

无权利能力社团既是法人登记制度的消极产物，即通过法人登记制度的评价，排除出法人范畴的部分社会团体或组织成为所谓的无权利能力社团，同时又是法律制度抽象化的必然结果。所以，探讨无权利能力社团的权利能力问题，不应该以废除法人登记制度、牺牲法律效力为代价来完成，反而应在尊重法人登记制度的前提下，在理论和实践层面予以补正。从既有经验来看，较为妥适的路径有如下两个方面：一是完善法人登记制度，将法律对待法人资格取得的态度由控制转化为合理管理，适当放宽法人成立条件、简化法人登记程序，吸纳原来不能或不愿登记为法人的社会团体或组织自动通过登记取得法人资格；二是在符合基本法理和基本法律逻辑的前提下，在立法或司法解释中明确对事实上具备法人条件的无权利能力社团准用法人的相关规定，将部分符合上述条件的权利能力社团构造成"准法人"的概念。

（三）《民法典》规范非法人组织的基本立场

《民法典》充分吸收和借鉴了大陆法系国家民法中的无权利能力社团的相关理论与制度设计，并结合我国立法传统与基本国情，对非法人组织作出明确规定。《民法典》第 102 条规定，"非法人组织是不具有法人资格，但是能够依法以自己的名义从事民事活动的组织"。该定义表现出以下两方面的重要立场：

第一，《民法典》并不承认非法人组织具有法人资格，但可以以自己的名义独立进行民事活动，也就是说，在市场当中，最终的民事责任承担者并不是非法人组织自身，而是非法人组织的设立主体。例如，非法人组织中的个人独资企业，其本身无疑可以作为市场主体参与市场经济活动，但个人独资企业并不具有法律上真正独立的人格，换言之，个人独资企业虽然是一种社会组织体，但并不具有法人资格，因此，个人独资企业的设立人与个人独资企业不可能真正地脱离关系，所以，个人独资企业的对外债务最终仍须由其设立者来承担。实际上，不仅是个人独资企业，合伙企业和不具有法人资格的专业服务机构都能够作为市场主体参与市场交易,但其参与交易活动发生的法律责任最终却不由它们自身来承担,而是延伸到它们的设立人,究其原因在于,非法人组织的财产首先会用于非法人组织的经营使用,与设立者的一般性财产存在一定界限,具备一定的独立性。因此,当非法人组织在市场交易中负债时,债权人应率先向非法人组织主张以非法人组织的财产清偿债务,而不能直接向设立人主张以其个人财产清偿,但当非法人组织不具清偿能力时,最终仍要由非法人组织的设立人连带清偿;与之相反,非法人组织设立人个人的债权人也仅能优先向设立人主张以其个人财产清偿债务,不能主张以非法人组织财产对其清偿。上述两者结合就是所谓的"双重优先原则"。

第二,《民法典》虽然不承认非法人组织具有法人资格,但事实上却以类似法人的规定对其加以规范。比如,《民法典》第104条规定:"非法人组织的财产不足以清偿债务的,其出资人或者设立人承担无限责任",明确了非法人组织的对外债务以非法人组织财产优先清偿的原则;第105条规定:"非法人组织可以确定一人或者数人代表该组织从事民事活动",确定了非法人组织中的"一人或数人"在事实上取得了近似法人组织中法定代表人的法律地位,通常被称为非法人组织的负责人。此外,第106条规定:"有下列情形之一的,非法人组织解散:(一)章程规定的存续期间届满或者章程规定的其他解散事由出现;(二)出资人或者设立人决定解散;(三)法律规定的其他情形。"第107条规定:"非法人组织解散的,应当依法进行清算。"此外,特别值得注意的是,《民法典》第108条规定,"非法人组织除适用本章规定以外,参照适用本编第三章第一节的有关规定",清晰地指明了非法人组织得以依法适用《民法典》关于法人组织的一般性规定。

二、非法人组织的类型

根据《民法典》第102条第2款的规定,非法人组织包括个人独资企业、合伙企业、不具有法人资格的专业服务机构。

(一)个人独资企业

《民法典》规定的第一种非法人组织的类型是个人独资企业,并由《中华人民共和国个人独资企业法》(以下简称《个人独资企业法》)对其进行专门规范。《个人独资企业法》第2条规定:"本法所称个人独资企业,是指依照本法在中国境内设立,由一个自然人投资,财产为投资人个人所有,投资人以其个人财产对企业债务承担无限责任的经营实体。"

第一,个人独资企业区别于个人主体。《个人独资企业法》在法律位阶上是民法的特别法,在法律属性上属于商法,因此,个人独资企业与个人最大的区别在于:个人是纯粹的民事主体,个人独资企业则是商主体。个人作为单纯的民事主体主要从事一般的民事活动,而个人独资企业作为商主体则主要从事商事活动。基于商事活动的营利性特征,个人独资企业在市场上常常表现出一种"效率优先、兼顾公平"的行动特征和行为原则。

第二,个人独资企业区别于一人有限责任公司。公司法中的一人有限责任公司指的是仅由一名自然人股东出资设立的有限责任公司,其与个人独资企业的相同之处在于两者皆为商主体的类型,但两者仍具有本质性区别,表现为:一人有限责任公司是《民法典》规定的公司法人,尽管投资者仅有一人,但公司仍具备独立的法律人格,投资者仅对公司债务承担有限责任。更为重要的是,一人有限责任公司要缴纳企业所得税,个人独资企业则无须承担企业所得税,所以,个人独资企业这种商主体组织形式更适合于初创时期的小微企业。

(二)合伙企业

1. 合伙企业的概念

《民法典》规定的第二种非法人组织类型是合伙企业,由《中华人民共和国合伙企业法》(以下简称《合伙企业法》)对其加以专门规范。与个人独资企业一样,合伙企业也属于商主体的一种。《合伙企业法》第 2 条规定:"本法所称合伙企业,是指自然人、法人和其他组织依照本法在中国境内设立的普通合伙企业和有限合伙企业。普通合伙企业由普通合伙人组成,合伙人对合伙企业债务承担无限连带责任。本法对普通合伙人承担责任的形式有特别规定的,从其规定。有限合伙企业由普通合伙人和有限合伙人组成,普通合伙人对合伙企业债务承担无限连带责任,有限合伙人以其认缴的出资额为限对合伙企业债务承担责任。"从合伙企业的概念可知,我国民法中的合伙企业与其他大陆法系国家民法中规定的无限责任公司极为相似,不同之处在于《合伙企业法》将普通合伙人的资格仅限于个人。

合伙企业并不是法人,不具有独立的法律人格,但作为非法人组织的一种,依法可以以自己的名义享有一定的民事权利能力,主要表现在三个方面:一是在人格权方面,合伙企业有自己的名称和住所;二是在财产权方面,合伙企业在存续期间可以自己的名义拥有财产;三是在对外事务方面,合伙企业事务执行人对外代表企业;四是在责任承担方面,合伙企业实行双重优先原则,即合伙企业对其债务,应优先以合伙企业的全部财产进行清偿。合伙企业财产不足以清偿到期债务的,各合伙人才承担无限连带清偿责任,合伙人的个人财产应优先用于清偿其个人债务。

合伙企业的成立，首先应由设立人完成设立行为，即合伙人签订合伙合同；其次由设立人向市场监督管理部门申请，完成核准登记后即得以成立。实际上，不仅是设立，合伙企业的变更和终止也需要履行登记程序。需要强调的是，合伙企业与《民法典》合同编第二十七章“合伙合同”规定的民事合伙或者称为合同型合伙具有较大不同。详言之，合伙企业由《合伙企业法》专门调整，是一种独立性较强的市场主体，而合同型合伙本质上只是合伙人之间订立的合同关系，并不具有任何法律主体性。尽管《民法典》关于“合伙合同”的规定在效力范围上也应及于合伙企业，但其规范重点显然更在于民事合伙，因为只有民事合伙才是合伙人以合伙合同为基础建立的一种追求合同目的的法律关系。所以，尽管民事合伙也可以由合伙人出资，也可以委托合伙事务的执行人，也会因合伙合同终止而解散，但却始终不具有哪怕仅仅是相对独立的民事主体地位。

设例 39：

甲、乙、丙三人约定开办饭馆。合伙协议约定：甲负责灶上事务；乙负责提供三间房屋和饭馆的经营；丙出资金 10 万元，但不参加饭馆的事务处理。每年春节前结算，盈利按 3∶4∶3 的比例分配，随后，他们到市场监管部门办理了营业执照。之后因经营不善，饭馆欠下丁水产店货款 5 万元，丁水产店找乙要钱。

问题：欠丁水产店的债务应该由谁偿还?

在设例 39 中，依据《合伙企业法》的相关规定判断，甲、乙、丙共同设立的饭馆应定性为合伙企业，该合伙企业的基础依据为甲、乙、丙三人的合伙协议。合伙企业对外负担的债务应首先以合伙企业的资产予以偿还，如果合伙企业资产不足以偿还债务时，应由合伙人对合伙企业债务承担连带责任。因此，设例中饭馆欠下丁水产店的债务，应首先用饭馆的资产偿还，如果饭馆资产不足以清偿欠款时，由甲、乙、丙共同偿还，甲、乙、丙之间构成共同连带责任。丁水产店找乙要钱的主张是合法的，乙偿还全部欠款后，可向甲和丙就其多负担的部分进行追偿。

设例 40：

甲、乙、丙是高中同学，甲年满 18 周岁已经升入大学，乙年满 18 周岁在城市打工，丙 17 周岁在高中复读。在一次聚会中，甲、乙、丙三人商量，说好今年合伙贩进一些荔枝赚钱，于是三人签订合伙合同按 2∶4∶2 的比例出资，并按此比例分成。后因当地荔枝丰收而亏损，共计欠货款 48 000 元。

问题：合伙合同的效力如何？亏损如何负担?

在设例 40 中，丙年仅 17 周岁，尚未成年，且丙作为在高中复读的学生，并不能以自己的收入作为主要生活来源,故仍应认定为限制行为能力人。另外,从该合伙事务最终的亏损额度看,也并非丙可独立完成的法律行为,又因为丙与甲、乙订立的合伙合同性质上属于多方民事法律行为,所以,该合伙合同应被确认为效力待定,其是否有效尚需等待丙的法定代理人对该合同作出是否追认的决定。如果丙的法定代理人拒绝追认,则该合伙合同无效;如果丙的法定代理人进行追认,则合伙合同有效。如果合伙合同经追认后生效,则应由甲、乙、丙共同承担亏损,否则应由甲和乙共同承担亏损。

2. 合伙企业的类型

根据《合伙企业法》第 2 条第 2 款、第 3 款的规定,合伙企业可以区分为普通合伙企业与有限合伙企业。

(1)普通合伙企业

普通合伙企业,是指由普通合伙人组成,由合伙人对合伙企业债务承担无限连带责任的合伙企业。需要指出的是,并非所有普通合伙企业的合伙人均须对合伙企业的债务承担无限连带责任。比如,《合伙企业法》第 2 条第 2 款规定:"本法对普通合伙人承担责任的形式有特别规定的,从其规定。"这里的"特别规定"具体表现为《合伙企业法》第 57 条规定的特殊的普通合伙企业中合伙人的责任承担方式。《合伙企业法》第 57 条规定:"一个合伙人或者数个合伙人在执业活动中因故意或者重大过失造成合伙企业债务的,应当承担无限责任或者无限连带责任,其他合伙人以其在合伙企业中的财产份额为限承担责任。合伙人在执业活动中非因故意或者重大过失造成的合伙企业债务以及合伙企业的其他债务,由全体合伙人承担无限连带责任。"所谓特殊的普通合伙,指的是以专业知识和专业技能为客户提供有偿服务的专业服务机构。在《合伙企业法》制定时期,专业服务机构可以设立为特殊的普通合伙企业,但随着《民法典》的颁布施行,专业服务机构已经从合伙企业的范畴中独立出来,成为与合伙企业并列的非法人组织中的另一种类型,称为"不具有法人资格的专业服务机构"。特殊的普通合伙企业和普通合伙企业最本质的区别就在于,虽然普通合伙人都要对合伙企业的债务承担无限连带责任,但在特殊的普通合伙中,除了在执业活动中因故意或者重大过失造成合伙企业债务的一个合伙人或者数个合伙人应当承担无限责任或者无限连带责任外,其他合伙人仅以其在合伙企业中的财产份额为限承担责任,即其他合伙人承担有限责任。

(2)有限合伙企业

依据《合伙企业法》,有限合伙企业,指的是由普通合伙人和有限合伙人共同组成的合伙企业,在有限合伙中,至少需要有一名合伙人是普通合伙人,完全没有普通合伙人时，有限合伙企业同样不能成立。关于有限合伙企业，《合伙企业法》在第60~84条中以二十多个条文予以专门规定，涉及有限合伙企业的成立条件、成立程序以及对外交往等多方面内容，其中最为突出的是有限合伙企业的责任承担方式。在有限合伙企业中，普通合伙人对合伙企业的债务承担无限连带责任，但有限合伙人仅以其对合伙企业认缴的出资额为限，对合伙企业债务承担责任，这与有限责任公司股东对公司债务承担的有限责任相同。另外，根据《合伙企业法》第67条规定，“有限合伙企业由普通合伙人执行合伙事务”，即有限合伙企业中执行合伙企业事务的负责人必须为普通合伙人，不能是有限合伙人，原因在于，执行合伙企业事务、从事企业经营的人应当对其经营行为承担相应的、对等的风险，所以，仅对合伙企业债务承担有限责任的有限合伙人不被允许负责执行合伙企业事务。

比较法上，有限合伙制度在意大利、德国等传统大陆法系国家或地区，以及在英美法中都有体现，但其在不同法律制度中的表现形式有所不同，比如，我国台湾地区把有限合伙称为“两合公司”。在两合公司的内部构成中，一部分股东或出资人对公司债务承担无限连带责任，另一部分股东或出资人仅以认购的股份或认缴的出资额为限承担有限责任，这与《公司法》中有限责任公司或股份有限公司的股东具有同样的法律地位。

（三）不具有法人资格的专业服务机构

《民法典》规定的第三种非法人组织类型是“不具有法人资格的专业服务机构”。不具有法人资格的专业服务机构，指的是以专业知识和专业技能为客户提供有偿服务的专业服务机构，如律师事务所、会计师事务所、建筑师事务所、税务师事务所以及部分评估机构等。

在社会实践中，律师事务所、会计师事务所、建筑师事务所、税务师事务所等的组织构造方式是合伙，但它们构造的这些合伙与通常意义上的普通合伙企业有所区别，《合伙企业法》《中华人民共和国律师法》（以下简称《律师法》）等特别立法将它们作为“特殊的普通合伙”加以规范，但《民法典》已然将它们分离出来，单独规定为一种非法人组织类型。在现实生活中，不具有法人资格的专业服务机构很可能同时也是特殊的普通合伙企业，比如，依据《律师法》第15条第2款，合伙律师事务所可以采用普通合伙或者特殊的普通合伙形式设立。

需要指出的是，有部分专业服务机构被特别法禁止以有限责任公司的形式组织，其只能成为非法人组织中不具有法人资格的专业服务机构，比如，《律师法》第15条不允许律师事务所以有限公司的形式设立；也有部分专业服务机构被特别法许可，既可以以合伙形式设立，也可以以有限责任公司的形式设立，如《中华人民共和国注册会计师法》第23条、第24条规定，会计师事务所既可以以合伙形式设立，也可以以有限责任公司的形式设立。必须强调的是，一旦专业服务机构以有限责任公司的形式设立，就意味着该专业服务机构取得法人资格，不再是非法人组织中不具有法人资格的专业服务机构。

重要问题提示：

1. 关于法人本质的学说有哪些？
2. 如何区别法人的能力和自然人的能力？
3. 清算法人的性质如何界定？
4. 营利法人的特别规则有哪些？
5. 非营利法人有哪些类型？
6. 特别法人有哪些类型？
7. 个人独资企业和合伙企业如何对外承担责任？

第四章 民事权利

第一节 民事权利的概念

一、民事权利的本质

民事权利概念的阐释应从本质说起。在具体的社会生活场景中,民法理论和民事立法对民事权利本质的理解决定了法律秩序构建的基础,这从社会纠纷的处理中可见一斑。

设例 41:

甲公司受乙农场委托运输牛,途中因天气酷热,甲公司的运输人员丙根据经验决定给牛降温,于是从丁农贸公司购买喷雾器一架,简单清洗后灌入自来水给牛喷水降温。牛运到后,收货人发现牛农药中毒,事后查实因丁农贸公司工作人员在出售前将喷雾器借人使用而导致有农药残留。

问题:乙可以向谁主张赔偿损失?

在设例 41 中,乙主张赔偿损失可能有两个途径:其一,乙享有牛的所有权,基于此权利,在他人的过错行为造成牛损害的情况下,乙有权基于侵权责任要求赔偿损失;其二,乙作为运输合同的托运人对甲享有合同权利,基于此权利,在承运人甲没有即时、安全地将牛运达目的地时,乙有权根据违约责任要求其赔偿损失。两种权利都可以主张,但乙只能主张一个,否则会导致获取不应该得到的利益。究竟乙应该怎样主张合理,我们必须从民事权利的本质深入分析。

关于民事权利的本质,理论上众说纷纭。历史上主要有三种不同的观点:第一,意思说。德国学者温德夏德首倡此说。此种观点认为权利的本质就是意思自由,是个人意志所能自由活动或自由支配的范围。意思是权利的基础,无意思则无权利。但其问题在于这就要求享有权利者是必须具有意思能力的,这无法解释无意思能力的未成年人和精神病人为什么能够享有权利。而且,许多法律关系因客观事实的发生而发生、变更或者消灭,与人的意思无关。第二,利益说。此说的代表为德国学者耶林。其主张权利是受法律保护的利益,凡依法律规定归属个人生活的利益即为权利。一般而言,法律定分止争无非是因为人们对利益的争执,若无利益的存在也就没有必要进行法律调整。但是反对者认为,一方面法律所保护的利益未必都表现为权利,例如为了保护未成年人的利益而通过设立行为能力制度而对其加以限制;另一方面,权利也未必都蕴含一定的利益,例如代理人虽享有代理权,但其并未因此而享有物质或者精神利益。第三,法力说。此说以德国学者梅克尔为代表。这种学说认为权利的本质表现为法律上之力,权利是由特定的利益和法律上之力两个因素构成的。特定的利益为权利的内容,法律上之力为权利的外形。法律为保护或充实个人的特定利益,才给人以特定的法律上的力,使其借以享受特定的利益。此种学说得到我国主要民法学者的支持,但此说也并不是绝对的真理,只是克服了以前学说的一些缺陷,从某个方面来说揭示了权利的本质。[①]

综上所述,结合民事权利本质的各种学说,一般这样定义民事权利:民事权利,是指民事主体依法享有并受法律保护的利益范围或者得为某种行为(作为或不作为)以实现其利益的可能性。

二、民事权利的分类

按照不同的标准,民事权利可以进行不同的分类,这种类型化的方法意图通过区分不同类型的权利从而更好地适用规则。在《民法典》的规范体系中,不同的民事权利分类都有不同程度的体现,有的分类标准成为体系构建的根据,有的是某些具体规则解释的根据。这里择其要者进行简单的介绍。

(一)人身权、财产权和其他民事权利

人身权、财产权和其他民事权利是以民事权利的内容或权利标的为标准所做

① 梁慧星:《民法总论》,法律出版社 2021 年版。

的分类,也是《民法典》体系构建的基础性分类,《民法典》总则编第五章即依据此种分类展开。

人身权是指以人格或身份利益为内容、与权利人的人身不可分离的民事权利,包括人格权和身份权。人身权一般都具有专属性,原则上不得转让、抛弃和继承。

财产权是指与权利人的人格、身份相分离,直接体现某种财产价值的权利。财产权原则上不具有专属性,可以转让、抛弃、继承。财产权的主体限于现实地享有或可以取得财产的人,其不同于人格权那样可以为一切人普遍地享有。财产权主要包括物权和债权。

此外,一些权利兼具财产和人身等多重性质,其内容既包括人身利益又包括财产利益,专属性也并不十分强烈。这些具有综合性特征的权利主要包括知识产权、股权和继承权。

(二)支配权、请求权、抗辩权和形成权

这是以权利的作用为标准进行的分类,在适用规则中此种分类用以归类具体权利的特征。

1. 支配权

支配权是指权利人直接支配权利客体并排除他人干涉的权利。支配权的特点表现为四个方面:

第一,支配权的内容是权利人对其客体的直接支配。支配是指权利人在其权利范围内可以按照自己的意志依法对权利客体管领和处理,这种管领和处理不仅可以通过法律行为进行,也可以通过权利人依法直接占有、使用标的物等事实行为进行,只要在法律限度内权利人都可以依据自己的意志自由进行。权利人对客体的支配,既不需要他人的同意,也无须义务人进行积极的履行行为。

第二,支配权的客体应当是特定的。支配权的支配性决定了其权利客体应当是特定的。无论客体是财产利益还是人身利益,只要还没有特定化,都不能作为支配权的客体,否则支配权就无所依归,权利人的支配也就无从谈起。这里所指的特定并非必须是物理上的特定,只要社会一般观念认为特定即可。

第三,支配权通常具有排他性。权利人既然可以依据自己的自由意思对客体加以支配,则同一客体上通常不得同时存在两个内容不相容的支配权。例如同一个物上不能并存两个所有权。

第四,支配权具有公示性。由于支配权的上述特点,支配权应当具有向社会公开的特性,以使权利人之外的第三人知悉权利的所在,避免动辄得咎。所以,支配

权通常要通过一定的方式加以公示。

物权作为权利人依法直接支配特定物的排他性权利，是典型的支配权。

2. 请求权

请求权是指权利人请求义务人为或不为一定行为的权利。请求权的特点表现为三个方面：

第一，请求权的客体是义务人的行为，包括作为（积极的行为）和不作为（消极地不为一定行为）。现代民法中，权利人不能直接对他人人身进行支配，所以请求权人不能依赖自己的单方意思直接支配标的物从而直接实现权利，权利的实现必须通过义务人的行为来进行。在义务人不履行义务时，权利人可以直接通过诉讼请求法院来强制义务人履行义务。

第二，请求权的义务人具有特定性。请求权的义务人是特定的，权利人只能向特定的义务人提出作为或不作为的请求，而不能向义务人之外的其他第三人提出请求。因此请求权关系具有相对性，它是发生在特定权利人和义务人之间的法律关系。

第三，请求权通常无须公开。请求权的义务人是特定的人，第三人无须知悉权利的存在。因此法律一般不要求请求权通过一定的方式进行公示。通常情况下，因为第三人的原因导致义务人不能履行义务时，权利人不能向第三人提出请求。但如果该第三人明知债权的存在，故意通过一定的行为使债务人不履行义务的，权利人可以以侵权为由向该第三人提出请求。

债权的内容主要为请求权。

3. 抗辩权

抗辩权是指权利人依法享有的对抗相对人请求权的权利。抗辩权的特点表现为三个方面：

第一，抗辩权以相对人请求权的有效存在为前提，否认对方权利存在的抗辩不属于抗辩权。

第二，抗辩权必须基于法律的规定而产生。基于合同自由，在合同中双方当事人有权约定一定的抗辩事由，当事人依据此种约定产生的权利仍然属于合同权利，而不能认定为抗辩权。

第三，抗辩权的效果是使请求权消灭或延缓。抗辩权因其效力可以分为消灭的抗辩权和延缓的抗辩权。消灭的抗辩权的行使可以产生永远拒绝相对人的请求权的效力，如清偿债务等；延缓的抗辩权不能消灭对方的请求权，只能使请求权延缓行使,如《民法典》合同编中规定的先履行抗辩权、同时履行抗辩权等。

设例 42:

甲公司和乙公司于 1 月 10 日签订了棉纱的买卖合同,约定甲公司供货 100 吨。签订之日乙公司已付款 50 万元。甲公司 1 月 20 日送货,乙公司验货后付款 100 万元,剩余的 50 万元 2 月底结清。1 月 20 日甲公司依约将货物送到了乙公司,但是乙公司只筹到了 50 万元,甲公司拒绝卸货,并在 3 日后将货拉回。

问题:甲是否构成违约?

在设例 42 中,甲公司拒绝卸货并不构成违约。因为按照合同约定,乙公司应该先履行义务而未履行,因此甲公司可以根据《民法典》第 526 条的规定行使抗辩权从而不需要履行自己的债务。

抗辩权的效力并非因法定行使条件具备而自动发生,必须经过权利人的主张。

4. 形成权

形成权是指权利人仅凭其单方意思即可使民事权利关系发生变动的权利。形成权的主要特点表现为以下三个方面:

第一,形成权行使的效果在于使民事法律关系发生变动。首先,形成权的行使可以设立民事法律关系,例如法定代理人对限制行为能力人签订的超出其行为能力范围的合同行使的追认权。其次,形成权的行使可以变更民事法律关系,例如选择之债中权利人行使的选择权。再次,形成权的行使可以消灭民事法律关系。例如合同因不可抗力致使合同目的不能实现时,当事人有权解除合同。

第二,形成权的行使只需权利人的单方行为,无须相对人同意。形成权的本质特征在于权利人可以根据自己的意志通过单方的意思直接变动相应的民事法律关系,无须和对方当事人达成协议。此种权利的行使,原则上只需权利人作出意思表示即可,但为督促权利人慎重行事或避免纠纷,法律也规定有些形成权的行使必须通过特别方式行使,例如合同撤销权必须通过法院或仲裁机构行使。

第三,形成权必须以法律的特别规定或当事人的特别约定为前提。依据私法自治原则,权利人在不违反社会公共利益的情况下,自然可以以其单方意思抛弃其权利,从而消灭相应的法律关系。在民事法律关系的发生、变更直接为他人科加义务或损害他人利益时,原则上应当以相对人的同意为前提,而形成权的行使又无须相对人的同意,这就要求必须由法律作出特别规定赋予权利人此种权利,或者通过当事人的约定,确保相对人同意权利人享有此项权利。

设例 43:

甲、乙两公司签订了《煤气表散件买卖合同》,约定甲公司长期为乙公司供

货，共 3 年，铝外壳散件单价为 23 元。在合同履行的过程中，生产煤气表散件的主要原材料铝锭的价格，由签订合同时国家定价 4 500 元/吨上调到 16 000 元/吨。甲公司主张铝外壳的价格也相应由 23 元/件上调到 41 元/件，乙公司不同意。

问题：该合同如何履行?

在设例 43 中,甲公司无法继续履行合同。根据《民法典》第 533 条的规定,因为合同履行的基础条件发生了变换,而且不属于商业风险,所以甲公司可以和乙公司进行重新协商,如果协商不成,甲公司有权请求人民法院或仲裁机构变更或解除合同,这种权利属于形成权。

由于形成权人只需其单方行为即可变动法律关系,所以形成权的存在显然不利于社会关系的稳定,法律一般对其有除斥期间的限制,期间届满,权利消灭。又鉴于形成权的行使可能损害相对人的利益,法律在赋予形成权的同时,对形成权的行使也有一定限制,如规定抵销权的行使不得附条件和附期限,并且形成权一旦行使则不得撤销,从而避免法律关系陷入不确定状态。

(三)主权利和从权利

这是以民事权利之间是否存在主从关系为标准所做的划分。

主权利是指数个有主从关系的权利中,不依赖于其他民事权利就可以存在的权利,民事权利通常都是主权利。从权利是指其存在必须以其他民事权利的存在为前提的权利。从权利一般包括地役权、抵押权、质权、留置权等。基于私法自治原则,当事人可以自由约定多项权利之间的从属性。

从权利对主权利的从属性通常表现为:其一,从权利的发生以主权利已经发生为前提。如果主权利并未发生,则从权利也不能发生。其二,权利人对主权利的处分,原则上及于从权利。其三,主权利消灭,从权利一并随之消灭。

(四)绝对权和相对权

绝对权和相对权的区分是以权利效力所及的范围为标准进行的划分。绝对权又称对世权,是指可以相对于每一个人产生效力的权利,及任何人都应该尊重的这样的一种权利。例如,物权就是一种绝对权。相对权又称对人权,是指能够请求特定人为或不为一定行为的权利。例如,债权就是一种典型的对人权。

设例 44:

甲有祖传制造宝刀的技术。乙酷爱宝刀，于是与甲签订合同以 10 万元的价格订购了一把屠龙宝刀。甲把屠龙宝刀制造成功后，乙交付 10 万元于甲，甲交

付屠龙宝刀于乙。乙的仇人丙知道后恐受其害，于某日深夜潜入乙家，将屠龙宝刀砸成铁块。

问题：甲、乙、丙之间的法律关系。

在设例 44 中，甲和乙签订合同后，甲对乙享有要求其交付价款的债权，乙对甲享有要求其交付宝刀的债权，在宝刀制造成功后，甲对宝刀享有所有权这种物权，甲将宝刀交付于乙，乙则享有宝刀的所有权。当丙破坏了宝刀后，乙则对丙享有基于侵权责任的债权。比较几种关系可以发现，债权都是指向特定人的相对权，而物权是基于物权客体的特定而对不特定人享有权利的绝对权。

从绝对权和相对权来看，好像主要是针对财产权进行划分，但实际上人身权当中也有绝对权和相对权的区分。例如，人格权实际上就是一种绝对权。例如，依据收养协议形成的权利，实际上就是一种相对权，甚至配偶之间所享有的配偶权，从某种意义上来说，也是一种相对权。

（五）原权利和救济权

设例 45：

甲的土地 A 和乙的土地 B 相邻，甲因为某种需要而往下挖自己的土地 A，导致 A 和 B 两土地有一米的落差。某一天，高处的泥土崩塌，乙的土地 B 上的石头滚落到甲的土地 A 上。

问题：甲、乙有关石头的纠纷如何解决？

在设例 45 中，根据《民法典》第 235 条、第 236 条的规定，甲可以基于其对 A 的物权，主张乙排除妨害将石头搬走，乙可以基于其对石头的所有权，主张甲返还原物将石头送回来。这两种权利主张都是基于物权而发生的救济性权利，保护原权利。但是，需要说明的是，救济性权利不一定能终局性地解决纠纷，在设例 45 中，虽然双方都可以主张物权请求权，但究竟终局性的后果由谁承担，还需要看是谁的原因导致石头滚落。

这是依据权利效力的目的为标准进行的划分。原权利是指原有的基于法律规定和当事人意思产生的权利。《民法典》中规定的物权、因合同而发生的债权、因侵权行为而发生的债权、人格权、婚姻家庭领域的身份权、继承权等，都是原权利。救济权是指在原权利受到侵害或者有受侵害的危险时，对原权利产生救援性作用的权利。救济权通常表现出请求权的特征，如设例 45 中的物权请求权。

第二节

民事权利的体系

民事权利的体系是依据人身权利和财产权利的二分而构造的。人身权和财产权是民事权利的基本分类,在此种分类的基础上,作为补充还存在并非典型人身权和财产权的其他民事权利。《民法典》第五章即在此基础上展开权利体系构造。

一、人身权利

人身权包括人格权和身份权,是民事主体基于人格或身份而依法享有的,以人身利益为内容的权利。人身权利在《民法典》分则中由人格权编和婚姻家庭编具体规定。

(一)人格权

人格权是指民事主体平等享有的,经法律认可的,以其生命、健康、名誉等人格利益为客体的,并排除他人干涉的权利。人格权包括一般人格权和具体人格权,具体人格权又包括生命权、健康权、身体权、姓名权、名誉权、肖像权、隐私权等。

人格权的特征包括:

第一,人格权是作为民事主体所应当具备的民事权利。自然人作为民事主体需要享有人格权,民事主体只有具备人格权才具有民事主体资格。

第二,民事主体享有的人格权完全平等。人格权是民事主体资格本身所要求的基本民事权利。无论民事主体是否加以行使,民事主体的人格权完全平等。人格权也不因性别、种族、民族、贫富差距等而有区别。

第三,人格权以人格利益为客体。所谓人格利益是指民事主体自然生存和社会生存所必需的利益。人具有自然属性,同时也具有社会属性,因此人格利益包括自然生存和社会生存所需要的各种利益。人格权为人的自然生存和社会生存提供了保护。

一般人格权是指基于对一般人格利益保护的权利,一般人格利益是指法律列举的具体人格利益之外的,民事主体自然生存和社会生存所需要的其他重要利益,基于人格自由、人格尊严、人格独立、人格平等而享有的权利。《民法典》第 109 条规定:“自然人的人身自由、人格尊严受法律保护。”

具体人格权是指基于对法律列举的具体人格利益保护的权利,包括生命、健康、身体、姓名或者名称、名誉、肖像、隐私、个人信息等人格利益。《民法典》第110条规定:“自然人享有生命权、身体权、健康权、姓名权、肖像权、名誉权、荣誉权、隐私权、婚姻自主权等权利。”“法人、非法人组织享有名称权、名誉权和荣誉权。”

另外,在人格权保护的领域中,个人信息是新生事物,现代技术为生产生活带来了巨大的便利,也对个人信息的保护以及人类生活提出巨大的挑战,现在随处可见的摄像头、人脸识别设备等,使得个人信息在不知不觉中就被收集、处理甚至转让,个人信息的价值比以往任何时候都高,但每个人对其个人信息如何使用的控制能力很低,个人信息的保护是应对现代技术对人的挑战、保障个人基本尊严的唯一途径。《民法典》第111条规定:“自然人的个人信息受法律保护。任何组织或者个人需要获取他人个人信息的,应当依法取得并确保信息安全,不得非法收集、使用、加工、传输他人个人信息,不得非法买卖、提供或者公开他人个人信息。”

(二)身份权

身份权是指基于自然人的特定身份产生的权利。在现代社会主要是指亲属权。身份是指民事主体在特定社会关系中所享有的地位和不可让与的资格。身份性规范在法律秩序中具有悠久的历史,但在近代逐渐萎缩,因为人的独立自由和解放,身份所包含的不平等和特权等含义不断被去除。身份的取得源于某种特定的社会关系,身份可能带来利益,但这种利益并非身份本身。

身份权的特征包括:

第一,身份权以一定的社会关系中的地位或者资格为前提。身份权是基于某种特定地位和资格而享有的权利。

第二,身份权不直接体现财产的内容,但身份权可以通过损害赔偿等财产内容加以救济保护。

根据身份权客体的不同,身份权可以分为婚姻家庭法上的身份权、知识产权法上的身份权以及荣誉权等。典型的身份权如配偶权,配偶权是指具有合法婚姻关系的夫妻基于配偶关系发生的、为夫妻双方专属且平等享有的以配偶身份利益为客体的身份权。《民法典》第112条规定:“自然人因婚姻家庭关系等产生的人身权利受法律保护。”

二、财产权利

财产权利是以财产利益为内容的权利,包括物权、债权。《民法典》第113条规定:“民事主体的财产权利受法律平等保护。”物权与债权的二分是财产权利体系构造的基础,也是《民法典》物权编和合同编的基础,物权编规范的是物权,合同编规定的是包括合同、不当得利、无因管理在内的债权的发生原因,而且合同编的通则部分规定了很多属于债法总则的内容。作为债权的发生原因的侵权行为由侵权责任编规定。

(一)物权

1. 物权的概念

物权是民事主体依法对特定的物享有的直接支配并排除他人干涉的权利,包括所有权、用益物权和担保物权。《民法典》第114条规定:“民事主体依法享有物权。物权是权利人依法对特定的物享有直接支配和排他的权利,包括所有权、用益物权和担保物权。”

2. 物权客体特定主义

物权奉行物权客体特定原则,《民法典》第115条规定:“物包括不动产和动产。法律规定权利作为物权客体的,依照其规定。”物,是指存在于人身之外的能够为民事主体所支配或实际控制并能满足其社会需要的物质资料。民法上的物与物理学、哲学上的物质或物是有联系又有区别的。其联系在于只有物理学、哲学上的物质才能为民法上的物;其区别在于法律上的物不仅具有自然属性,而且还具有法律属性,物理学、哲学上的物质并非均为法律上的物。

民法上物的条件包括:其一,必须是特定物。作为权利客体的物必须具有可以被特别认定的性质,强调物的特定性是由物权的直接支配性决定的。其二,必须是独立物。物能够单独存在,是由物权的直接支配性和可享受利益性决定的。独立物具有相对性,客观上并不存在独立的物,基于经济用途,法律规定把其作为独立的物,如建筑物区分所有。其三,原则上是有体物,必须存在于人体外部。人体不能成为法律上的物,作为物权客体的物必须具有非人格性,人体的一部分一旦与人体发生分离就有可能成为物,进而成为物权客体。其四,必须是人力所能控制支配,并且能够满足人的某种追求。

不动产与动产的区分是物的最基本分类。其分类的标准是物能否移动而且是否因移动而损害其价值。不动产指土地及其定着物,包括土地、建筑物、林木等。动产指不动产以外的物,包括家具、牲畜、汽车等。

设例46:

甲、乙两村互换土地A和B,其中A土地上栽种了树木40棵。乙获得A

土地后，认为树木归自己所有，于是加以养护，而甲认为树木仍归自己所有。

问题：树木的归属？

在设例46中,树木生长于土地之上,和土地一样成为不动产,在甲、乙互换土地的过程中,土地及其定着物一起发生了物权变动,归属于新的不动产权利人所有。当然,这是在没有约定的情况下,如果对树木的归属作出约定,也可以明确树木的所有权不发生变动。

动产和不动产,是法律上对物进行的最重要的分类。其区别的理由主要有:其一,经济价值有很大差别。不动产的经济价值常大于动产,所以不动产的权利变更须较动产慎重。然而时至今日情况已发生变化。因为动产中的飞机、船舶、汽车、有价证券等的经济价值也都非常大,甚至已经超过了许多不动产的经济价值。其二,位置固定程度不同。动产容易移动位置,而不动产位置固定不动,则两者之上的权利的公示方法不同。但是,现在法律对飞行器、船舶、汽车等动产也提供了登记制度。其三,利用方法不同。用益物权以不动产为客体,动产则一般无法创设用益物权。其四,公示方法不同。不动产以登记为公示方法,动产一般以占有为公示方法。

另外,还存在一些特种物。例如,货币是充当一切商品的等价物的特殊商品,在民法上属于种类物,而且没有特定化的必要。对货币的所有权和占有不能分离,占有货币的人即推定为货币的所有权人。货币(无论新旧)是具有高度代替性的物,也是典型的消费物。有价证券是代表一定财产权利的书据,它包括股票、债券、票据、提单、仓单等。尤其是其中的不记名股票、债券、票据等属于完全有价证券,即这些证券与其所代表的财产权融为一体,密不可分。人们有了证券,也就享有证券所代表的财产权;丧失证券占有,就不能行使证券所代表的权利。这一点与货币比较相像。更特殊的是尸体,关于尸体是否为物,众学者意见不一。我国学者史尚宽认为,尸体是物,可以作为所有权的客体,但所有权的行使要受到限制,即不得为使用收益等处分,而只能以埋葬、管理、祭祀为其内容,而且不能将其抛弃。德国的通说认为,尸体虽为物,但其不成立所有权,因此不构成遗产,不能继承,只有作为埋葬、祭祀、管理的标的。我国学者梁慧星认为,尸体是否为物不能纯依理论进行判断,而应根据各国社会上一般人的心理解决。其中的第一种观点为多数说,即承认尸体为民法上的物,对其可享有所有权,但该权利的行使要受到限制,不得违反公序良俗和社会的一般道德。

3. 物权法定主义

物权的种类和内容只能由法律规定,这被明确为物权法定主义这一物权法的基本原则。所谓物权法定主义，是指物权的种类和内容都只能由法律来规定，不允许当事人自由创设物权种类和超越法定内容行使物权。《民法典》第 115 条规定："物权的种类和内容，由法律规定。"物权法定主义是构筑物权法体系的基本原则，是物权法具有强行法规性的制度体现。

物权法定主义的内容包括两个方面：其一，物权须以《民法典》或其他法律所规定者为限。这里的"法律"是有特定指向的，并非广义上的法律概念。所谓法律是指经全国人民代表大会或全国人民代表大会常务委员会制定通过，由国家主席签署命令公布的法律规范。《民法典》之外有关物权的法律主要有《中华人民共和国海商法》（以下简称《海商法》）《中华人民共和国民用航空法》《中华人民共和国海域使用管理法》等。其二，物权非依法律规定不得创设。所谓"不得创设"有两种含义：不得创设法律所不认许的新物权类型；不得创设与法定物权内容相异的物权。

现实交易中如果违反了物权法定主义并不是不发生效力，虽然物权法定主义是强行性规定，但是并不意味着违反物权法定主义就没有任何法律效力。

（二）债权

债权，是指债权人有权请求债务人为一定行为或者不为一定行为的权利。债权对应的是债务，是指债务人对债权人所负有的为一定行为或不为一定行为的义务。债权是因合同、侵权行为、无因管理、不当得利以及法律的其他规定，权利人请求特定义务人为或者不为一定行为的权利。

因合同而发生的债权，适用《民法典》合同编的规定。合同也称契约，是指民事主体之间设立、变更、终止民事法律关系的协议。《民法典》第 119 条规定："依法成立的合同，对当事人具有法律约束力。"

合同之外统称为非因合同产生的债，又称为非合同之债、法定之债，是指因法律规定而在当事人之间产生的债权债务关系，主要包括侵权之债、无因管理之债、不当得利之债。《民法典》第 120 条规定："民事权益受到侵害的，被侵权人有权请求侵权人承担侵权责任。"第 121 条规定："没有法定的或者约定的义务，为避免他人利益受损失而进行管理的人，有权请求受益人偿还由此支出的必要费用。"第 122 条规定："因他人没有法律根据，取得不当利益，受损失的人有权请求其返还不当利益。"

三、其他民事权利

(一)知识产权

知识产权主要包括著作权、商标权、专利权。在这些权利中,智力成果的创造人(作者、发明人、设计人)依法享有的表明自己身份的权利具有人身性质;而其他对智力成果、工商业标记等加以利用并收益的权利内容则显然具有财产性质。

《民法典》第123条规定:“民事主体依法享有知识产权。知识产权是权利人依法就下列客体享有的专有的权利:(一)作品;(二)发明、实用新型、外观设计;(三)商标;(四)地理标志;(五)商业秘密;(六)集成电路布图设计;(七)植物新品种;(八)法律规定的其他客体。”

(二)继承权

继承权是自然人基于一定的亲属关系而享有的依法继承被继承人遗产的权利,此种权利以继承人的特定身份为基础,又以财产利益为内容。《民法典》第124条规定:“自然人依法享有继承权。”“自然人合法的私有财产,可以依法继承。”

(三)股权和其他投资性权利

股权是指公司法人中的成员依据法律的规定和团体的章程而对团体享有的各种权利的总称,如有限公司股东对公司法人的权利等。股权中,股东对公司重大事务的决策权、监督权等具有人身性质,而其对公司的利润享有的分配请求权则为财产权利。《民法典》第125条规定:“民事主体依法享有股权和其他投资性权利。”

(四)数据、网络虚拟财产的权利

随着互联网的快速发展,数据、网络虚拟财产等各种新型财产不断出现。数据和网络虚拟财产是民事权利的客体,但数据和网络虚拟财产是新兴事物,其概念范畴、保护范围、权利属性等内容较为复杂,《民法典》对数据和网络虚拟财产的保护做了原则性规定,而如何具体规定数据和网络虚拟财产的权利属性和权利内容,应该由专门的法律加以规定,在其他法律没有具体规定的情况下,可以参照相关类似规定来解释、适用规则。《民法典》第127条规定:“法律对数据、网络虚拟财产的保护有规定的,依照其规定。”

设例47:

甲是一个网络游戏爱好者,经过长期积累,积攒了很多虚拟的游戏装备,但不幸有一天被人盗取了账号密码,所有装备全部丢失。甲找不到盗号的人,于

是甲向游戏服务商乙公司提出主张，要求恢复装备。乙公司拒绝了其主张。

问题：甲对游戏装备有什么权利？乙公司是否应承担责任？

在设例47中，游戏装备属于网络虚拟财产的范围，甲对网络虚拟财产享有权利，可以向盗取账号密码的人主张权利。但一方面盗号的人不好确定，另一方面，因为盗取账号的行为导致乙公司取消了这些装备，所以甲向乙公司主张权利，要求恢复装备。针对该设例，因为甲和乙公司之间缔结有网络服务的协议，而且网络虚拟财产如果没有乙公司的持续服务则无法享有权利，所以乙公司应参照返还财产的规则为甲恢复装备。

第三节

民事权利的变动

一、民事权利变动的发生

民法中的"变动"一词一般是发生、变更和消灭的统称。民事法律关系并非是静止的、僵化的，其往往因一定的客观现象的发生而发生、变更和消灭。从权利人的角度看，民事法律关系的变动也就是民事权利的变动，即民事权利的取得、变更和消灭。

设例48：

甲和乙毗邻而居。乙得病需要钱治疗，甲便给乙送去3 000元钱，并对乙说："你先用着，以后再说。"乙接受，并表示谢意。3年以后，甲、乙因发生口角闹翻，甲要求乙返还3 000元借款，乙以该款项为赠与以及时效已经届满为由拒绝。双方发生纠纷。

问题：本案是借款还是赠与？诉讼时效是否届满？

设例48事关民事权利的变动和对民事法律事实的认定。甲将3 000元钱交给乙时虽然没有明确是借款还是赠与，但就甲和乙之间的关系而言，法律秩序应该将其纳入交易的范围，即虽然二人之间有一些客套话，但认定为借款关系更符合实际，而如果是无对价的赠与，则需要特别说明才构成。诉讼时效是影响权利行使的一种状态，普通时效是3年，从权利人知道或应当知道权利受侵害开始计算，两人之间是借款，但并没有约定还款期限，所以诉讼时效应该从甲主张还款开始计算，所以时效期间并没有届满。

(一)民事权利的发生

民事权利的产生即权利人取得民事权利,从而发生相应的民事法律关系。

依据权利发生是否依赖于既有权利,民事权利的发生可以分为绝对发生和相对发生。

1. 民事权利的绝对发生

民事权利的绝对发生,是指民事权利独立、不依附于其他既存权利而发生。从权利主体的角度看,则为权利的原始取得,即不基于他人所有的权利而独立取得新权利。民事权利的绝对发生可能是权利人第一次取得权利,如先占无主物取得所有权等;也可能是权利人从他人处取得权利,但法律根据具体情况,强行规定该项权利与原权利没有任何关系,由取得人享有原始权利,如依据善意取得制度而取得动产所有权。

2. 民事权利的相对发生

民事权利的相对发生,是指基于他人既存权利而取得民事权利。从权利主体的角度看,则为权利的继受取得,或传来取得,即因他人的既有权利而取得权利,如因买卖而取得标的物所有权,因继承而取得财产所有权。继受取得既然未获得新权利,其取得的范围及其性质由原权利决定。

设例 49:

甲通过辛苦劳动在自己承包的土地上收获了西瓜一车,到市场上去卖,途中捡到了路人抛弃的易拉罐。甲的邻居乙是一家工艺品厂的工人,他看见这些易拉罐后未征得甲的同意,就把它做成了工艺品。

问题:设例中有哪些民事权利的变动?

在设例 49 中,甲基于生产的事实而取得西瓜的所有权;在路上捡到易拉罐是先于他人取得无主物的所有权,称为先占;而甲的邻居乙基于加工行为导致产生了一个新的物,即易拉罐工艺品,这个工艺品要按照《民法典》第 322 条添附的规则确定所有权归属。这个归属判断一般是采取价值主义,即因为乙对新物的价值贡献大而取得所有权,甲则可以向乙主张价值补偿。

(二)民事权利的变更

民事权利的变更即民事权利形态和内容的变化,具体分为三种情形:

第一,民事权利主体的变更。这是指民事权利不失其同一性而仅在不同主体之间发生移转的情形,从新权利主体的角度来看,为权利的继受取得。因此民事权利主体的变更应当为民事权利的相对发生。

第二,民事权利内容的变更。依据变更的内容是否为单纯的数量或根本性质,民事权利内容的变更又可以分为量的变更和质的变更。前者如所有权客体的增减等,后者如债权因债务人不履行而变为损害赔偿请求权等。

第三,民事权利作用的变更。即民事效力的变更,如不得对抗第三人的权利变更为可对抗第三人的权利。

(三)民事权利的消灭

民事权利的消灭也称民事权利的丧失,是指民事权利自其主体脱离或权利离去主体。依据民事法律事实产生的不同效果,民事权利的消灭可以分为民事权利的绝对消灭和相对消灭。前者指权利客体本身失去其存在,如标的物因灭失而致所有权消灭;后者并非民事权利本身消灭,仅权利脱离原主体而归属新主体,为权利主体的变更,如出卖人出卖标的物给买受人,所以权利的相对消灭即权利的相对发生,所谓权利的相对发生、权利主体的变更、权利的相对消灭,只是从不同的角度考察的同义语。

二、民事权利变动的原因——民事法律事实

(一)民事法律事实的含义

法律对民事权利的规定,只是使民事主体在客观上有了享有民事权利的可能性。民事主体是否具体享有某一民事权利或承担民事义务,需要一定客观现象的发生为前提。

民事法律关系的变动必定因一定的客观现象的发生而起,但非所有的客观现象都能引起民事法律关系的变动。法律往往根据立法者的价值考虑、规定在出现一定的客观现象时方能使得民事法律关系发生变动。此种能够引起民事法律关系变动的客观现象,即民事法律事实。

民事法律事实是一种客观现象,单纯的当事人的主观心理状态不能成为法律事实。尽管法律在规定一些法律事实时可能强调当事人主观上是明知或不知,或者要求当事人主观上存在过错,但这些主观心理状态必须通过一定行为外化出来,方可成为法律事实。民事法律事实在民法适用中具有重要意义,只有辨明案件中各项民事法律事实,方可正确把握民事法律关系变动的轨迹,从而正确适用法律。

(二)民事法律事实的分类

民事法律事实可以抽象类型化为行为与行为以外的其他事实。

1. 行为

民法上的所谓行为,不同于人们一般观念中的行为,它特指人的有意识的活动。人在熟睡或昏迷状态中的活动或受他人暴力胁迫完全丧失自由意志而作出的行为均不属于法律上的行为。未成年人和精神病人因不具备意思能力,其动作也不能被称为法律上的行为。

根据行为是否符合法律规定,民法所规定的行为可以分为合法行为、违法行为和其他行为。

(1)合法行为

合法行为是指符合民法规定或至少不违反民法规定,能够引起民事法律关系发生、变更、消灭的行为。依据其是否具有意思表示或某种心理状态,合法行为可以进一步细分为法律行为、准法律行为和事实行为。关于这一内容,我们将在第五章讲述。

(2)违法行为

违法行为是指不符合法律要求或违反法律规定,侵犯他人合法权益,应当承担民事责任的行为,主要包括违反合同约定的违约行为、侵权行为。

(3)其他行为

除上述行为之外的人的行为,如防卫过当、避险过当。

2. 事实

事实,是指行为以外,能够引起民事法律关系发生、变更、消灭的一切客观情况。由于其非因人的行为所构成,所以又称为自然事实,自然事实分为状态和事件两种。

状态,是指某种客观现象的持续,即抽象的自然事实,如人的下落不明、成年等。

事件,是指某种客观现象的发生,即具体的自然事实,如人的死亡等。

(三)民事法律事实的构成

民事法律事实的构成,指需要两个以上的法律事实的结合才能引起民事法律关系的发生、变更和消灭的情形。如遗嘱继承法律关系,就需要立遗嘱的行为和遗嘱人死亡这两个法律事实才能发生。

设例 50:

甲是一位文学青年,创作了很多诗歌作品。为了更好地写作,他购买了一台笔记本电脑。可是该电脑在技术上存在瑕疵,甲找到销售经理乙要求退货,

未果，甲在盛怒之下用电脑轻轻敲了一下乙的头。不料乙天生脑壳较薄，当场死亡。乙的父亲丙得知乙死亡的消息，心脏病突发，不治而亡，留下遗产。甲赔偿损失后弃文从商。甲与农民丁订立大米买卖合同，并转手卖给了粮贩子戊，适逢大旱，水稻颗粒无收，戊要求甲承担违约责任。

问题：该设例中有多少个法律事实？

在设例 50 中，甲创作作品是一个行为，能够引起著作权的发生。甲购买笔记本电脑是一个法律行为，是能发生债权债务关系的法律事实。甲导致乙死亡的侵权行为也是一个法律事实，能够引起债权债务关系的发生。乙的父亲丙的死亡，这是一个事件，也是一个法律事实，会导致继承开始，发生财产权变动的后果。甲与农民丁订立合同是一个法律行为，是能够引起债权债务关系发生的民事法律事实。甲将预期买进的大米转卖给戊的行为也成立买卖合同，也是一个法律行为，其和甲、丁之间的合同一样，能够在甲和戊之间发生债权债务关系。

第四节

民事权利的实现

一、民事权利的行使

民事权利的行使就是权利的享有者为实现自己的权利而依照权利的内容和范围实施一定的行为。《民法典》第 130~132 条，实际上指出了民事权利行使包含的三个方面的内容。

第一，《民法典》第 130 条规定的内容是基于民法私法自治的基本原则或者民法的基本精神，即民法充分尊重权利人行使权利的自由。该规定带有宣誓的色彩，或者说它表现得类似于宪法上的基本权利。例如，某人只要没有损害公共利益，没有违反国家法律的强制性规定，应不受任何的干涉。

第二，《民法典》第 131 条规定了权利与义务的一致性。我国民法虽然是权利本位的，但拥有权利的同时也必然对应着义务的履行。当事人享有权利，同时也必须负担法定或约定的义务。在民法的语境下，很多义务都是基于约定而发生的，但义务的范围内还包括公法上的义务。以所有权为例，所有权应有社会负担，如果某人保有不动产房产或者说土地的使用权，那么都可能涉及纳税的问题；以绿色原则为例,《民法典》第 9 条规定中的保护环境和节约资源也是一种义务。

第三,《民法典》第 132 条的规定其实是一个民法的基本原则,或者是权利行使的基本原则。这个原则就是禁止权利滥用原则,《日本民法典》第 1 条就规定了禁止权利滥用的法律条文,我国则将其规定在《民法典》第五章民事权利当中。《民法典》第 132 条规定:“民事主体不得滥用民事权利,损害国家利益,社会公共利益或者他人的合法权益。”例如,某人享有土地承包经营权,但在使用过程中,过度开发污染环境,这种行为就属于权利的滥用。通常来说,一些权利滥用的情形因为出现频繁而被法律所明文规定,例如污染环境、影响邻居或者其他权利人权利使用的一些情形,这些情形在我国被纳入《民法典》物权编的相邻关系一章进行规范。虽然我国《民法典》有相邻关系的规定,但在近代民法创设之初,相邻关系间权利滥用的情形其实是没有相应规范的。在《法国民法典》颁布之后,因为其第 544 条强调的“所有权绝对无限制的使用、收益和处分”,出现了一个与该规定相关的很有名的案例,叫作“嫉妒建筑案”。在这个案例中,甲有一块土地,乙也有一块土地,两个土地相邻,甲自建了一个建筑物,面朝大海,非常漂亮,乙因为嫉妒,就建立了一面高墙来挡住甲的房屋,使其无法观海。在法国,最初法院认为乙的行为只是乙行使自己所有权的一种方式,但是很显然他行使这个权利的目的只是在于损害他人的利益。后来再出现类似的案例时,法国法院就以损害别人利益,或者滥用权利的这样一种方式来判决。

作为基本原则的禁止权利滥用原则在适用时需要更具体化地明确操作标准,包括滥用权利产生的法律后果也需要做体系化的考量。《最高人民法院关于适用〈中华人民共和国民法典〉总则编若干问题的解释》第 3 条规定:“对于民法典第 132 条所称的滥用民事权利,人民法院可以根据权利行使的对象、目的、时间、方式、造成当事人之间利益失衡的程度等因素作出认定。”“行为人以损害国家利益、社会公共利益、他人合法权益为主要目的行使民事权利的,人民法院应当认定构成滥用民事权利。”“构成滥用民事权利的,人民法院应当认定该滥用行为不发生相应的法律效力。滥用民事权利造成损害的,依照民法典第七编等有关规定处理。”

二、民事权利的救济

民事权利的保护,又被称为民事权利的救济。民事权利的救济根据实施主体的不同,分为公力救济和私力救济,私力救济也称为自力救济。在现代的法治社会,或者说社会主义市场经济的语境下,私力救济原则上是被禁止的,例外的可以在有限范围内存在。

(一)公力救济

公力救济是指当义务主体不履行义务或者侵犯他人权利不履行义务时,国家机关根据权利人的请求,对受到侵害的权利予以救济的保护行为。这种救济通常是通过诉讼的方式来进行的,我国提供民事权利保护的程序上的途径,最主要的是民事诉讼。与民事诉讼相关的还有仲裁,目前我国大部分城市都设有仲裁委员会,例如大连仲裁委员会,现已经改组为大连国际仲裁院。不管是民事诉讼还是仲裁,都属于公力救济的方式,只是相比于民事诉讼,仲裁的裁决范围和仲裁员的选任带有社会服务的色彩。就民事诉讼来说,它会分成若干种诉讼的类型,最为典型的是给付之诉,即请求法院责令相对方为一定行为,以实现民事权利的诉讼;变更之诉,即对现有的民事权利义务关系予以变更,例如,在合同或者民事法律行为履行的过程中,就合同请求法院予以变更。

(二)私力救济

私力救济是指权利主体在法律允许的范围内,凭借自身的力量实施的权利保护行为。私力救济一般运用在公力救济来不及作出有效保护的情况中。私力救济主要包括两种:第一种是自卫行为,第二种是自助行为。

1. 自卫行为

自卫行为是指权利人处于非常状态下,来不及受公力救济的保护,而于必要范围内以自力谋求救济的行为。自卫行为分为正当防卫和紧急避险。正当防卫是为了防卫自己或者他人权利所遭受之现实的不法侵害,针对侵害人实施的必要防卫行为。例如,别人要打我,在刑法上可能是故意伤害,但是在民法上就是有人要损害我的生命或者健康,我就可以正当防卫,进行反抗。但是防卫超过必要的限度,就属于防卫过当,也要承担民事、行政乃至刑事责任。紧急避险是指因为避免自己或者他人的生命、身体、自由或财产遭受急迫危险,不得已而实施的加害他人的行为。例如,我骑着自行车,为了躲避一台违章的车辆,撞伤了别人,这就是一种紧急避险。紧急避险如果超过了必要的限度,就是避险过当。另外,特别需要注意的是,在紧急避险中,加害他人是迫不得已的,并不是一个主动地选择以他人人身为手段的故意避险。例如,现在有一只狗要来咬我,我现在拉过一个旁边的人让狗咬他,这就不是紧急避险,这是加害他人,因为不能用他人来作为避险的手段。

2. 自助行为

自助行为是指民事主体在自己的请求权受到侵害时,由于事情紧急来不及请求国家机关救助的情况下,对加害人的人身或财产进行扣押或毁损等法律所许可的行为。自助行为最典型的例子就是霸王餐,餐厅对吃霸王餐的顾客实施的限制应当是临时性的,对于在餐馆吃饭不给钱的情况,应该马上报警,寻求调解或者固定该人的身份。如果持续地限制行为人的自由,则构成了行政上的违法,也侵犯了他人的人身自由,民事上也构成了侵权。

重要问题提示:

1. 民事权利的本质是什么?
2. 如何区分支配权、请求权、抗辩权、形成权?
3.《民法典》的民事权利体系是如何构成的?
4. 民事法律事实的种类有哪些?
5. 私力救济的方式有哪些?

第五章 民事法律行为

第一节 民事法律行为概述

一、民事法律行为的概念

(一)法律行为概念的形成

在日常生活中,我们几乎每一天都会与他人发生民事法律关系,比如我们乘坐公共汽车、购买日常用品、找工作等。在特定的时候,我们会与他人结婚或者立遗嘱处分自己的财产。如果你仔细琢磨,就会发现这些民事法律关系有一个共同的特点,那就是它的发生与否,不取决于法律的强制性规定,而是民事主体意志的体现。在大陆法系中,这一类行为被抽象地称为“法律行为”。法律行为是民法总则乃至全部民法中最为复杂、最为抽象和疑难的部分。

“法律行为”从词源上讲是一个德语词,这一词语是由法学家创造的所谓“法学家德语”。中文的“法律行为”一词来自日本人用汉字翻译的德语。

设例 51:

甲因购买商品钱不够,从乙处借了 10 元,甲要还钱乙不要,于是甲说手里有 5 张刚买的价值 10 元的彩票给乙,乙推辞不过收下。 后来,其中一张彩票中

了头奖 10 万元。 甲欲索要 10 万元奖金。

问题：奖金归谁所有?

在设例 51 中,甲和乙之间为了偿还债务达成了一致意见,即用 5 张彩票抵偿借款,虽然双方对中奖的结果没有预见,但只要就彩票的权利变动达成了一致,彩票可能带来的收益也一并转移。该设例说明,双方意思表示一致达成的结果在双方之间形成了一种权利义务关系,并对相关的内容作出了安排,即使双方之间的表达不甚完整,也可以根据法律的规则补足相关内容。

民事法律行为作为一项民事法律制度发端于罗马法,但在罗马法时期还没有抽象出表意行为普遍规则的一般法律状态——法律行为制度,而只是存在大量的诸如买卖、借贷、租赁等具体的设权行为及其规则。1804 年的《法国民法典》虽进一步承认了当事人之间缔结契约的法律效力,确立了意思自治原则,为法律行为制度的最终确立奠定了基础,但由于它们在内容上偏重双方合意行为,在观念上强调意思主义,只形成了某种合同的法律行为制度。

法律行为的概念及理论,最早萌芽于德国学者胡果在 1805 年所著的《日尔曼普通法》一书,他把法律行为概念的内涵解释为具体法律意义的一切适法行为。“法律行为”一词的真正创始人实际上是海瑟。在 1807 年的《供学说汇纂教程所用的普通民法体系概论》一书中,他使用了法律行为一词。海瑟的老师胡果指出:“在整个法学史中,没有其他一部作品像这部作品一样,起了如此巨大的作用。”之后,萨维尼在《现代罗马法体系》第 3 卷将法律行为理论进一步精致化,对海瑟所揭示的意思表示这一法律行为的本质部分做了重要的理论发展。1794 年制定的《普鲁士普通邦法》采用了“行为”和“意思表示”的概念,但没有真正规定“法律行为”的概念。1863 年的《萨克森王国民法典》采用了“法律行为”这一概念,该法第 88 条规定:“如果行为与法律要求相符,旨在设定、废止、变更法律关系的意思表示,即为法律行为。”①

(二)《民法典》中的“民事法律行为”

在大陆法系国家,法律行为是指当事人为追求发生私法上的法律效力而从事的行为。《民法通则》创造了“民事法律行为”这一术语,并且与大陆法系的法律行为有很大的差别,将民事法律行为作为民事行为的下位概念。民事行为是指民事主体基于自己的意志从事的民事活动。这一概念基本上与国外民法使用的“法律

---

① 魏振瀛主编:《民法》,北京大学出版社 2021 年版。

行为”一词相同，既包括合法的行为，也包括无效和可撤销的行为。而民事法律行为都是合法的行为，不包括无效和可撤销、可变更的法律行为，仅仅是指能够发生当事人追求的法律效果的行为。是否将法律行为仅仅界定为合法的行为，这完全是立法的选择。这种界定无所谓对错，只是一个选择问题。因为不同文化、不同国家的人可能会对同一个概念的内涵和外延作出不同的界定。但从理论表述的逻辑和尊重传统的角度，《民法典》抛弃了《民法通则》对“民事法律行为”的限定，不再使用“民事行为”这一无用的概念，按照传统民法对“法律行为”的理解来规范“民事法律行为”。《民法典》第133条规定：“民事法律行为是民事主体通过意思表示设立、变更、终止民事法律关系的行为。”

我们这里使用法律行为而不使用民事法律行为一词，主要考虑两个方面：一是法律行为一词是大陆法系民法典普遍采用的概念，在比较法上有坚实的立法和理论基础，采用这一概念有助于法律的国际交流。二是采用“民事法律行为”“民事行为”的术语在逻辑上有一定的问题。法律行为的定义一般表述是：法律行为是指以意思表示为要素，依意思表示的内容而引起民事法律关系设立、变更和终止的行为。

（三）民事法律行为的判断

民事法律行为可以从三个方面来理解：

第一，法律行为是能够引起法律关系变动的行为。产生民事法律关系的两种法律事实：一种是事件，一种是行为。法律行为的一个直接法律效力是发生民事权利的变动。民事权利的变动主要是通过法律行为实现的。

第二，法律行为的核心是意思表示。意思表示是指当事人追求民法上的效果，并把这种内心意思表达于外部的行为。

第三，法律行为是指能够发生私法效果的行为。当事人之所以从事法律行为，目的就在于发生私法上的效果，比如在买卖合同中，买主的目的是要取得货物的所有物，卖主的目的是要取得金钱的所有权。

法律行为的判断标准有两个：一是意思表示；二是追求私法上的法律效果。意思表示作为法律行为的核心，我们在后面将要详细讨论，这里仅仅讨论第二个要件，即私法上的法律效果。

“私法上的法律效果”解决的问题是：什么才是法律上的意思？比如甲和乙约定，如果明天不下雨，就一起去长城。第二天没有下雨，但甲拒绝去长城。乙是否可以请求甲履行约定呢？民法理论认为不能，其原因就在于这不是法律上的意思表示,而是一种社交行为。换言之,这一约定不具有法律上的意义。但是在很多情况下,对于一个行为是否具有法律意义是很难界定的,而且一个行为是否具有法律上的意义也是变动不居的。

设例 52:

甲、乙、丙、丁、戊 5 个人组成了一个摸彩票小组。他们约定,每人每周给付甲 10 元钱,由甲购买彩票,并填上事先确定好的数字。有一次甲没有如约购买彩票,而他们事先确定的数字却中了 1 万元的奖。乙、丙、丁、戊要求甲赔偿他们本应得到的奖金份额。

问题:乙、丙、丁、戊的请求能否获得法律上的支持?

这个设例是由德国的真实案例改编的,当时法院的判决是:当事人之间在分配中彩的奖金以及支付购票款项方面是存在法律关系的,但是在可得利润方面,当事人之间是没有法律义务的。实际上,5 人约定的内容是有法律意义的,当事人之间是一个委托合同关系,法院之所以认为该约定不是法律行为,完全是一种价值判断:因为购买彩票是一种射幸行为,当事人中奖的概率很低,在通常情况下,不购买彩票不仅不会造成任何损失,反而还会节省钱。如果判定让甲承担没有购买彩票造成的履行利益的损失,对甲的要求过于苛刻。在实际生活中,还有一些行为也很难判断它有没有法律意义,如"好意搭乘"造成的损害等。

可见判断一个意思表示是不是法律上的意思表示或者法律行为,主要不是技术上的问题,而是价值衡量和价值判断的问题。

二、法律行为与私法自治

(一)私法自治

私法自治是指各个主体根据其意思自主形成法律关系的原则,具体地说,是指在私法范围内,法律给予个体极为广泛的机会,以法律划定一个宽阔的任意范围,允许其依自己的自由意愿,去塑造与他人之间的相互法律关系。

近代以来,民法均以私法自治为原则。私法自治在近代法上升为法律原则,与崇尚私人的主体地位及其尊严有关——以主体自由思想为基础,由此引申私法自治。私法自治,也符合民法的以个人利益为目的的本性:民法既然以个人福利为追求,也就应顺应人类个人生活的本性,尊崇个人自为生活的愿望。

德国法学家梅迪库斯认为,与私法自治相对的是完全的行政国家概念,每个人的一切生活悉由国家安排,个人不能自为行为。国家的规范手段,常会造成缓慢、昂贵、冗杂及低效率的资源分配及利用。极端的国家分配经济制度,也有损于人的尊严以及自由人格发展的权利,因此法律必须赋予每个人行为自由。梅迪库斯还认为,经济发展的历史让人们确立了一个法则,即自主决定是调节经济过程的一种高效手段,特别是在竞争性经济制度中,自主决定能够将劳动和资本配置到能产生最大效益的地方去。① 换言之,在经济运作中,私法自治是自由竞争、发挥个人创造性和经济运作的最有效的手段。

当然以私法自治为原则,并不意味着要极端绝对。一些学者已经怀疑私法自治的效果是否具有绝对的社会公正性。有时候,私法自治作为一种形式上人人平等的自由,没有顾及实际上并非人人平等的事实。人与人之间在财产、体能、市场地位和掌握信息以及其他许多方面,都存在差异。有人批评说,把法律上的手段赋予那些本来已经很强大的人,只会使这些差异长期存在下去,使一个人的自由成为另一个人的不自由。因此,目前法学界在坚持私法自治的同时,也考虑社会公众问题,力图获得一种平衡。

私法自治也不意味着全部民法法律关系的变动只能由自治发生,应允许私法自治,但并不无视人类社会生活中关系到私人福利的其他种种生活事实。为求私人利益关系处于合法范围,法律也承认非属自治的一些其他生活事实,包括自然事实、事实行为和不法行为等,也具有法律意义。

(二)法律行为是私法自治的手段

民法的基本原理是私法自治,而法律行为正是实现全面私法自治的手段。按照这一原理的要求,民事权利和义务的发生必须通过当事人的合意。法律强制性规定当事人的权利义务只是例外情况,如因为侵权行为发生的权利义务关系等。法谚"契约胜法律",即指合同的效力优先于法律的效力,体现的就是法律行为的自治精神。

早在古罗马时期,即出现了法律行为和私法自治原则思想的雏形。罗马法的基本精神就是个人主义,在中世纪,罗马法的这一原则在婚姻和财产交易中也得以保存。但全面的、深刻的法律行为和私法自治思想是资产阶级大革命的产物,真正在法律中确立私法自治原则的是 1804 年的《拿破仑法典》——《法国民法典》。《法国民法典》最为人称道的是它对个人自由的珍惜与尊崇。

法律行为和私法自治原则对于促进个人人格的发展,推动社会经济增长、政治

---

① [德]迪特尔·梅迪库斯:《德国民法总论》,邵建东译,法律出版社 2000 年版。

的民主有着极其重要的作用：

第一，私法自治原则和法律行为中假定的“人”是一个自律和自治的人，他有充分的行动自由空间，可以决定自己的事务，但同时也必须对自己的行为负责。这种思想的哲学渊源是笛卡儿-康德的主体论哲学。实际上，这也是现代法律塑造现代公民的技巧：国家不再是一个“慈爱的父亲”的形象，它要求公民承担起对自己的责任，自己决定自己的命运，以培养一个独立的、负责的现代公民为目标。在法律行为和私法自治原则中，个性也能够得到充分发挥，这为形成一个多元化的、充满生机的社会提供了条件。

第二，法国的重农学派和苏格兰启蒙运动也为法律行为和私法自治原则提供了理论依据。如苏格兰启蒙运动倡导者认为，自由市场形成的自发秩序会导致一个比人类选择形成的秩序更繁荣、更幸福的结果，能够实现他们理想的“伟大社会”。私法自治的必要性在于，国家不可能掌握所有个体的知识、个体的偏好，因此计划经济不可行；而市场与语言一样具有沟通功能，能够达到资源配置效益最大化的目的，国家的干预常常会造成资源的浪费和效率的低下。

第三，法律行为和私法自治原则中隐含着个体私权利与国家公权力的泾渭分明，政治国家与市民社会应有区分的逻辑。私法自治划定了国家公权力的界限，为个体生活修筑了坚固的篱笆，在篱笆以内，国家不能非法干预，人可以自由地决定自己的社会关系，创造自己的命运。

但正如法谚所说，“私约不损公法”，法律行为的自由也有明确的边界。法律行为体现的不仅仅是主体的自由，还有主体的自律，所以法律规定了法律行为的成立要件和生效要件，这样就协调了个人自由与社会秩序的关系。

第二节

法律行为的类型

一、单方法律行为和多方法律行为

以法律行为的成立所需意思表示的数量为标准，法律行为可以分为单方法律行为和多方法律行为。

(一)单方法律行为

单方法律行为是指基于一方的意思表示就可以成立的法律行为。如行使形成权的行为不需要对方同意,因此这些行为都是单方法律行为。单方法律行为还可以做进一步区分:

第一,必须向特定人进行的单方法律行为。如行使法定解除权解除合同的行为、效力待定的合同中当事人行使追认权的行为等。进行此类单方法律行为的当事人常享有依据先前订立的合同或法律规定产生的权利。此类单方法律行为中包含的意思表示只有到达作为接受方的特定人才能生效。

第二,无须向特定人进行的单方法律行为。这种行为又称为严格的单方法律行为,如抛弃动产所有权的行为等。此类单方法律行为所包含的意思表示一经作出,即可生效。

(二)多方法律行为

多方法律行为是指通常需要两项以上意思表示才可成立的法律行为。多方法律行为包括双方法律行为、共同行为和决议。《民法典》第134条规定:"民事法律行为可以基于双方或者多方的意思表示一致成立,也可以基于单方的意思表示成立。法人、非法人组织依照法律或者章程规定的议事方式和表决程序作出决议的,该决议行为成立。"

第一,双方法律行为是指需要两项内容互异但相互对应的意思表示一致才可成立的法律行为,如合同行为、遗赠扶养协议、委托监护协议、收养协议等。

第二,共同行为,又称协定行为,是指两个以上当事人并行的意思表示达成一致才可成立的法律行为,如设立法人时订立法人章程的行为。

第三,决议是指多个民事主体在表达其意思表示的基础上依据表决原则作出决定。这里所谓多个民事主体通常是指法人或其他组织的成员以及法人或其他组织内部设立的机构。例如股份有限公司的股东代表大会、股份有限公司的董事会等。这里所谓的表决原则,可以采取全体同意原则,也可以采取多数决原则。如果采取多数决原则,无论股东是否参加股东代表大会,无论股东在表决时是否赞成决议的内容,一旦决议作出,只要该决议不存在违反法律、行政法规禁止性规范的情形,股东都应遵守决议。决议通常仅就法人或其他组织的内部事务作出决断,并不调整法人或其他组织与第三人之间的关系。

对同一个行为,认定为是单方法律行为还是双方法律行为对当事人的利益影响很大。下面以一个典型案例来说明。

设例 53：

甲在看电影的时候将装有面值 80 万元的汽车提货单及附加费本等物品的公文包遗忘在座位上。乙发现后将公文包捡起，在现场等候良久未见失主来寻，便将公文包带走。后来甲先后在多份报纸上刊登寻物启事，表示如有送还者送还将酬谢 15 000 元。乙获知该启事并将包送还，但甲拒绝按启事的内容给付酬金。

问题：寻物启事的性质？

设例 53 是一个典型的悬赏广告案件。对悬赏广告的性质，学说上有两种意见：一是单方法律行为，二是双方法律行为。如果行为在知道广告后，完成广告所指定的行为，这两种学说在法律效果上是没有任何差别的。在实践中，两者的差别主要在于，如果完成指定行为的人没有与合同相适应的行为能力，或者行为人在完成行为时不知道广告，适用不同的理论结果就完全不同。比如在本案中，如果乙是未成年人，那么依据双方行为说，他就无法取得酬金，因为未成年人没有订立这种合同的行为能力，这显然不公平。而如果认定悬赏广告是一个单方法律行为，只要完成指定行为就可以使悬赏广告的内容发生效力，就可以得到酬金。另外，如果乙不知道广告的内容，依据双方法律行为说，他就无法得到酬金，因为合同没有成立；而依据单方法律行为说，他就可以得到酬金。《民法典》第 499 条对此做了特殊处理，规定："悬赏人以公开方式声明对完成特定行为的人支付报酬的，完成该行为的人可以请求其支付。"

二、要式法律行为和不要式法律行为

以法律行为是否应当依据法律或行政法规采用特定的形式，可以把法律行为区分为要式法律行为和不要式法律行为。

要式法律行为是指依法律或行政法规的规定，应当或者必须采用特定形式的法律行为。

不要式法律行为是指法律或行政法规对其形式并无特别要求的法律行为。

法律或行政法规要求必须采用特定形式的要式行为，未采用特定形式的，法律行为不成立。法律或行政法规要求应当采用特定形式的，不采用特定形式的，不影响法律行为的成立。

三、主法律行为和从法律行为

依据法律行为之间的相互依从关系，可以把法律行为分为主法律行为和从法律行为。

主法律行为是指不需要有其他法律行为的存在就可以独立成立的法律行为。

从法律行为是指从属于其他法律行为而存在的法律行为。

从法律行为的成立和效力取决于主法律行为。主法律行为未成立,从法律行为无由成立;主法律行为无效,则导致从法律行为不能生效。

四、处分法律行为和负担法律行为

依据法律行为的效力可以把法律行为分为处分法律行为和负担法律行为。这是法律行为中较难理解的分类,为德意志法系所独有。

处分法律行为是指直接使某种权利发生变更的法律行为。它又可以分为单方处分行为和双方处分行为。前者如抛弃所有权的行为,后者如转让所有权的行为。

负担法律行为是指发生债权债务关系的法律行为,如买卖合同行为。负担行为仅产生当事人的请求权。

设例 54:

甲是家住长春的一个水果商人。 甲认为烟台苹果很畅销，于是在 4 月份与烟台当地某种植果树的农户乙签订了一个 10 000 斤苹果的合同，双方约定甲在 9 月份付款，乙在 10 月份交货。

问题：如何区分其中的处分法律行为和负担法律行为?

在设例 54 中,甲和乙在 4 月份订立合同是一个负担法律行为,在双方之间成立债权债务关系,互享债权,互负债务。9 月份付款是处分价款所有权的处分法律行为,10 月份交货是处分苹果所有权的处分法律行为。对于这种非即时履行的合同,负担法律行为和处分法律行为是截然分开的,而日常生活中的即时交易的买卖,则无须区分处分法律行为和负担法律行为。

处分法律行为和负担法律行为的区别:

第一,法律效果不同。处分法律行为发生使相对人取得权利的法律效果,而负担法律行为的效力则在于使行为人承担给付义务,如移转所有权的义务。

第二,处分法律行为以行为人具有处分权为生效要件,负担法律行为则不需要行为人具备处分权。

第三,处分法律行为适用标的物特定化原则,即处分法律行为的标的物必须是特定的,任何一个标的物的转让都需要一个特定的处分行为。负担法律行为则没有这样的限制。

第四,处分法律行为适用公示原则,因为处分法律行为涉及物权变动,而物权的变动必须以一定的足以让外界可以辨认的表征，以维护交易安全，避免第三人遭受不测的损害，但是负担法律行为没有这一要求。

处分法律行为和负担法律行为的关系是复杂的。两者之间的关系还涉及有因行为与无因行为的区分。有因行为是指以给付原因生效为前提的行为，给付原因不成立、无效或者被撤销，直接影响该行为的效力。无因行为则是不以给付原因为生效前提的行为。

第三节
意思表示

一、意思表示的概念

意思表示属于法律行为的核心要素，是指表意人将其期望发生某种法律效果的内心意思以一定的方式表现于外部的行为。

意思表示与法律行为是德意志法系民法的两个基本概念。18 世纪沃尔夫在《自然法论》一书中提出并阐明了“意思表示”这一概念。萨维尼在其《当代罗马法体系》一书第三卷中首先在法律行为中论述了意思要素，所谓的“意思理论”从而与萨维尼的名字联系在了一起。萨维尼将“法律行为”和“意思表示”视为同义语，该观点为《德国民法典》所采纳。《德国民法典》第一草案的立法理由书就《德国民法典》使用这两个概念作出了以下说明：“意思表示是指法律行为的意思表示。通常可以同义使用意思表示和法律行为这两种表达方式。在突显意思表示或将意思表示仅作为一个法律行为事实构成中的一个组成部分看待的情况下，通常选择前者（意思表示）。”除《德国民法典》之外，凡是接受“法律行为”概念的国家，都将意思表示作为法律行为的必备要素，其本质是行为人设立法律关系意图的外在表现，其效力须依行为人意思表示的内容而发生。意思表示理论的出发点为：人有能力借助于他的各种意思表示，在他所属的法律体系划定的限度内，形成他愿意投入的各种法律关系。这一主张明显受到了康德哲学的影响。可见，正是借助意思表示，法律行为制度与民法的私法自治原则联系在了一起。

二、意思表示的要素

意思表示的要素,即意思表示的构成成分。我国民法学界对于意思表示的要素存在不同认识。“五要素说”主张应将意思表示细分为目的意思、效果意思、表示意思、行为意思、表示行为五项要素;“二要素说”认为,意思表示仅包括效果意思和表示行为两项要素;“三要素说”主张意思表示应包括目的意思、效果意思和表示行为三项要素。

民法讨论意思表示的构成要素,意图在于借助意思表示的构成要素实现两个目标:一是可以据此判断意思表示是否成立,即是否存在意思表示。二是可以针对意思表示的构成要素设置相应的法律规则,以落实私法自治原则或设置私法自治原则的必要例外。因此意思表示由要素构成,尽管其以民事主体进行意思表示的生理过程为基础,以落实私法自治的原则为目标,但其既非事实判断问题,又非价值判断问题,而是一个如何用民法的概念去表述社会生活的解释选择问题,属于民法技术的组成部分。作为民法的法律技术,意思表示的构成要素一方面应能够满足实现民法调整功能的需要;另一方面应力求简洁,避免烦琐。以这一认识为前提,前述观点虽无对错之分,但有优劣之别。“五要素说”和“二要素说”尽管也可满足实现民法特定调整功能的需要,但前者过于烦琐,后者则失之简略,反而增加了设计相关法律规则的难度。“三要素说”,即认为意思表示由目的意思、效果意思和表示行为三项要素构成,当为妥当的学说。其中,目的意思和效果意思属于意思表示的主观要件,表示行为属于意思表示的客观要件。

(一)目的意思

目的意思是指明法律行为标的具体内容的意思要素,它是意思表示据以成立的基础。

目的意思的内容根据其法律性质可以分为要素、常素和偶素。

要素是指构成某种意思表示所必须具备的意思内容。如标的、数量条款作为买卖合同的必要条款,即属买卖合同中意思表示的要素。要素可以使我们得以区分不同类别的意思表示。目的意思必须包含要素,缺少要素既不存在目的意思,也不存在意思表示。

常素是指行为人作出某种意思表示通常应含有的、内容完全等同的意思要素。如合同关系中的违约责任条款即属于合同关系中意思表示的常素。常素的内容可以由法律来确定或推定,因此目的意思中可以不包含常素。

偶素是指并非某种类型的意思表示必须或当然具有,而是基于当事人的特别意图所确定的意思表示的意思要素。如买卖合同当事人约定该合同必须使用蒙古族文字拟定,该项约定即属于买卖合同中意思表示的偶素。偶素必须经由当事人的特别约定方可成为特定意思表示的内容,因此目的意思中未必都包含偶素。

(二)效果意思

效果意思是指当事人欲使其目的意思发生法律上效力的意思要素。

效果意思又常被称为效力意思、法效意思或设立法律关系的意图。具备了效果意思意味着行为人要有意识地追求设立、变更或终止某一特定民事法律关系的法律效果。

(三)表示行为

表示行为是指行为人将其内在的目的意思和效果意思以一定方式表现于外部,为行为相对人所了解的行为要素。

只有具备以上三项要素,意思表示才能成立。例如,某人在拍卖会招呼其朋友,被拍卖师误认为是举牌。其实该人虽有表示行为,但没有目的意思和效果意思,即不得认为存在意思表示。再如,甲将欲购买乙房产的目的意思用书面方式表达出来,但尚未最终决定是否将其作为要约发给乙。乙偶然发现这一目的意思,随即向甲作出承诺。此时,当事人之间不能成立合同关系。因为甲虽有目的意思,但并没有效果意思和表示行为,不得认为存在意思表示。

设例 55:

甲参加一场拍卖会。当某艺术品 A 竞价到 1 000 万元时,甲已经决定不买。但凑巧甲多年未见的好友乙走入拍卖现场,甲看到后即召唤乙,乙未察觉,情急之下甲向乙招手,不料被拍卖师看到,于是一锤定音。

问题:此拍卖是否成立?

在设例 55 中,甲决定不买,在其后举手中并无目的意思和效果意思,仅有其外在的打招呼的表示行为。该行为和应拍的表示行为无法区分,如果能通过其他证据证明甲并未有应拍的目的意思和效果意思,而是另有其他目的,则并不能认为应拍的意思表示构成。可以说,对意思表示进行要素的分解,有利于在具体的场合明确法律行为是否成立。

三、意思表示的形式

意思表示的形式,即表示行为的方式,通常也是民事法律行为的形式。《民法典》第135条规定："民事法律行为可以采用书面形式、口头形式或者其他形式；法律、行政法规规定或者当事人约定采用特定形式的，应当采用特定形式。"根据该条规定，可以将意思表示的形式概括为以下类型。

(一)口头形式

口头形式是指以对话的形式进行的意思表示。口头形式以明示的、直接的方式进行意思表示。"对话"的外延包括电话交谈、托人带口信、当众宣布自己的意思等。口头形式的法律行为，是不要式的法律行为，具有简便迅速的优点，但同时由于缺乏客观记载，一旦发生纠纷，日后难以取证。因此，大多适用于即时清结或标的数额小的交易。

设例56：

甲公司为生产毛衣向乙公司订购一套机器设备，甲公司负责人要求签订书面合同，乙公司负责人表示签不签合同没关系，肯定能在两个月内送货上门并安装调试至顺利生产。两个月后，乙方准时将设备送到甲方，并进行了安装调试。在安装完毕之后的试生产过程中，机器出现故障，甲方以合同未采用书面形式为由，要求认定合同不成立并退货。

问题：甲和乙之间是否成立合同关系？

在设例56中，虽然甲公司和乙公司未签订书面形式的合同，但是并不可以因此认定合同不成立。买卖合同不是必须采用书面形式，双方口头达成一致也可以成立合同关系，在乙公司已经履行合同的情况下，甲公司不能简单地以没有采用书面形式为由主张合同不成立。

(二)书面形式

书面形式是指以书面文字形式进行的意思表示，也属于以明示的、直接的方式进行意思表示。合同书以及任何记载当事人权利、义务内容的文件，都属于书面形式。《民法典》第469条第2款规定："书面形式是合同书、信件、电报、电传、传真等可以有形地表现所载内容的形式。"书面形式可以促使当事人深思熟虑后才实施法律行为，使权利义务关系明确化，并可保存证据，有助于预防和处理争议。书面形式是要式法律行为的一种形式，是否采用，由法律或行政法规规定，主要适用于履行期限较长、交易规则复杂、标的数额较大的交易行为。

(三)其他形式

其他形式主要可以概括为推定形式和沉默方式。

推定形式是指当事人通过有目的、有意义的积极行为将其内在意思表现于外部,使他人可以根据常识、交易习惯或相互间的默契,推知当事人已经做某种意思表示,从而使法律行为成立。推定形式又被称为默示的或间接的意思表示。如租期届满后,承租人继续交纳房租,出租人接受之,由此可推知当事人双方作出了延长租期的法律行为。《最高人民法院关于适用〈中华人民共和国民法典〉总则编若干问题的解释》第 18 条规定:"当事人未采用书面形式或者口头形式,但是实施的行为本身表明已经作出相应意思表示,并符合民事法律行为成立条件的,人民法院可以认定为民法典第 135 条规定的采用其他形式实施的民事法律行为。"

设例 57:

甲公司曾向乙公司购买过荔枝。今年年初甲公司又向乙公司发信提出购买 10 吨荔枝,同时担心乙公司不急于供货,在一周后又向乙公司发信提出双方在协商基础上签订合同确认书,并提出再多购买 5 吨荔枝。乙公司收到信息后按信中条件先供货了 10 吨,确认书一事双方交流中没有再提及。不久行情变化,荔枝跌价,此时乙公司又送来 5 吨荔枝,甲公司不收货。

问题:甲和乙之间关于 5 吨荔枝的合同是否成立?

在设例 57 中,甲和乙之间的合同是成立的。虽然甲公司和乙公司在交易的过程中要求签订合同确认书,但其目的在于甲担心乙不供货,即使没有合同确认书,基于双方交易习惯也可以确认合同关系是成立的,在乙履行的情况下,甲不能以没有合同为由拒绝,而行情变化的商业风险并不会影响合同的履行。

沉默方式是指既无语言表示又无行为表示的消极行为,在法律有特别规定的情况下,以拟制的方式视为当事人的沉默已经构成意思表示,由此使法律行为成立。关于以沉默方式作出的意思表示,《民法典》第 140 条第 2 款规定:"沉默只有在有法律规定、当事人约定或者符合当事人之间的交易习惯时,才可以视为意思表示。"这种沉默方式又被称为"带表示的沉默"或"规范化的沉默"。通常情况下,内部意思的外部表达必须借助于积极的表示行为,沉默不是表示行为,因此沉默不是意思表示,不能成立法律行为。只有在法律有特别规定时,当事人的消极行为才被赋予一定的表示意义,并产生成立法律行为的效果。在例外的情形下,意思表示可以基于当事人的约定采用沉默方式。

四、意思表示的生效

意思表示的生效是指意思表示效力的发生。与法律行为的生效不同,法律行为发生效力意味着该法律行为符合法律的价值取向,可以依照民事主体的预期产生相应的法律效果。意思表示生效并不意味着意思表示的内容符合了法律的价值取向。意思表示只要符合特定的形式要件,即可发生效力。因此意思表示生效通常仅产生形式上的拘束力。例如,要约只是要约人的意思表示,生效要约的拘束力主要是使承诺人取得承诺的资格,而不能发生要约人所预期的法律效果。对于意思表示的生效时间,有以下四种立法模式:其一,表意主义,以表意人的意思表示完成时为意思表示生效的时间。其二,发信主义,以意思表示发出时为意思表示的生效时间。其三,知道主义,也称了解主义,以相对人知道表意人意思表示时为生效的时间。其四,到达主义,以表意人的意思表示达到相对人处,处于相对人的支配范围内为生效时间。[①]《民法典》在具体的规定中,依据意思表示的类型而采用不同的效力模式。

(一)有相对人的意思表示的生效

有相对人的意思表示又可以区分为对话的意思表示与非对话的意思表示。

1. 对话的意思表示

对话的意思表示中的"对话"就是直接以语言口头交流,当事人可以是面对面的交流,也可以是隔地的电话交流。

设例 58:

甲听说乙有一幅宋徽宗的真迹,甲问乙:"100 万元卖不卖?"乙说:"200 万元你可以马上拿走。"甲说:"我最多出 150 万元。"乙说:"200 万元少一分都不行。"甲回家后,思来想去还是想买,于是拿着 200 万元钱去乙处。

问题:此时甲、乙之间的合同成立吗?

在设例 58 中,甲和乙的合同是在对话的意思表示过程中订立的。甲问乙"100 万元卖不卖"是一种要约,乙回答"200 万元你拿走"是一种反要约;甲回答"最多出 150 万元"又是一种反要约,最后乙并没有承诺,仍然坚持其 200 万元的要求。在甲之后拿 200 万元找乙购买此画,乙同意后,该合同才宣告成立。

对于对话的意思表示的生效时间,我国和大多数国家一样,采取的是知道主义原则。《民法典》第 137 条第 1 款规定:"以对话方式作出的意思表示,相对人知道其内容时生效",即从相对人了解其内容时生效。所谓"知道",是指依据通常情形,相对人明白和理解了表意人的意思。采取这一原则的理由很简单:从效率的角度看,对话的意思表示是当事人之间的言语交流,如果当事人已经相互了解、知道

① 魏振瀛主编:《民法》,北京大学出版社 2021 年版。

了对方的意思,那么双方的意思表示自然就应该生效。如果依据通常标准,当事人应当理解的,当事人主张没有知道的,应当承担举证责任。

设例 59:

甲欲向乙购买 A 物。 正在甲向乙表达购买的意思时,空中一架飞机低飞飞过,甲说的话根本听不清,飞机飞过后甲又不想买了,而乙不答应。

问题:甲的意思表示是否生效?

在设例 59 中,甲和乙进行了对话,虽然两者的对话被飞机的轰鸣声干扰,一般情况下乙很难知道甲作出的意思表示的内容,但是如果通过口型等信息已知道甲要表达的意思,则仍然可以确定甲的意思表示生效。

2. 非对话的意思表示

非对话的意思表示,是指当事人不是直接以言语交流,而是以言语以外的方式作出意思表示,如书面、电报等。

《民法典》第 137 条第 2 款第一句规定:“以非对话方式作出的意思表示,到达相对人时生效。”我国法律采取的是到达主义。所谓到达,是指意思表示已经进入到相对人可以支配的范围,相对人随时可以了解其内容。到达主义只要求信函、电报等意思表示的载体处于相对人所控制的范围内,而不要求相对人实际了解意思表示的具体内容。

到达主义很好地协调了表意人和相对人之间的利益,对意思表示没有送达的风险分配最为合理。它以意思表示到达相对人的支配范围内为限,如果相对人没有阅读,不知悉表意人的意思表示的,意思表示也生效。因为该意思表示已经客观上处于相对人的控制范围内,相对人应当承担这样的风险。如果相对人采取了了解主义对表意人则有失公平,而采取表意主义和发信主义则对于相对人而言过于苛刻。到达主义最为折中,很好地平衡了两者的利益,也符合一般的交易情形。到达主义符合常识观念,而且还有效地解决了信函、电报在传递中可能发生的风险负担问题。根据到达主义,信函、电报发出至到达相对人这段时间内的风险,由表意人负担;信函、电报自送达相对人支配范围时起,风险由相对人负担。意思表示是否到达需要依据一般标准判断。表意人应承担到达事实以及到达的时间、地点的举证责任。

比较特殊的是采用数据电文形式意思表示的生效。数据电文,仅仅指电子数据交换(EDI)和电子邮件(e-mail)形式。电子数据交换是指当事人之间依据商定的标准,形成结构化和程序化的信息处理结构,通过计算机交换彼此的信息。电子邮件则是通过国际互联网的快捷信息传递方式。电报、电传和传真是合同的书面形式,而不是数据电文。数据电文形式是通过计算机系统来接收资料的。这种意思表示与传统意思表示的方式不一样。它不通过物质媒体来传达信息,而是通过计算机在网络这一虚拟空间中进行数据交换。

通过数据电文形式作出意思表示的,表意人的意思表示可以通过计算机确定相对人的路径,进入相对人的系统中。表意人的意思可能是表意人自己具体确定的,也可能是表意人仅仅设置了程序,由计算机自动生成意思,即自动化的计算机的意思。如果相对人指定了接收数据的系统,表意人自然应当发送到该特定的系统内;如果相对人没有指定接收数据的系统,表意人就可以将数据发送到相对人的任何系统内。《民法典》第 137 条第 2 款规定:"以非对话方式作出的意思表示,到达相对人时生效。以非对话方式作出的采用数据电文形式的意思表示,相对人指定特定系统接收数据电文的,该数据电文进入该特定系统时生效;未指定特定系统的,相对人知道或者应当知道该数据电文进入其系统时生效。当事人对采用数据电文形式的意思表示的生效时间另有约定的,按照其约定。"

(二) 无相对人的意思表示

无相对人的意思表示,于意思表示成立时发生效力。无相对人的意思表示一旦完成,意思表示即可成立。无相对人的意思表示常常是以意思表示人的外部行为表示出来,如订立遗嘱、抛弃所有权等。

无相对人的意思表示属于单方意思表示,该意思表示不存在受领人。当事人是否作出意思表示、何时作出意思表示都取决于本人。因此,这种意思表示应从意思表示行为完成时成立,也同时发生法律效力,它的成立时间和生效时间完全一致。如所有人抛弃自己的动产就从抛弃行为时起生效。《民法典》第 138 条规定:"无相对人的意思表示,表示完成时生效。法律另有规定的,依照其规定。"但是在某些情况下,无相对人的意思表示的成立时间与生效时间并不一致。如所有人抛弃自己的不动产的行为,即使当事人已经抛弃的,也必须经登记才能生效。但是,这种登记行为并不是以登记机关为意思表示的相对人,登记机关只是履行该抛弃行为的登记手续而已。

因为无相对人的意思表示没有特定的受领人,它存在一个问题:表意人是否作出了意思表示,其他人常常无法知悉。法律为了使意思表示明确,往往规定这种行为为要式行为,如遗嘱等。这种行为也有部分是不要式行为的,如继承的单纯承认、达成所有权的抛弃等。

(三)特殊意思表示的生效时间

1. 公告方式的意思表示的生效

通过电视、广播为意思表示的,意思表示在播放时发生法律效力;通过报刊、公告意思表示的,在报刊出版和公告发布时发生法律效力。这是因为通过这些形式发布的意思表示往往没有特定的、明确的相对人,任何人都有接触这些媒体的可能性。《民法典》第139条规定:“以公告方式作出的意思表示,公告发布时生效。”公共媒体播放、刊发该意思表示后,法律就视为该意思表示到达了相对人的支配范围内,处于当事人随时可以了解的状态。至于事实上相对人是否知道该意思表示,不影响该意思表示的生效。

2. 收到意思表示的回执

表意人为意思表示的同时要求相对人以回执确认其收到意思表示的,于回执到达表意人时发生效力。

如果表意人在意思表示的同时,要求相对人以回执确认其收到意思表示的,这就相当于表意人对自己的意思表示的生效时间做了限定。在表意人做了这种限制的情况下,意思表示的相对人应作出收到意思表示的回执。因为相对人作出回执的内容是表示自己已经收到该意思表示,而这种回执又是为表意人所要求的,所以意思表示自然应于回执到达表意人时发生效力。

五、意思表示的解释

(一)意思表示解释的原因

一旦当事人对意思表示的内容存在不同认识时,即有对意思表示进行解释的必要。意思表示之所以需要解释,有两方面的原因:一是由语言的特性决定的。语言本身具有模糊性,无论是何种语言,都很难精确地、毫无歧义地表达语言使用者的意思。二是当事人没有规定合同的某些条款,或者有意无意不规定合同的部分条文,留待以后决定。但在合同没有完全履行时,当事人就发生了争议。因此有必要对意思表示进行解释。

设例60:

甲是一位资深律师,招收刚毕业的大学生乙做律师助理。双方约定乙执业之后的第一场官司输了就不收学费,如果赢了则要按合同收取高额学费。结果乙执业后第一场官司就是起诉甲应否收他的学费。

问题：甲是否应该收取乙的学费?

在设例 60 中，甲和乙约定以第一场官司的输赢作为收取学费的条件，其本意是通过第一场官司的输赢来表现甲的教学效果，但如果第一场官司包括学生和老师之间的学费争议，则无论官司的输赢都会出现学生不需要付学费的逻辑错误，因此双方约定的内容虽未明确，但其实第一场官司是不包括学生起诉老师应否收学费这一争议的，否则甲和乙之间的约定就是不合理的。这个设例表现的就是意思表示需要解释。

关于意思表示的解释对象历来存有争议，于是出现了意思主义理论、表示主义理论和折中主义理论之别：

第一，意思主义理论。意思主义理论认为，意思表示的解释，重在解释行为人的内在意思。意思主义理论的基本思想源自德国 18 世纪的理性法学派，并在 19 世纪德国法律行为学说中居于支配地位。按照这一理论，意思表示的实质在于行为人的内心意思，法律行为本身不过是实现行为人意思自治的手段。因此，意思表示解释的目的仅在于发现或探求行为人的真意。在表示与内心意思不一致的情况下，法律行为应依据对行为人真意的解释而成立。

第二，表示主义理论。表示主义理论认为，意思表示的解释，重在解释行为人所表示出来的意思。表示主义理论是 19 世纪末德国民法学说争论的产物。按照这一理论，法律行为的本质不是行为人的内在意思，而是行为人表示出来的意思。因此表示主义理论主张：对于意思表示的解释，原则上采取客观性立场，在表示与意思不一致时，以外部的表示为准；对于有相对人的意思表示的解释，应以相对人足以客观了解的表示内容为准，以保护相对人的信赖利益。

第三，折中主义理论。折中主义理论认为，当内在意思与表示出来的意思不一致时，或采意思主义，或采表示主义，以求审时度势，兼顾意思主义理论和表示主义理论的合理因素。

我国《民法典》规范表明，意思表示的解释对象应采折中主义理论，即在区分意思表示类型的基础上，决定采意思主义还是表示主义。对于有相对人的意思表示，如订立合同的要约、承诺等通常应采表示主义，但在表示人能够证明相对人知道或者应该知道表示人真实意愿时，也应兼采意思主义。对于无相对人的意思表示，如遗嘱等，通常采意思主义。考虑到意思表示既包含着行为人的自主决定，又是行为人变动与其他民事主体之间关系的重要手段，会对其他民事主体的利益产生直接或间接的影响，因此在类型化的基础上，采折中主义理论能够较好地兼顾行为人与其他民事主体的利益。

(二)意思表示解释的方法

意思表示解释的方法很多,《民法典》第142条规定:“有相对人的意思表示的解释,应当按照所使用的词句,结合相关条款、行为的性质和目的、习惯以及诚信原则,确定意思表示的含义。无相对人的意思表示的解释,不能完全拘泥于所使用的词句,而应当结合相关条款、行为的性质和目的、习惯以及诚信原则,确定行为人的真实意思。”这是我国立法上对意思表示解释方法的规定。从理论上讲,意思表示的解释方法可以概括为以下五种:

1. 文义解释

文义解释即对当事人使用的语言的含义进行解释。文义解释又包括限制语义的解释和扩大语义的解释。意思表示的首要解释规则是探求当事人的内心真实意思。如果通过文义解释能够直接确定当事人的真实意思,一般无须再采用其他解释方法。

文义解释之所以是首要的意思表示解释规则,是因为当事人的真实意思是通过语言表示出来的。在通常情况下,当事人的内心真实意思与表示它的语言是一致的,当事人以及法官、仲裁机构可以从普通语言学的角度出发对意思表示表达的意思达成共识。所以,文义解释规则是私法自治原则的典型体现,与意思表示的精神完全一致。

2. 整体解释

整体解释即在解释意思表示的某项具体规定时,必须结合当事人的整个意思表示进行解释。解释意思表示,不应孤立地仅仅就某一个条款做解释,而应当结合其他条款相互解释,以确定意思表示的各个条款在整个意思表示中的正确意义。

设例61:

甲广告公司与乙保健品公司订立了一个广告承揽合同:在高铁站的进站口竖一块广告牌。后来甲公司在5—6检票口为乙公司竖立了广告牌。但是乙公司认为广告牌应竖立在候车大厅的进口。

问题:乙公司的主张是否成立?

在设例61中,甲公司和乙公司对意思表示中“进站口”的理解不同。如果单独看这个词,可能就是多义的,只能结合合同整体的内容进行解释。如果乙公司的要求提到了受众群体或者甲公司的履行义务的内容提到了特定范围,那么“进站口”的意思就明确了。依据现有的事实,普通人的理解应该是候车大厅的进口更符合合同整体的要求。

在解释学上,有所谓的“解释学循环”的难题。它是指人们在解释上存在的这样一种困境:要正确理解部分的意义,就必须先理解整体的意义,将其置于整体意义中把握;而要理解整体的意义,又必须先理解各个部分的意义,各个部分的意义贯通、融会形成整体的意义。这一困境从认识论上揭示了这样一个道理:文本的部分与整体的意义有关联性。整体解释方法同样要求法官在解释意思表示的某一条或数条条款时,必须将其置于意思表示的整体中予以阐明和把握。整体解释方法的前提和必要性体现为:一个独立的意思表示构成一个完整的体系,它的各个部分都是前后呼应、存在清晰的意义脉络的。意思表示的这些单独的条款,构成了一个完整的意思表示。

整体解释要求从意思表示的内在逻辑性、体系性、前后文连贯性、意义的关联性等角度出发,将整个意思表示理解为一个统一的目的,以确定意思表示具体条款的真实意思。如果机械地、孤立地解释意思表示的某一争议条款,可能使得解释结果与其他条款自相矛盾,意思表示前后不统一。

3. 目的解释

目的解释,是指如果意思表示所使用的文字或某个条款可能做两种解释时,应采取最适合于意思表示目的的解释。

当事人为意思表示都有一定的目的,该目的是当事人真意的核心,是决定意思表示内容的指针。因此对于意思表示的解释应符合当事人所欲达成的目的。所谓当事人所欲达成的目的是指双方当事人共同的目的或者至少是为对方当事人已知或应知的一方当事人的目的。目的解释的结果可以验证文义解释、整体解释等解释方法的结果是否正确。

设例 62:

甲借给乙 3 万元。后甲拿出一个有乙签名的纸条,上写“还欠款 1 万元”。双方对此纸条中“还”字的理解不同,甲认为是“还(huán)欠款 1 万元”,乙认为是“还(hái)欠款 1 万元”。

问题:甲和乙的主张哪个成立?

在设例 62 中,甲主张是收条,乙主张是欠条,结合该纸条是由甲拿出来的,可以明确其作用应该是证明甲已经还款的事实,如果是欠条,则应该由甲出具而由乙来保管。单纯地看一句话虽然可以有两种不同的意思,但是如果结合其目的和意思表示整体的内容看,其意思是明确的。

目的解释的可能性在于,任何意思表示的当事人都有其特定的目的。目的解释要求在解释意思表示时,必须考虑意思表示当事人订立意思表示的目的。它的具体要求是:其一,当意思表示的用语可以做不同的理解时,应当按照符合意思表示目的的意思进行解释,摈弃不符合意思表示目的的含义。如果意思表示的用语意思与意思表示目的相反时,不能拘泥于当事人所使用的文字,应做适合于意思表示目的的解释。其二,意思表示内容含糊或互相矛盾时,应当在确认每一意思表示用语或条款都有效的前提下,尽可能通过解释的方式予以统一和协调,使其符合意思表示目的。其三,当事人一方的意思表示目的应当是对方已经知道或应该有理由知道的,如果对方当事人对其目的不知情,在这种情况下做目的解释就会破坏意思表示当事人之间的利益平衡。

但是,目的解释也有自身的限度。除了前文所述的当事人一方根本不知道也不可能明确知道意思表示目的时,目的解释原则不适用以外,在目的违法时,目的解释也没有适用的余地。

4. 习惯解释

习惯解释是指意思表示所使用的文字词句有疑义时,参照当事人的习惯予以解释。

习惯解释的根据在于:其一,习惯常常构成当事人为意思表示时环境的一部分。习惯是某地区或者某行业的人们在日常交往中形成的,并被反复践行的行为规范,它常常会对于在其有效范围内的当事人的意思表示产生影响。其二,如果仅仅是当事人之间的习惯,因为这种习惯是当事人以往为意思表示时常常采纳的,所以对当事人而言更应该采纳。如果当事人以往一致采用这种习惯,在解释当事人之间的意思表示时,就可以推定当事人有采纳以往交易习惯的意思。

习惯解释的规则包括:其一,习惯必须是当事人双方所共同遵守的习惯。习惯的特征之一是,它的区域性、地方性和行业性较强,各地、各行习惯不一。如果当事人一方或者双方不知悉该习惯,就不能将其作为意思表示解释的依据,否则就违背了当事人的真实意思,违背了私法自治原则,仅当事人一方遵守的习惯亦同。无论是地方习惯还是行业习惯,其是否存在以及是否为被认可,应由主张依据习惯解释的一方承担举证责任。其二,习惯不能违反法律的强行性规定和公序良俗。习惯违反强行规范的,不能作为法律的渊源,自然也就不能作为意思表示的解释依据。习惯仅仅违反任意规范的,如果该习惯为当事人所知悉,则优先于任意规范,可以作为解释的依据。

5. 诚实信用解释

诚实信用解释是指解释意思表示应遵循诚实信用原则。

诚实信用解释方法与其他解释方法不同。其他解释方法如文义解释、习惯解释、目的解释主要是探求当事人真意，而诚实信用解释方法和公平解释方法一样，其作用在于协调和平衡意思表示当事人双方的利益。但是，在解释意思表示时，一般不能首先运用诚实信用原则，而应首先运用文义解释、目的解释及习惯解释，去探求当事人的真实意思，最后用公平方法和诚实信用方法检验这些解释的结果。如果这些解释结果违背了诚实信用原则，这个解释结果就是无效的，应当重新解释或直接按诚实信用原则解释。如果意思表示中所使用的文字词句有疑义，应依据诚实信用原则确定其正确意思。

在当事人对意思表示的理解有疑义时，诚实信用原则的解释方法，首先是推定当事人在意思表示成立时，其主观真意是符合诚实信用原则的；其次是依据诚实信用原则对于意思表示有疑义的条款作出解释，这种解释不仅仅是单纯的文义解释，也可能是对文义做限缩性和扩张性解释。

设例 63：

《威尼斯商人》的故事：夏洛克和安东尼奥订立了借款合同，如果到期不能还债，将从安东尼奥身上割一磅肉。后来债务到期不能还债，夏洛克要求按合同割肉。聪明的鲍西娅假扮法官把合同的内容解释为准许割肉，但不能流一滴血。

问题：鲍西娅的解释是否合理？

在设例 63 中，鲍西娅对合同条款的解释明显是错误的，违背了基本常识，割肉但不流血是不可能的事实。从《威尼斯商人》的故事情节看，鲍西亚是为了一个正义的目的而曲解法律，似乎是正当的，但如果破坏法律秩序来实现所谓的正义，必然导致法律秩序的崩坏，其他法官也可以曲解法律而不受法律秩序的限制，所以，鲍西亚的解释是不合理的，也不能为法律所允许。当然，这并不意味着在法律的秩序中夏洛克的权利是正当的，正确地适用法律应该解释该合同违反了法律的强制性规定和公序良俗原则，由此法庭还是可以驳回夏洛克的不合理要求。

第四节 民事法律行为的效力

一、民事法律行为的成立要件

(一)民事法律行为的一般成立要件

法律行为的成立要件,也称法律行为的构成要素或构成要件,是指按照法律的规定成立法律行为所必不可少的事实要素。当行为人的某一表意行为符合特定法律行为的成立要件时,其行为构成特定的法律行为;否则观念上应视为法律行为不存在。

而法律行为的一般成立要件,是指一切法律行为依法成立所必不可少的共同要件。民法学界对法律行为的一般成立要件有不同的认识,有的观点认为应该包括行为人、意思表示和法律行为内容三项,但基于法律行为的核心内容意思表示肯定是行为人作出的,以意思表示为要素当然包括了实施意思表示的当事人,同时法律行为内容也已经包含在意思表示要素中,不具有拟设权利义务内容的表示行为不属于意思表示。因此,意思表示是法律行为的一般构成要件。

设例 64:

甲在网购平台上的乙店铺看到了标价为 1 000 元 1 套的《民法典评注》并点击购买。下单后乙店铺联系甲说标价错误,价格应该是 1 010 元,合同不能成立,因此不能发货。

问题:民事法律行为是否成立?

在设例 64 中,甲和乙店铺关于买卖书籍的法律行为已经意思表示一致,只是一方的意思表示是基于错误作出的,因此并不存在法律行为不成立的问题,而应该是意思表示的内容存在瑕疵,涉及的是法律行为的效力评价而不是事实判断,作为事实的民事法律行为已经成立。

(二)民事法律行为的特别成立要件

法律行为的特别成立要件,是指成立某一具体的法律行为,除必须具备一般成立要件外,依法还须具备的其他特殊事实要素。如要式行为的成立要件是以采用书面形式等特定形式为特别成立要件。

设例 65：

某年学术年会上，会长甲宣布第一项议程是祝贺乙顾问 80 大寿，请各位理事在贺词上签名。丙理事听到此即离席去接电话，回到会场见桌子上一书面文件即在末尾处签名。实际上，这份文件是第二项议程即自愿订购丁出版社的一套价值 2 万元的丛书，丙离席期间会长已经宣布并让各位理事签名确认订购合同。

问题：丁出版社可否要求丙支付书款？

在设例 65 中，订购丛书的合同是要式的，需要签订书面合同，通过特别的成立要件确定法律行为成立的事实，但是因为通过其他证据可以证明丙并没有订购丛书的意思表示，欠缺法律行为成立的一般要件，所以即使特别成立要件具备也不能确定法律行为成立。

二、民事法律行为的有效要件

民事法律行为的有效要件，是指已经成立的民事法律行为能够按照意思表示的内容而发生法律效果应当具备的法定条件。

民事法律行为的成立要件与有效要件有区分的必要性，一般而言，民事法律行为经双方当事人意思表示达成一致即成立，法律行为有效则是法律对法律行为能否发生当事人追求的私法效果的判断。这是两者的核心区别。传统民法如《德国民法典》等都没有明确规定法律行为的有效要件，只是规定了各种瑕疵法律行为的种类及其效力。事实上，法律行为的有效要件体现了民法典对私法自治的限制，这种限制来自民法典内部，它体现了市民社会本身的要求，也体现了民法典中国家强制与私法自治的张力，有效地协调了民法典中国家强制与私法自治的关系：一方面私法自治是个人决定自己事务的原则；另一方面这一原则又必须限定在民法典规定的范围内。

民事法律行为的有效要件，可分为一般有效要件和特别有效要件。

(一) 民事法律行为的一般有效要件

法律行为的一般有效要件，是指使已经成立的法律行为能够按照意思表示的内容发生法律效果的普遍性的法律条件，是所有的法律行为发生完全效力所必须具备的共同条件。《民法典》第 143 条规定："具备下列条件的民事法律行为有效：(一)行为人具有相应的民事行为能力；(二)意思表示真实；(三)不违反法律、行政法规的强制性规定，不违背公序良俗。”根据该规定，民事法律行为的一般有效要件可以概括为以下三项内容。

1. 行为人具有相应的行为能力

行为人具有相应的行为能力是对自然人提出的要求，法人和其他民事主体不存在不具备相应行为能力的问题。这一有效要件在学理上又被称为有行为能力原则或主体合格原则。法律行为以当事人的意思表示为基本要素，自然人具有健全的理智是作出合乎法律要求的意思表示的前提。

在我国现行民事立法中，完全行为能力人可以独立为法律行为。限制行为能力人可以进行与他的年龄、智力相适应的法律行为。判断限制行为能力人进行的法律行为是否与其年龄、智力、精神健康状况相适应，可以从行为与本人生活相关联的程度、本人智力或精神状态能否理解其行为并预见相应的行为后果，以及行为标的数额等方面认定。日常生活中的定型化行为，如利用自动售货机、利用公共交通工具、购票进入游园场所等行为应属于限制行为能力人可以独立实施的法律行为。其他的法律行为由限制行为能力人的法定代理人代理，或者征得他的法定代理人的同意。

但是，《民法典》第 19 条规定：“八周岁以上的未成年人为限制民事行为能力人，实施民事法律行为由其法定代理人代理或者经其法定代理人同意、追认；但是，可以独立实施纯获利益的民事法律行为或者与其年龄、智力相适应的民事法律行为。”第 22 条规定：“不能完全辨认自己行为的成年人为限制民事行为能力人，实施民事法律行为由其法定代理人代理或者经其法定代理人同意、追认；但是，可以独立实施纯获利益的民事法律行为或者与其智力、精神健康状况相适应的民事法律行为。”另外，具备行为能力的自然人，在进行法律行为时欠缺必要意思能力的，也会影响法律行为的效力。从第 143 条第 1 项的规定可以得出，行为人在神志不清的状态下所实施的法律行为，应当认定无效。

2. 意思表示真实

意思表示真实，包括两个方面的含义：一是指行为人的内心意思与外部的表示行为相一致的状态；二是指当事人是在意志自由的前提下进行意思表示的状态。与此相适应，行为人意思表示不真实，即意思表示有瑕疵包括两种情形：一是意思与表示不一致，即行为人的内心意思与外部的表示行为不一致；二是意思表示不自由。

(1)意思与表示不一致

第一,真意保留。真意保留又称心意保留、单独虚伪表示,是指行为人故意隐瞒其真意,而表示其他意思的意思表示。在现实生活中,真意保留较为罕见,我国《民法典》未就真意保留对法律行为的影响专设条文。有的学说认为,由于真意保留是为了欺骗行为相对人,因此应该受到保护的不是表意人,而是行为相对人。因此,即使行为相对人看透了表意人的欺骗意图,他仍应有权要求表意人承认其表示是有效的。

设例66:

甲、乙兄弟二人素来关系不睦,其母亲在去世前,拉着甲的手说:"你弟弟不容易,你的那处不住的房屋A就送给他吧。你如果不答应,妈妈就死不瞑目。"甲虽然非常不愿意,但是为了母亲勉强表示可以,其母即去世。

问题:甲的赠与是否有效?

在设例66中,甲和乙的日常关系决定不存在赠与的基础,甲作出赠与的表示完全是为了宽慰母亲,而基于二人的关系,乙也应该了解到甲并没有赠与的真实意思,在相对人明知表意人的真意时,表意人可以主张意思表示无效,以平衡双方之间的利益关系。另外,针对该设例,因为赠与在财产权利转移之前可以撤销赠与,即使不能证明相对人是明知表意人真意的,表意人也可以在符合条件的情况下撤销赠与。

第二,戏谑表示。戏谑表示又称缺乏真意的表示,指行为人作出的意思表示并非出于真意,并且期待对方会立即了解其表示并非出自真意。与真意保留不同,戏谑表示中缺乏真意的表意人并不想以他所不具备的法律行为意思一劳永逸地欺骗受领人,而只是想暂时地使对方获得他想发出真实的意思表示的印象。我国《民法典》未就戏谑表示对法律行为效力的影响专设条文,但基于《民法典》第143条规定的解释,戏谑表示的法律行为应该不产生效力。意思表示的相对人非因过错未了解其为戏谑表示的,行为人应赔偿相对人信赖利益的损失,但赔偿数额不得超过相对人于法律行为有效时可以获得的利益的数额。

设例67:

甲、乙等朋友一起聊天,甲说现在世风日下,朋友关系淡如水,互相之间只有利益关系。乙表示反对,并说我今天开的那辆奔驰车送给你了。

问题:乙的意思表示是否有效?

在设例67中,甲和乙聊天时所做的意思表示显然不是正常转移财产权利的意思表示,很大程度上无论表意人甲还是受表意人乙都明确地知道这是在开玩笑。

因此，虽然表面上看二人成立了一个法律行为，但实际上并没有要受法律约束的内心意思，不应该发生法律效力。

第三，虚假表示。虚假表示，又称虚伪表示、伪装表示或通谋虚伪表示，指行为人与相对人通谋而为虚假的意思表示，实际上并不期待法律行为产生效力。隐藏行为也属于虚假表示的一种，隐藏行为指行为人将其真意隐藏在虚假的意思表示中。基于虚假表示所为的法律行为不产生效力。但为保护善意第三人的利益，其不生效不得对抗善意第三人。基于隐藏行为所为的法律行为，隐藏真意的虚假意思表示应该不产生效力，至于被隐藏的真实意思表示，则应依据关于该意思表示的规定具体判断。关于虚假表示的法律行为效力，将在无效法律行为部分详述。

第四，错误。错误是指行为人由于认识错误或欠缺对错误的认识，致使意思与表示不一致。所谓认识错误，又称内容错误，是指行为人错误地认识了其所使用的表达方式的意义。即行为人以为他使用的表达方式具有这样的意义，但相对人对该表达方式的意义作出了另一种理解并且能够作出这种理解。所谓欠缺对错误的认识，又称表达错误，是指行为人对内在意思的表达存在错误，即在表示行为中发生错误，如使用的词语或符号发生了错误或存在计算上的错误等。

在传统民法中，应严格区分错误和误解及其对法律行为效力的影响。错误是指行为人非故意的意思与表示不一致，属于有瑕疵的意思表示，法律行为通常为可撤销行为。误解是指相对人对于意思表示产生了错误的理解。在单方法律行为中，受领意思表示的相对人存在误解的，不影响法律行为的效力。在双方法律行为中，受领意思表示的相对人存在误解的，则双方当事人之间不存在一致的意思表示，法律行为不成立。我国《民法典》关于重大误解的规定，在审判实践中发挥相当于传统民法中错误的作用。《民法典》第 147 条规定："基于重大误解实施的民事法律行为，行为人有权请求人民法院或者仲裁机构予以撤销。" 对于重大误解的理解，司法解释给出了和错误相同的内涵解释，《最高人民法院关于适用〈中华人民共和国民法典〉总则编若干问题的解释》第 19 条第 1 款规定："行为人对行为的性质、对方当事人或者标的物的品种、质量、规格、价格、数量等产生错误认识，按照通常理解如果不发生该错误认识行为人就不会作出相应意思表示的，人民法院可以认定为民法典第 147 条规定的重大误解。"

设例 68：

甲公司和乙公司交易一批化工原料，甲错误地将价格表的 960 元/吨打印成 690 元/吨，于是乙公司买下。后来甲公司发现，要求认定合同是无效的。

问题：合同效力如何？

在设例 68 中，甲错误标注价格的行为导致双方对合同内容产生重大误解，行为人有权通过行使撤销权而撤销该法律行为，进而使合同归于无效。

行为人在意志形成阶段对行为性质，对方当事人，标的物的品种、质量、规格等产生错误判断，并基于此错误判断为意思表示，并非前述内容错误或表示错误，而是属于所谓动机错误。动机错误影响的是行为人的决策，在通常情况下不影响法律行为的效力。但在传统民法上，如德国民法以及我国台湾地区所谓“民法”，动机错误在例外的情况下可以被视为内容错误。“行为人因对行为的性质，对方当事人，标的物的品种、质量、规格和数量等的错误认识，使行为的后果与自己的意思相悖，并造成较大损失的，可以认定为重大误解。”

第五，误传。误传指因传达人或传达机关的错误导致行为人意思与表示不一致。误传在我国《民法典》没有单独规定，司法实践上将其类比为重大误解的一种处理，行为人可以撤销法律行为。《最高人民法院关于适用〈中华人民共和国民法典〉总则编若干问题的解释》第 20 条规定：“行为人以其意思表示存在第三人转达错误为由请求撤销民事法律行为的，适用本解释第 19 条的规定。”

(2)意思表示不自由

第一，欺诈。欺诈是指故意告知对方虚假情况，或者故意隐瞒真实情况，诱使对方基于错误判断作出意思表示。其中所谓故意，是指行为人实施欺诈行为的目的是使对方产生或加重动机错误。所谓故意隐瞒真实情况，当以行为人存在说明义务为前提。如果行为人不存在说明义务，自然没有故意隐瞒真实情况的问题。行为人故意告知的虚假情况或者故意隐瞒的真实情况，可能涉及行为的性质，也可能涉及标的物的价值等，只要是使对方错误判断，并基于此错误判断进行了意思表示的都属此类。实施欺诈行为必须导致对方基于错误的判断作出了意思表示，如果对方未陷入错误或作出的错误判断与欺诈行为无关，则不得适用民法有关欺诈的相关规定。

《最高人民法院关于适用〈中华人民共和国民法典〉总则编若干问题的解释》第 21 条规定：“故意告知虚假情况，或者负有告知义务的人故意隐瞒真实情况，致使当事人基于错误认识作出意思表示的，人民法院可以认定为民法典第 148 条、第 149 条规定的欺诈。”欺诈的后果通常是导致被欺诈方基于错误的判断作出意思表示，即欺诈方的欺诈行为影响到了行为人的决策，使行为人产生动机错误或加重了行为人的动机错误，并非导致行为人作出错误的意思表示。即使行为人由于被欺诈而产生或加重的动机错误依据前述对于错误的介绍，可以认定为错误的，仍应适用民法关于欺诈的相关规定，而非关于错误的相关规定。在这种意义上，民法关于欺诈的相关规定属于民法关于错误的相关规定的特别规则。

另外,还有当事人之外的第三人的欺诈行为,也会影响法律行为的效力。

第二,胁迫。胁迫是指以给自然人及其亲友的生命健康、荣誉、名誉、财产等造成损害或者以给法人、其他主体的财产等造成损害为要挟,迫使对方作出违背真意的意思表示。

《最高人民法院关于适用〈中华人民共和国民法典〉总则编若干问题的解释》第22条规定:"以给自然人及其近亲属等的人身权利、财产权利以及其他合法权益造成损害或者以给法人、非法人组织的名誉、荣誉、财产权益等造成损害为要挟,迫使其基于恐惧心理作出意思表示的,人民法院可以认定为民法典第150条规定的胁迫。"关于胁迫的构成需要注意以下四个方面内容:其一,胁迫行为必须是非法的。胁迫行为给对方施加了一种强制和威胁,这种强制和威胁必须是非法的。如果一方有合法的根据对另一方施加某种压力,则不构成胁迫。如合同订立以后,一方拒不履行合同义务,另一方以将要提起诉讼等合法手段向对方施加压力,要求其履行合同,就不构成胁迫。其二,胁迫人声称要造成的损害必须是被胁迫人可以相信将要发生的情况,并足以使被胁迫人感到恐怖、害怕。如果胁迫人声称将要造成损害的威胁是毫无根据、根本不可能发生的,被胁迫人根本不会相信,也就不会使被胁迫人感到恐怖,从而不构成胁迫。其三,胁迫行为可以由法律行为的当事人作出,也可以由第三人作出。其四,被胁迫人作出的违背真意的意思表示必须符合胁迫人的意愿。被胁迫人作出的意思表示尽管违背其意愿,但并不符合胁迫人的意愿,不适合民法关于胁迫的相关规定。

当事人被胁迫作出的意思表示,属于意思表示不自由,法律行为的效力会受到影响。这是保护当事人事实上决定自由的需要。

第三,危难被乘。危难被乘是指行为人利用对方当事人的危困状态、缺乏判断能力等情形,迫使其作出违背真意的意思表示。

设例69:

甲因妻子重病急需医疗费。知情人乙表示愿意购买其家传名画。甲虽然之前一直坚持不卖,但此次经再三考虑忍痛出售,事后即后悔。

问题:甲是否有权主张撤销合同?

在设例69中,甲虽然处于危困状态,乙也知情,但甲是为了解决自己的问题自愿作出的意思表示,如果说甲有被迫的情形,也只是其自身的内心斗争,并不存在乙利用其危困状态使其不自由地作出意思表示的情形,所以设例中甲的情况并不属于危难被乘。

危难被乘导致对方当事人意思表示不自由,必须以利用对方当事人的急迫需要或危难处境为前提,而且要求对方当事人基于此被迫作出违背真意的意思表示。即危难被乘的一方对相对方急迫需要或危难处境的利用应存在违背诚实信用的情形。如果对方当事人为摆脱急迫需要或危难处境,自愿为特定意思表示的,即使该意思表示的内容违背其通常的意愿,也不得主张危难被乘。被别人利用危难情事作出的意思表示,属于意思表示不自由,法律行为的效力会受到影响,这也是保护当事人事实上决定自由的需要。

3. 不违反法律、行政法规的强制性规定以及不违背公序良俗

民事法律行为有效需符合法律、行政法规的强制性规定以及公序良俗,否则可能会导致否定性的效力评价。这里所谓"法律"不应理解为包括一切有效的法律文件,应理解为仅限于全国人大及其常委会通过的立法文件和国务院通过的行政法规,即仅限于按照《立法法》规定效力位阶属于法律和行政法规的规范性文件,而非一般意义上的广义的法律。

(二)民事法律行为的特别有效要件

在一般情况下,法律行为具备一般有效要件即产生法律效力。但在特殊情况下,基于法律行政法规或者基于当事人的约定,法律行为除具备一般有效要件外,还必须具备特别有效要件。如《民法典》第 502 条第 2 款规定:"依照法律、行政法规的规定,合同应当办理批准等手续的,依照其规定。未办理批准等手续影响合同生效的,不影响合同中履行报批等义务条款以及相关条款的效力。应当办理申请批准等手续的当事人未履行义务的,对方可以请求其承担违反该义务的责任。"这里的批准、登记手续即是法律行为的特别有效要件。

三、无效的民事法律行为

(一)无效的民事法律行为的概念

无效的民事法律行为,是指已经成立但因其在内容上违反了法律的强制性规定等情形而不产生法律效力的民事法律行为。

无效的民事法律行为具有以下三方面特点:其一,无效民事法律行为具有违法性,一般是违反了法律的强制性规定或者违背了公序良俗,意思表示瑕疵引起的民事法律行为无效也会涉及违反法律。其二,确定、当然无效。无论当事人是否知道或是否主张其无效,也无论是否通过人民法院或者仲裁机构的确认,这种法律行为都无效。无效民事法律行为不发生任何当事人追求的法律效力,而只能发生当事

人追求的效力以外的法律效力。当事人也无法通过协商变更其效力。无效民事法律行为可以由当事人请求人民法院或仲裁机构确认，也可以无须请求而人民法院或仲裁机构依据职权主动审查确认无效。其三，无效民事法律行为自始无效。民事法律行为一旦被确认无效即产生溯及力，自成立之时就不具有法律效力。

无效的民事法律行为可以分为全部无效的民事法律行为和部分无效的民事法律行为，《民法典》第156条规定："民事法律行为部分无效，不影响其他部分效力的，其他部分仍然有效。"如果部分无效的民事法律行为会影响其他部分效力的，则其他部分也归于无效。另外，在传统民法如《德国民法典》中尚存在无效法律行为的转换制度。即一个完全无效的法律行为，如果具备另一个法律行为的要件，而且可以认为当事人知道此行为无效即愿意另一行为有效的，可以作为另一法律行为而生效。《德国民法典》第140条以及我国台湾地区现行所谓"民法"第112条即是关于无效法律行为转换的规定。

（二）无效民事法律行为的类型

1. 无行为能力人所为的民事法律行为

无行为能力人所为的民事法律行为均无效。《民法典》第144条规定："无民事行为能力人实施的民事法律行为无效。"该条规定的目的在于保护无民事行为能力人的利益，防止其因判断能力不足而受到欺诈等，导致其自身无法接受的结果。无民事行为能力人可以由其法定代理人代理为民事法律行为。

2. 虚假表示所为的民事法律行为

《民法典》第146条第1款规定："行为人与相对人以虚假的意思表示实施的民事法律行为无效。"通常虚假表示最常见的其实是为了规避法律或政策而实施相关行为，也表现为违反诚信原则，此类行为对法律所要维护的秩序是一种破坏。另外，《民法典》第146条第2款规定："以虚假的意思表示隐藏的民事法律行为的效力，依照有关法律规定处理。"隐藏行为也属于虚假表示，指行为人将其真意隐藏在虚假的意思表示中，隐藏行为可能是合法的，也可能是非法的，当事人用虚假意思表示掩盖其行为在多数情况下是出于非法的目的，则隐藏行为的效力需依照其是否违反法律的情况而定。

设例70：

甲为治病与朋友商量，将自己的一套房子假卖给乙，办理登记过户，但仍由甲居住。乙以此房屋设定抵押向丙银行贷款，贷款用于给甲治病，并由甲偿还贷款本息。后甲不再还款，还起诉乙要求确认所有权。

问题：丙银行能否实现抵押权？

在设例70中，甲和乙是基于虚假表示而成立的法律行为，如果不涉及丙银行的话，甲和乙的行为应认定为无效，但甲和乙通谋为虚假表示的目的是骗取银行贷款，所以其虚假表示并不能对抗第三人，丙银行和乙之间的借款合同是有效的，以房产设立的抵押权也是有效的，丙银行可以实现抵押权。

3. 违反法律、行政法规的强制性规定的民事法律行为

《民法典》第153条第1款规定："违反法律、行政法规的强制性规定的民事法律行为无效。但是，该强制性规定不导致该民事法律行为无效的除外。"只有违反了法律、行政法规的强制性规定，才有可能导致合同的无效。法律规范区分为强制性规定和任意性规定，任意性规定的作用在于补足法律关系的内容。但是，并不是所有的强制性规定都会导致法律行为无效，有些强制性规定只具有公法上取缔违反行为的法律效果，并不会影响民事法律行为的效力。

设例71：

甲向乙租赁其所有的经营性用房A，约定用于开设私人娱乐会所。后甲在A开设的赌场被公安机关查处，甲被判处有期徒刑。乙向甲要求房租，甲主张租赁合同无效。

问题：甲和乙之间的合同是否有效？

在设例71中，甲开设赌场的行为是违法犯罪行为，说明租赁房屋的目的是从事违法犯罪，但从甲和乙之间的意思表示看，租赁合同仅仅是关于房屋使用权益的交易，并不涉及直接违法，不能以合同履行的内容成为违法犯罪利用的内容就认为合同本身违法，禁止开设赌场的强制性规定也不会直接影响租赁合同的效力。

4. 违背公序良俗的民事法律行为

《民法典》第153条第2款规定："违背公序良俗的民事法律行为无效。"公序良俗包含公共秩序和善良风俗，是对社会秩序和社会公共道德的维护，这些内容大部分为法律、行政法规的强制性规定所包含，但也有未成为法律明文规定的。违背公序良俗无效是一个具有兜底式条款作用的内容，现实中适用的情况还是比较少的。有一个关于违背公序良俗而无效的典型例子——"上海自来水公司股权转让案"。在该案中，股权被转让给了一个有外资背景的公司，按照我国法律和行政法规，其实没有关于这方面的禁止性规定，但是自来水公司属于民生基础设施领域的，企业未按照《企业国有产权转让管理办法》而进行对外交易，则该交易违反公开、公平的交易原则，损害社会的公共利益，违背公序良俗，应当依法认定该交易行

为无效。

5. 恶意串通的民事法律行为

《民法典》第 154 条规定:"行为人与相对人恶意串通,损害他人合法权益的民事法律行为无效。"从传统民法的规范逻辑上来说,恶意串通也属于通谋的意思表示,恶意串通的内容就是要损害他人的利益。恶意串通的民事法律行为具有两方面特点:其一,行为人是出于恶意,这里的恶意是指当事人明知其所实施的法律行为将造成国家、集体或第三人的利益损害而故意为之。其二,行为人之间互相串通,存在意思联络,希望通过实施法律行为损害他人合法权益,或者是在客观上互相配合共同实施了法律行为。

设例 72:

甲、乙知道丙与丁就 A 公司的股权签订了转让合同,却分别与丁达成股权转让协议,且受让价格均显著低于丙的受让价格。丁将受让 A 公司的股权过户到甲、乙名下。

问题:甲、乙和丁的股权转让合同是否有效?

在设例 72 中,甲、乙和丁签订合同的目的是通过股权转让合同的履行导致丙不能取得 A 公司的股权,甲、乙和丁具有恶意的意思联络,并通过为法律行为而导致丙的利益受损,因此他们之间的股权转让合同是无效的。

四、可撤销的民事法律行为

(一)可撤销民事法律行为的概念

可撤销民事法律行为,是指民事法律行为虽然已经成立,但因为意思表示不真实,可以因行为人撤销权的行使,使其自始不发生效力的民事法律行为。可撤销民事法律行为主要是意思表示不真实导致的,而其效力并不是当然无效,而是赋予当事人撤销权,由享有撤销权的当事人决定民事法律行为是继续有效还是归于无效,在权利人行使撤销权之前民事法律行为仍然是有效的。

(二)可撤销民事法律行为的类型

1. 重大误解的民事法律行为

《民法典》第 147 条规定:"基于重大误解实施的民事法律行为,行为人有权请求人民法院或者仲裁机构予以撤销。"这里的重大误解,大致等同于传统民法中所谓的错误。重大误解要求行为人是对法律行为的重要事项如标的物的品种、质量、规格、数量等存在错误认识或未认识到自己的错误,从而严重背离了自己的真实意愿。并非所有存在重大误解的情况都会影响法律行为的效力,如果表示人作出了错误的意思表示,受领人却是在表示人真实意愿的基础上作出了回应,从而使双方在表示人真实意愿的基础上形成了一致的意思表示,则法律行为不因重大误解成为可撤销的法律行为。

设例73:

甲与乙签订了一份汽车转让协议,约定乙将一辆用了12年的轿车,以3.5万元的价格转让给甲,协议签订后双方均履行协议。甲满心欢喜地买了一辆便宜轿车,可是同年4月甲在进行车辆年检时,发现该车原为出租车,还有3年就报废了。

问题:甲与乙协议的效力如何?

在设例73中,甲对于汽车状况的认识发生了错误,进而影响到了交易的达成,3.5万元的价格买一辆只能用3年的汽车并不合理,虽然乙没有欺骗甲的事实,但基于此种重大误解,甲可以撤销合同。

2. 欺诈的民事法律行为

《民法典》第148条规定:"一方以欺诈手段,使对方在违背真实意思的情况下实施的民事法律行为,受欺诈方有权请求人民法院或者仲裁机构予以撤销。"欺诈方具有欺诈性地故意实施了欺诈行为,导致被欺诈方陷入了错误,进而因错误作出了意思表示,这里成立的法律行为是违背被欺诈方真实意思的法律行为,属于意思表示不自由,法律行为的效力因此受到影响。这是保护当事人事实上决定自由的需要,至于受欺诈方是否因此遭受财产损害在所不问。

设例74:

甲和乙公司签订了购车合同,约定甲购买乙公司的货车一辆,发动机号为50371254,价款23万余元。同年5月车辆出现故障,在维修中甲发现该车实际上发动机号为50454337。经查实,该发动机曾因质量问题被客户退回,乙公司将该车重新入户并在更换了发动机后出售给甲。

问题:甲、乙的合同效力如何?

在设例74中,乙公司故意隐瞒交易标的的重要信息,导致甲陷入错误进而作出非真意的意思表示,因为乙公司是导致甲意思表示不自由的原因,所以甲享有撤销权,可以撤销合同。

与欺诈并列的还有第三人的欺诈行为,《民法典》第149条规定:"第三人实施欺诈行为,使一方在违背真实意思的情况下实施的民事法律行为,对方知道或者应当知道该欺诈行为的，受欺诈方有权请求人民法院或者仲裁机构予以撤销。”所谓因第三人欺诈而实施的民事法律行为，是指因第三人实施欺诈行为而使当事人一方在违背真实意思的情况下实施的民事法律行为。第三人欺诈也会使表意人陷入错误，但是否对法律行为的效力产生影响，需要考虑受表意人对表意人被欺诈从而陷入错误的事实是否清楚，如果受表意人并不清楚表意人是被欺诈而陷入错误，则并不会导致表意人享有撤销合同的权利。

设例75：

甲欺骗乙，说黄金即将大幅涨价，乙信以为真。丙、丁得知此情况后，将手中黄金大幅度涨价，后乙以高价大量收购了丙、丁手中的黄金。

问题：乙是否可以以自己受欺诈为由撤销与丙、丁的合同？

在设例75中，乙陷入错误是因为甲的欺诈行为，但法律行为是发生在乙和丙、丁之间，而丙、丁与甲并没有欺诈的意思联络，也未在欺诈当场，不应认定为第三人欺诈，所以乙对其和丙、丁之间的合同不应享有撤销权。

3.胁迫的民事法律行为

胁迫是以将来要发生的损害或者以直接施加损害相威胁，使行为人产生恐惧并作出意思表示。《民法典》第150条规定：“一方或者第三人以胁迫手段，使对方在违背真实意思的情况下实施的民事法律行为，受胁迫方有权请求人民法院或者仲裁机构予以撤销。”胁迫既可以来自当事人一方，也可以是第三人作出的，而且胁迫必须是故意为之，并且必须是非法的，以合法的根据对一方当事人施加某种压力不构成胁迫，因为胁迫行为导致表意人在恐惧的心理状态下实施了法律行为，被胁迫人享有撤销权。

设例76：

甲的父亲乙是供电局局长。甲在丙村安设电网的关键时期到丙村，要求定购一卡车西瓜，并且要低于市价的1 000元，否则就不给丙村安设电网。丙村负责人丁碍于其关系而签订合同。

问题：买卖西瓜的合同效力如何？

在设例76中，因为甲有特定关系能够让丙村负责人丁对将来发生的损害产生恐惧心理，即使在现实中乙并没有做违法行为的事实，也可以认为丁已经因甲的胁迫而陷入意思表示不自由的境地，因此，丁对在此情形下作出的法律行为享有撤销权。

4.危难被乘引起的显失公平的民事法律行为

危难被乘引起的显失公平，对应的是《民法典》第151条规定：“一方利用对方处于危困状态、缺乏判断能力等情形，致使民事法律行为成立时显失公平的，受损害方有权请求人民法院或者仲裁机构予以撤销。”《德国民法典》将类似规定称为“暴利行为”。在《民法典》之前，显失公平仅仅指向结果上，法律行为成立时显失公平，是指出于非自愿的原因，实施法律行为的结果对一方当事人过分有利，对他方当事人过分不利，而并不包括前项“一方利用对方当事人处于急迫需要或者危困处境”。这一项在《民法典》之前，它会单独作为一个影响法律行为效力的情形，称为“乘人之危”。由于乘人之危并不一定会产生明显的失去公平的结果，而单纯的显失公平又因为交易涉及情况的复杂性难以判断，所以《民法典》的规定结合了乘人之危和显失公平两项内容，判断是否赋予行为人以撤销法律行为的权利。危难被乘导致的显失公平一方面着眼于实施法律行为的结果，要求当事人之间的利益关系在法律行为成立时明显失衡，另一方面要求当事人之间的利益关系严重失衡并非当事人自愿的结果，而是由于一方当事人利用优势或者利用对方没有经验所致。

设例 77：

甲因妻子重病急需医疗费。知情人乙表示愿意以略低于市价购买其家传名画。甲虽然之前一直坚持不卖，但此次经再三考虑，终忍痛出售。事后又后悔。

问题：甲是否可以以显失公平为理由撤销法律行为？

在设例 77 中，甲陷入危困状态是事实，但乙并没有利用危困状态影响甲在交易中的意思表示自由，并且以略低于市价来收购也不会导致显失公平的结果，只是单纯利用市场交易的供需关系。因此，虽然甲并不情愿以此价格交易画作，但并不会因为危难被乘而享有撤销权。

(三) 撤销权

撤销权是行为人以自己单方面的意思表示就能使法律行为的效力归于消灭的权利。由于行为仅以单方面的意思表示就可影响法律行为的效力，因此撤销权为形成权。

撤销权人行使撤销权可以采用以下方式：其一，实现撤销权。即撤销权人以单方的意思表示使法律行为的效力归于消灭。撤销权人的此种意思表示应当由法院或仲裁机构作出。如果法院或者仲裁机构承认撤销权人的撤销权，则法律行为的效力溯及于其成立之时消灭。其二，抛弃撤销权。撤销权人抛弃撤销权应以明示的方式为之，以免相对人处于不确定的状态。其三，怠于行使撤销权。即撤销权人既不以明示的方式抛弃撤销权，又不实现这一权利的状态。当然撤销权作为一种形成权，它虽然不受诉讼时效的限制，但必须受除斥期间的限制，也就是说撤销权人必须在法定的期间内行使该项权利。

《民法典》第 152 条规定："有下列情形之一的，撤销权消灭：（一）当事人自知道或者应当知道撤销事由之日起 1 年内、重大误解的当事人自知道或者应当知道撤销事由之日起 90 日内没有行使撤销权；（二）当事人受胁迫，自胁迫行为终止之日起 1 年内没有行使撤销权；（三）当事人知道撤销事由后明确表示或者以自己的行为表明放弃撤销权。""当事人自民事法律行为发生之日起 5 年内没有行使撤销权的，撤销权消灭。"

设例 78：

甲在文玩市场看中 2 件古代玉器，遂向商人乙提出购买，价款为 60 万元。二人熟识后成为朋友。某日甲到乙家中做客，又向乙购买了 10 件古代玉器，约定价款为人民币 500 万元。现甲发现这些玉器均为仿古玉器。

问题：甲、乙之间的合同效力能不能以欺诈为由认定合同可撤销？

在设例 78 中，甲和乙之间有前后两个合同，在第一个合同订立的过程中，交易的场景是专业文玩市场，交易的双方需要根据自己的判断决定文玩的市场价格，换句话说，乙并没有做使甲陷入错误的欺诈行为，甲对玉器的判断以及玉器的市场价格均需按照行业习惯来把握，所以并不能以被欺诈为由撤销。在没有欺诈的情况下，甲也不能因重大误解而撤销合同，因为文玩市场的交易习惯特殊，看错了也只是"打眼"。《最高人民法院关于适用〈中华人民共和国民法典〉总则编若干问题的解释》第 19 条第 2 款规定："行为人能够证明自己实施民事法律行为时存在重大误解，并请求撤销该民事法律行为的，人民法院依法予以支持；但是，根据交易习惯等认定行为人无权请求撤销的除外。"而第二个合同是发生在朋友之间的私下交易，乙利用了甲对于其的信赖将仿古玉器当成古代玉器交易，其有故意使甲陷入错误的欺诈行为，因此甲可以主张撤销权撤销合同。

五、效力待定的民事法律行为

（一）效力待定的民事法律行为的含义

效力待定的民事法律行为，又称效力未定的民事法律行为，是指民事法律行为虽然已经成立，但是否生效尚不确定，只有经由特定当事人的行为，才能确定生效或不生效的民事法律行为。效力待定的民事法律行为，既存在转变为确定不生效法律行为的可能,也存在转变为确定有效法律行为的可能。效力待定的法律行为并不存在对国家利益或社会公共利益的危害,因此没有发动公权力对法律行为的效力进行干预的必要。允许经由特定当事人的行为最终确定法律行为的效力,是贯彻私法自治原则的需要。

(二)效力待定的法律行为的类型

1. 限制行为能力人所实施的依法不能独立实施的法律行为

限制行为能力人可以进行与其年龄、智力、精神健康状况相适应的法律行为;可以进行纯获法律上利益的法律行为;可以征得其法定代理人的同意进行其他类型的法律行为。这些都是限制行为能力人可以独立实施的法律行为。《民法典》第 145 条规定:"限制民事行为能力人实施的纯获利益的民事法律行为或者与其年龄、智力、精神健康状况相适应的民事法律行为有效;实施的其他民事法律行为经法定代理人同意或者追认后有效。相对人可以催告法定代理人自收到通知之日起 30 日内予以追认。法定代理人未作表示的,视为拒绝追认。民事法律行为被追认前,善意相对人有撤销的权利。撤销应当以通知的方式作出。"

设例 79:

甲年满 17 周岁,整日无所事事。一日甲看到乙的房屋 A 适合开一个网吧,就提出租用请求。乙和甲签订了合同。后乙发现甲是未成年人和这个地方不适合开网吧后,提出合同无效。

问题:租赁合同的效力如何?

在设例 79 中,甲为限制行为能力人,签订租赁合同并不是纯获利益的行为,也不是与其年龄、智力相适应的民事法律行为,所以需要其代理人代理为之,未经代理人同意或追认属于效力待定的状态,相对人可以对此进行催告。但是乙并未进行催告直接提出合同无效并不符合法律保护限制行为能力人的宗旨,所以现在合同还属于效力待定的状态。

2. 无权代理行为

无权代理行为即行为人没有代理权、超越代理权或者在代理权终止后,以代理人的身份所进行的法律行为。

代理人以被代理人的名义对外所实施的法律行为,只有在代理权限范围内才能对被代理人有效。无权代理除表见代理之外的行为对被代理人不生效力,但经被代理人追认的,仍对被代理人产生效力。《民法典》第 171 条第 1 款、第 2 款规定:"行为人没有代理权、超越代理权或者代理权终止后,仍然实施代理行为,未经被代理人追认的,对被代理人不发生效力。相对人可以催告被代理人自收到通知之日起30日内予以追认。被代理人未作表示的,视为拒绝追认。行为人实施的行为被追认前,善意相对人有撤销的权利。撤销应当以通知的方式作出。”

六、民事法律行为无效、被撤销或确定不发生效力的法律后果

有效的民事法律行为能实现行为人所期望的法律效果,被确认无效、被撤销或确定不发生效力的法律行为尽管不能实现行为人预期的法律效果,但并非不发生任何法律效果。《民法典》第157条规定:“民事法律行为无效、被撤销或者确定不发生效力后,行为人因该行为取得的财产,应当予以返还;不能返还或者没有必要返还的,应当折价补偿。有过错的一方应当赔偿对方由此所受到的损失;各方都有过错的,应当各自承担相应的责任。法律另有规定的,依照其规定。”根据该条规定,被确认绝对无效、被撤销或确定不发生效力的法律行为会发生以下两方面法律效果。

1. 返还财产

法律行为自成立至被确认绝对无效、被撤销或确定不发生效力期间,当事人可能已经根据该法律行为取得了对方的财产。法律行为被确认绝对无效、被撤销或确定不发生效力后,当事人取得财产的法律根据已经丧失,原物仍然存在的,交付财产的一方可以行使所有物返还请求权,请求受领财产的一方返还财产。原物不存在的,交付财产的一方可以主张不当得利返还请求权,要求对方返还不当得利。只有一方交付财产的,作单方返还;双方都交付财产的,作双方返还;不能返还或者没有必要返还的,应当折价补偿。

2. 赔偿损失

依据《民法典》第157条的规定,法律行为被确认绝对无效、被撤销或确定不发生效力,如系由一方或双方的过错造成,都发生赔偿损失问题,要由有过错的一方向无过错的一方赔偿因法律行为被确认无效、被撤销或确定不发生效力所发生的损失。在双方都有过错的情况下,各自承担相应的责任。

就法律行为被撤销时赔偿损失的范围,应区分类型予以认定:法律行为被撤销是由于当事人一方存在重大误解的,该方当事人承担损害赔偿责任的数额不应超过法律行为有效时对方当事人可以获得的利益数额。法律行为被撤销是由于当事人采用欺诈、胁迫手段或者危难被乘的,该方当事人承担损害赔偿责任的数额不受法律行为有效时对方当事人可以获得的利益数额的限制。

第五节
民事法律行为的附条件和附期限

一、附条件的民事法律行为

（一）附条件的民事法律行为的概念

附条件的民事法律行为，指法律行为效力的开始或终止取决于将来不确定事实的发生或不发生的民事法律行为。《民法典》第158条规定："民事法律行为可以附条件，但是按照其性质不得附条件的除外。附生效条件的民事法律行为，自条件成就时生效。附解除条件的民事法律行为，自条件成就时失效。"法律行为通常可以由当事人设定条件，以此限制法律行为的效力，从而满足当事人的各种不同需要。但在我国现行民事立法中，为保持法律关系的稳定性，保护权利相对人的合理预期，行使形成权的法律行为不得附条件。诸如行使解除权、撤销权、追认权等形成权的法律行为也不得附条件。其他类型的法律行为，如果附条件后与法律行为性质不符或有违公序良俗原则的，也不得附条件。如收养行为即不得附条件，否则有悖公序良俗。

民事法律行为附条件应该满足以下要求：

第一，条件必须是将来的事实。已经发生的事实，无论当事人是否知晓，都不能作为条件。作为法律行为条件的实施可以是自然事件，可以是合同一方当事人的行为或者第三人的行为，也可以是一个社会事件，如公职人员的选举结果等。

第二，条件必须是不确定的事实。即该事实是否发生，是当事人无法精确预料的。这里的当事人仅限于进行法律行为的当事人。必定要发生的事实不能作为条件，确定不会发生的事实也不能作为条件。《最高人民法院关于适用〈中华人民共和国民法典〉总则编若干问题的解释》第24条规定："民事法律行为所附条件不可能发生，当事人约定为生效条件的，人民法院应当认定民事法律行为不发生效力；当事人约定为解除条件的，应当认定未附条件，民事法律行为是否失效，依照民法典和相关法律、行政法规的规定认定。"

第三，条件必须合法。不能以违反法律的事实作为条件，否则该民事法律行为无效。

第四，条件必须是当事人设定的条件，不能是法律规定的与法律行为效力有关的条件。

法律行为中附条件的主要作用在于，可以把当事人的动机反映到法律行为中，使其具有法律的意义。法律行为的动机不受司法审查，但通过法律行为附条件，可以使当事人进行法律行为的动机成为司法审查的对象。

（二）法律行为附条件的类型

1. 延缓条件与解除条件

在民事立法中，根据条件是限制法律行为效力的发生还是决定法律行为效力的丧失，将条件区分为延缓条件与解除条件。

法律行为效力的发生以特定条件的成就为原则，该特定条件即为延缓条件，又称生效条件或停止条件，如《民法典》第158条的规定。附延缓条件的法律行为，在条件成就之前，法律行为已经成立，但法律行为的效力处于停止状态。在延缓条件成就之前，生效与否尚不确定的法律行为业已产生相应的法律拘束力。以附延缓条件的合同为例，合同的双方当事人在合同生效与否尚不确定时，就已经相互负担义务，即不得从事任何有可能导致在合同生效后影响自身合同义务履行的行为。这种义务，并非生效合同的合同义务。义务的内容，应根据诚实信用原则，结合合同的性质、目的和交易习惯予以判定，通常属于消极的不作为义务。与这种义务相对应的，是合同的双方当事人都已经处于一种受法律保护的状态。这种受法律保护的状态，一旦符合期待权的构成条件，即适用民法调整民事权利的相关规定。延缓条件一旦成就，法律行为即产生效力。

业已生效的法律行为，于特定条件成就时其法律效力丧失，则该特定条件即为解除条件。附解除条件的合同，自条件成就时失效。附解除条件的法律行为，在条件成就与否确定前，法律行为业已生效。一旦解除条件成就，法律行为的效力即终止。以合同行为为例，如果附解除条件的合同属于继续性合同，解除条件成就时，合同并非溯及于成立之时归于消灭，而是从解除条件成就之时，不再具有法律的拘束力。附解除条件的合同属于非继续性合同的，解除条件成就时，合同得溯及于其成立之时消灭。对于附解除条件的合同行为，当事人不仅受生效合同关系的约束，还不得为任何有可能影响解除条件成就时自身义务履行的行为，合同的双方当事人也都处于一种与此相适应的受法律保护的状态。这种受法律保护的状态，符合期待权的构成条件的，同样得适用民法调整民事权利的相关规定。

2. 积极条件与消极条件

在学说上,以作为条件的事实的性质是积极的或是消极的为标准,将条件区分为积极条件与消极条件。

积极条件,又称肯定条件,是以某事实的发生为条件的成就。消极条件,又称否定条件,是以某事实的不发生为条件的成就。延缓条件与解除条件既可以是积极条件,也可以是消极条件。

3. 随意条件、偶成条件、混合条件

在学说上,根据条件的成就是否受当事人意思左右,将条件区分为随意条件、偶成条件和混合条件。

依据当事人一方的意思决定其成就与否的条件,为随意条件。随意条件包括纯粹随意条件与非纯粹随意条件。非纯粹随意条件成就与否虽取决于当事人一方的意思,但在该方当事人意思之外,尚必须有某种积极的事实。如采取所有权保留作为担保方式的分期付款买卖中,买卖合同相关条款效力的发生取决于买受人是否支付相应的合同价款,该条件即为非纯粹随意条件,又称任意条件。纯粹随意条件成就与否完全取决于当事人一方的意思。如试用买卖的买受人在试用期间可以购买标的物,也可以拒绝购买。买卖合同效力的发生取决于买受人的意愿,这种"条件"即为纯粹随意条件,又称意愿条件,此时不能认为买卖合同行为为附条件的法律行为。

条件成就与否与当事人的意思无关,而是取决于其他事实的,为偶成条件,如"如果明天下雨,就赠与雨伞"。条件成就与否取决于当事人以及第三人的意思的,为混合条件,如"如果某女订婚,就赠与房屋"。

(三)对附条件的法律行为的保护

附条件的法律行为,是当事人基于意思自治原则,使行为人的动机获得法律表现的形式,因而受到法律的保护。按照法律的要求,作为条件的事实必须是因其自然进程发生或不发生的,不能受到任何一方当事人的不当影响,否则都难免对他方当事人产生不公平的结果。《民法典》第159条规定:"附条件的民事法律行为,当事人为自己的利益不正当地阻止条件成就的,视为条件已经成就;不正当地促成条件成就的,视为条件不成就。"这就是所谓条件成就或不成就的拟制。这里的不正当,主要是指当事人的行为违背了诚实信用原则的要求。

设例80:

甲在一次家庭聚会时一时兴起,对侄女乙说,只要你考上大学,就给你10

万元。双方还签订了书面合同。后甲见乙学习成绩越来越好，心生后悔，经常故意干扰其学习，导致其没有考上大学。

问题：乙可否要求甲承担责任?

在设例80中,甲和乙的赠与合同约定了附条件,甲却不正当地促使条件不成就,虽然甲不做干扰学习的活动也不见得乙肯定能考上大学,但因为有甲的不当行为则法律视为条件已经成就,甲应承担责任。

二、附期限的民事法律行为

(一)附期限的民事法律行为的概念

附期限的民事法律行为,是以一定期限的到来作为效力开始或终止原因的民事法律行为。《民法典》第160条规定:“民事法律行为可以附期限,但是根据其性质不得附期限的除外。附生效期限的民事法律行为,自期限届至时生效。附终止期限的民事法律行为,自期限届满时失效。”期限与条件不同,任何期限都是确定的、要到来的,而条件的成就与否具有不确定性。期限可以与条件一起,共同组成对一个法律行为效力的限制因素。

法律行为所附的期限,可以是期间,也可以是期日。期限具有如下特点:

第一,期限是民事法律行为的一种附款。它与法律行为的其他条款一起共同构成了附期限的法律行为。由于它是一种附款,也就是说是法律行为的组成部分,因此原则上应当由当事人自由设定。至于法律所规定的法定期限,如行使撤销权的期限等,不属于附期限的法律行为所称的期限。

第二,期限是限制民事法律行为效力的附款。法律行为如果设定了生效期限或终止期限,则法律行为的效力在时间上受到限制。有的期限直接决定着法律行为效力的发生,有的期限则决定着法律行为效力的消灭。

第三,期限是以将来确定发生的事实的到来为内容的附款。因为期限是必然到来的。

设例81:

甲、乙于12月1日签订一份房屋租赁合同，约定将房屋（200平方米）租给乙开餐馆使用，合同自第二年1月1日起生效。合同签订后，乙即要求甲交付房屋，而甲因搬家等原因直到当年12月31日才把房屋交付给乙。乙因为需要装修所以直到第二年2月份才开始营业，于是要求少支付一个月的租金。

问题：乙的要求是否合理?

在设例 81 中,乙的请求并不能得到法律的支持,双方约定合同生效的时间是 1 月 1 日,虽然合同签订后甲就可以将房屋交付,进而给乙更充足的时间装修,但不管乙是否有充足的时间装修都应该算入合同约定的时间范围内,乙的请求看似合理却并不符合合同的约定,不会影响合同内容的履行。

附期限的法律行为与法律行为中履行期限当事人的义务是不同的。所谓履行期限,是指双方当事人约定的履行合同义务的时间,在履行期限到来之前,当事双方不需要实际履行合同义务,债权人也不能请求债务人实际履行债务,否则债务人有权予以拒绝。例如,合同约定 5 月 1 日交货、10 月 1 日付款、6 月底交付房屋等,都属于履行期限的合同。但履行期限都只是对实际履行合同义务的规定,而并不是对合同效力的规定。在履行期限到来之前合同已经发生效力,当事人的权利义务已经发生,双方都应当受到合同的拘束。而在生效期限尚未到来时,合同根本没有生效,当事人也不能享有权利并承担义务。换言之,债权债务并没有产生。

法律行为附期限与法律行为的性质或公序良俗原则相悖的,不得附期限,如收养行为。

(二)法律行为附期限的类型

1. 延缓期限与解除期限

根据期限是限制法律行为效力的发生还是决定法律行为效力的丧失,民事立法将期限区分为延缓期限与解除期限。

延缓期限,又称始期,即法律行为效力的发生以特定期限的到来为条件,该特定期限即为延缓期限。

业已生效的法律行为于特定期限到来时效力终止,该特定期限即为解除期限,又称终期。

附延缓期限的法律行为需适用附延缓条件的法律行为的相关规定;附解除期限的法律行为需适用附解除条件法律行为的相关规定。但专门针对附条件法律行为设置的规定,如有关条件成就或不成就拟制的规定,附期限的法律行为不得适用。另外,在附期限的法律行为中,当事人受保护的法律状态符合期待权构成条件的,与附条件法律行为中期待权相比,该期待权转化为既得权的可能性更为确定。

2. 确定期限与不确定期限

学说上以作为期限内容的事实发生的时期是否确定为标准,将期限区分为确定期限与不确定期限。作为期限内容的事实发生的时期确定的,为确定期限。作为期限内容的事实发生的时期不确定的,为不确定期限。

（三）法律对期限的限制

法律不允许对法律行为附加不能期限。不能期限是指约定的期限过于久远，违背常情。

重要问题提示：

1. 法律行为和意思自治的关系如何？
2. 意思表示的要素有哪些？
3. 意思表示的解释方法有哪些？
4. 法律行为的效力类型有哪些？
5. 附条件的法律行为和附期限的法律行为有什么区别？

第六章 代理

第一节 代理概述

一、代理的概念

(一)代理的含义

代理,指的是代理人代理权限范围内,以被代理人或自己的名义独立与第三人从事法律行为,但由此产生的法律效果直接或间接归属于被代理人的法律制度。其中,以他人名义或自己名义代替他人与第三人实施法律行为的人,称为代理人;由他人代为实施法律行为的人,称为被代理人或本人;与代理人实施法律行为的人,称为第三人。在代理制度中,代理人以被代理人的名义代替被代理人与第三人实施法律行为的代理称为直接代理;代理人以自己的名义代替被代理人与第三人实施法律行为的代理称为间接代理。《民法典》总则编规定的仅为狭义的代理制度,即传统民法所谓的直接代理,而广义的代理制度还包括间接代理。

从历史沿革来看,代理制度源起于罗马法后期,后为德国民法所继受,从 17 世纪开始成为一项独立的民法制度。代理制度自产生以来,对民事主体从事法律行为发挥了非常重要的积极意义:一方面,对于拥有完全行为能力的自然人而言,代理制度可以扩张自然人依意思自治可自由处断的社会事项的范围;对于法人和非法人组织而言,代理制度可以使其在实施法律行为时克服可能遭受的活动地域或自身性质的限制。比如,在代理制度中,民事主体不仅能够利用自己的能力和专业知识参加民事活动,还可以进一步利用他人的能力和专业知识参与民事活动,不仅大大扩张了民事主体参与民事活动的范围,更有效降低了交易成本,提高了交易效率。另一方面,对于行为能力欠缺的自然人,比如限制行为能力人或无行为能力人,代理制度可以有效地弥补意思能力欠缺对其参与民事活动的限制,从而补足了此类民事主体由于理性判断能力不足所带来的各种不便。有鉴于此,各个国家和地区普遍在立法上接受并确立了代理制度。①

代理的基本制度功能在于由代理人代替他人实施法律行为,参与法律交往,因此,代理制度产生和发展的基础是高度发达的商品经济。在罗马法中,以古罗马简单的商品经济条件为背景,曾经出现过类似后世委托代理的少数规定,但直至罗马法时代结束也未能形成较为完善的代理制度。随着社会发展到资本主义阶段,商业往来的频率愈加频繁,交易规模不断扩大,导致社会生活事务的范围不断拓宽,复杂程度也日益加剧,所以,在法律生活中的民事主体对通过他人代为办理自己的事务产生了极为迫切的需求,这为代理制度的产生和完善提供了充分的必要性和可能性。近代以来,1804 年的《法国民法典》将代理制度作为“委任契约”列入其规定的“取得财产的各种方法”,实现了代理制度迈入国家立法的第一步;1900 年的《德国民法典》进一步将代理制度列入“法律行为”部分加以规定并产生了较大的世界性影响,被许多大陆法系国家和地区立法所效仿。我国《民法典》总则编第四章第二节也明确规定了代理制度,并且《民法典》合同编第二十三章第 925 条、第 926 条还规定了间接代理制度。

(二)代理关系的构成

代理通常涉及至少三方主体:被代理人、代理人和第三人(交易相对人)。三方主体之间基于代理而形成的法律关系可以区分为内部关系和外部关系。内部关系,指的是被代理人与代理人之间形成的约束双方的法律关系;外部关系包括被代理人与第三人之间基于代理而发生的法律关系,以及代理人与第三人之间基于代理行为而发生的法律关系。

被代理人与代理人之间的内部关系又可以进一步区分为基础法律关系和授权

① 梁慧星:《民法总论》,法律出版社 2021 年版。

关系。基础法律关系一般为合同关系,如委托合同、雇佣合同或劳动合同等,功能在于使被代理人和代理人之间形成权利义务约束,以便代理人能按约定为被代理人服务,被代理人则应按约定向代理人偿付相应报酬。授权关系指的是被代理人通过授权行为与代理人形成的法律关系,功能在于使代理人取得代被代理人实施法律行为,并将代理行为法律效果直接归属给被代理人承担的法律"权力"。比如,甲委托乙代其购买某机械设备,同时甲又授权乙可以以甲本人的名义订立设备买卖合同,并承诺事成之后支付劳务费 3 000 元。随后,乙来到经销商丙处,按照甲的要求与丙订立了设备购买合同。此设立构成较为典型的代理,其中甲为被代理人,乙为代理人,丙为第三人(交易相对人)。甲和乙之间的法律关系为代理中的内部关系,分别包括了甲乙之间的委托合同关系和甲对乙的授权关系;甲与丙、乙与丙则构成代理中的外部关系,其中甲与丙基于代理而成为买卖合同的双方当事人,乙与丙则存在乙以甲的名义与丙实施的代理行为。

需要注意的是,授权行为在性质上属于单方法律行为,可以独立于基础法律关系而单独存在,并构成代理。换言之,代理关系构成可表现为"基础法律关系和授权关系并存"或"仅有授权关系"两种形态,但只具备基础法律关系时并不能构成代理。

(三)代理的特征

从适用对象来看,代理制度主要适用于法律行为,即代理人代理被代理人与第三人实施法律行为。在能够引起法律关系变动的法律事实中,事件和事实行为所发生的法律效果均由法律直接规定,只有法律行为的法律效果是行为人依自主意思主观追求的结果,因此,仅有法律行为才能够具备可代理性。据此,代理关系具有三方面特征。

1. 代理人的职能是代替被代理人作出意思表示

在代理关系中,代理人的使命是代替被代理人实施法律行为,而法律行为的核心构成要素是意思表示,所以代理人为了被代理人的利益,凭借自己的能力或专业知识代替被代理人作出独立的意思表示是其最基本的、最核心的职能。代理人的这一职能要求,一方面使代理人与社会生活中较为常见的"使者"产生区别,另一方面也使代理人与法律生活中委托关系的受托人存在根本不同。详言之,一是代理人不同于使者,因为使者只是他人意思表示的传达者,并不需要自己作出独立的意思表示。二是代理人不同于受托人,因为受托人基于委托关系而处理他人事务的范围不仅包括法律行为,还包括非法律行为,比如受托人接受委托照料委托人的宠物或代替委托人营造建筑物等。当受托人代替委托人实施非法律行为时并不需要独立作出意思表示。

事实上,我们必须看到,尽管在严格意义上代理仅适用于法律行为,但是法律为了保护民事主体的合法权益,促进民事活动和提高社会经济效率,仍然规定代理的适用范围可以扩张到部分非法律行为,主要包括:申请行为、申报行为和诉讼行为。其中,申请行为的代理指的是代理本人请求国家有关部门授予某种资格或特许权的行为;申报行为的代理指的是代理本人向国家有关部门履行法定的告知义务或给付义务的行为;诉讼行为的代理指的是在民事诉讼、行政诉讼和刑事附带民事诉讼中,代理原告、被告或第三人参加诉讼的行为。相反,需要强调的是,并非所有类型的法律行为均具可代理性,比如,凡因具有强烈人身属性而必须由本人亲自实施的法律行为,虽然也包含意思表示要素,但不得适用代理,例如,订立遗嘱、缔结婚姻或收养子女等均不得代理。此外,《民法典》第 161 条第 2 款也明确规定:"依照法律规定、当事人约定或者民事法律行为的性质,应当由本人亲自实施的民事法律行为,不得代理。"

设例 82:

甲和乙是双胞胎姐妹。 甲和丙商量好于 2021 年 2 月 1 日结婚,后因甲出车祸住院治疗,而丙又要出国 3 年,所以由乙代替甲和丙到登记机关登记。 3 年后,丙回国主张婚姻关系无效。

问题:甲和丙的婚姻关系是否有效?

在设例 82 中,甲和丙的婚姻关系应认定为无效。从外观上看,似乎应认定乙系代理甲与丙缔结了婚姻关系,事实上,结婚行为在法律性质上属于身份关系,不具有可代理性,不能成为代理制度适用的对象。因此,无论乙是否有甲的授权,也无论丙对乙代替甲与其结婚的事实是否知悉,甲和丙之间的婚姻关系均应该认定为无效。

2. 代理人可以以被代理人的名义或自己的名义实施法律行为

如前所述,在民法理论中,代理有狭义和广义之分。狭义的代理仅指直接代理,即代理人必须以被代理人的名义与第三人实施民事法律行为;广义的代理不仅包括直接代理,还包括间接代理,即代理人以自己的名义与第三人实施法律行为的代理。大陆法系国家一般仅承认狭义的直接代理,但我国《民法典》事实上也承认广义的间接代理,比如该法第 925 条、第 926 条即是对间接代理关系的规范。值得注意的是,按照《民法典》的规定,代理人以自己的名义代替被代理人实施法律行为的前提是,第三人对代理人与被代理人的代理关系已明确知悉,否则代理行为不能约束被代理人。

3. 代理行为的法律效果直接或经由代理人间接归于被代理人承受

代理行为的效果最终归属由被代理人承受,但归结法律后果的理论逻辑,直接代理和间接代理存在较大不同。在直接代理关系中,代理人基于被代理人授予的代理权,以被代理人的名义代其与第三人实施法律行为,而代理权的授予行为中已直接包含了被代理人后果归属的主观意思;在间接代理关系中,代理人以自己的名义与第三人实施法律行为,代理行为的法律效果并非当然地直接归属于被代理人。如果第三人知道代理人与被代理人之间存在代理关系,代理行为的法律效果可以直接归结;如果第三人对代理人与被代理人之间的代理关系并不知晓(例如行纪关系),在逻辑上,代理行为的法律效果应首先归属于作为直接行为人的代理人,再由代理人遵照其与被代理人之间的基础法律关系,将法律后果转归被代理人承受。

需要进一步指出的是,代理行为所发生的法律效果由被代理人承受,在理论上指的是被代理人应当对代理人的代理行为承担一切法律后果。具体而言,只要代理关系成立,不仅代理行为因有效而发生的权利义务由被代理人承担,代理行为因不成立、无效、被撤销或不生效产生的缔约过失责任、不当得利返还等债务也应由被代理人承担。申言之,代理规范的法律本质乃为归属性规范,代理制度的根本意义即在于表达:代理人处于被代理人的位置而替他从事法律行为,那么它的法律后果理应被视为与被代理人自己所为法律行为的后果相同。换言之,代理解决的是代理人代替被代理人从事行为所产生效果归属于何人的问题,与代理行为本身的效力如何无关。

(四)代理与其他法律概念的区分

在法律生活中,存在一些行为或制度与代理具有一定的相似性,但究其本质,它们之间也存在着明显的区别。

1. 代理与传达

传达,指的是行为人将他人的意思表示通知给意思表示领受人的行为,替他人传递意思表示的人称为传达人。传达与代理的根本区别在于,在传达过程中传达人不需要自己作出独立的意思表示,其职责在于将表意人已经做成的意思表示原封不动地传递给相对人,仅发挥“传声筒”的作用。相比之下,在代理关系中,代理人需要在代理权的授权范围内独立地作出意思表示,进而与第三人订立法律行为,需要具备一定的行为能力。

2. 代理与中介

中介,也称“居间”,是《民法典》合同编规定的一类典型合同,指的是中介人向委托人报告订立合同的机会或者提供订立合同的媒介服务,由委托人支付报酬的合同。中介与代理的主要区别在于,中介人的职责仅在于为委托人和相对人订立合同提供必要的机会信息或缔约媒介,其自身并不参与合同的缔结过程,即合同的成立乃是委托人与相对人意思表示一致的结果,并不包含中介人的任何主观意思。而在代理关系中,代理行为的成立乃是代理人与第三人意思表示达成一致,代理人作出的意思表示构成了代理行为的核心成立要素。

3. 代理与代表

代理与代表的主要区别在于:法人与其法定代表人构成法律上的代表关系。法定代表人代表法人作出的是法人的意思表示,而非法定代表人自己的意思表示。所以,在代表关系中,代表人与被代表人虽共同参与民事活动,但表现出的却是单一的行为主体,即被代表人。在代理关系中,代理人与被代理人以两个主体的身份共同参与民事活动,即代理行为由代理人实施,代理行为的法律后果由被代理人承担。此外,当行为人超越权限而为代表行为或代理行为时,发生的法律效果不尽相同。法定代表人的越权代表行为原则上对第三人有效,而代理人的越权代理行为应视为无权代理,该行为原则上效力待定,最终是否发生效力,须待被代理人追认。

4. 代理与冒名行为

冒名行为指的是将他人名义当作自己名义而实施法律行为的情形。与代理中代理人以他人名义实施法律行为不同,冒名行为中行为人仅仅是“声称”自己乃是被其冒名之人,但实际并非如此,而且被冒名之人对冒名行为通常并不知情。因为,一旦被冒名人对冒名行为知情,并认可或放任冒名行为实施之时,其形成的法律关系与正常代理无异,可直接适用代理规则。所以,冒名行为一般只讨论被冒名人对冒名行为并不知情时的处理规则。

民法理论将此类冒名行为区分为两种不同情形:其一,姓名冒用,即行为人仅借用他人名义为自己实施法律行为。此时,冒名人主观上并没有将法律效果归属于被冒名人的意思,而且冒名行为的相对人只关心交易行为能否成就,而对法律效果最终归属于谁并不关心,则冒用他人姓名而实施的法律行为的效力应在冒名行为人和交易相对人之间发生。比如,甲登录其好友乙的网络商城账户,为自己购买参考书籍,实际买受人应认定为甲,而非乙。同时,书籍买卖合同应在甲和网络书店之间成立,而非在乙和网络书店之间成立。其二,身份冒用,即冒名行为人自己并没有将冒名行为的法律效果归属于被冒名人的主观意思,但冒名行为的相对人对交易对象究竟为谁非常关注,并且其已善意地认为交易的相对人就是被冒名之人(若其知道冒名行为,即不会与行为人成就交易)时,准用无权代理规则处理,即被冒名人予以追认时,冒名行为在被冒名人和相对人之间正常发生效力;被冒名人拒绝追认时,冒名行为人类推承担无权代理人的责任。例如,某甲声称自己为某高校民法学教师乙,在新生中兜售参考书籍即为身份冒用情形。

5. 代理与简易行为

简易行为,一般是指自然人在日常生活中的日常行为,比如,甲让其同学帮忙购买一杯豆浆,乙请其室友帮忙从学校食堂打包一份午饭等都属于简易行为。简易行为在行为构成上与代理非常相近,但在简易行为中,交易相对人是否知晓代理关系存在、是否知晓其真正的交易对象是谁,均对其自身利益状况不构成任何不利影响,因而,只要代理人能够代替被代理人实施相应行为,并最终将行为效果归属于被代理人,则无必要适用代理规则的必要性。需要指出的是,法人委托他人参与民事活动的,一般不应以简易行为对待,而应适用代理规则。

设例 83:

甲打算把自己的房子 A 以 100 万元的价格卖掉,于是找到乙并签订文书,授权乙出售 A 的一切权限。之后,乙和其朋友丙谈起此事,丙提出购买,于是签订合同以 100 万元将该房屋卖给丙。甲知道后觉得价格低了,于是以丙是乙的朋友为由主张买卖合同无效。

问题:房屋买卖合同是否有效?

在设例 83 中,房屋买卖合同应认定为有效。原因是,甲授予乙出售 A 房屋的一切权限的行为在甲、乙之间构成代理关系。基于代理,乙得以以甲的名义与第三人签订房屋 A 的买卖合同,并将该买卖合同的法律效果直接归属于甲承担。在丙的眼中,乙关于出售房屋的意思表示等同于甲的真实意思,除非甲能举证乙和丙之间存在损害其利益的恶意串通,否则只能依据代理关系接受买卖合同的效果,不能主张该合同无效。

二、代理的类型

(一)法定代理与委托代理

根据代理权产生的根据不同,可将代理区分为法定代理和委托代理。

法定代理,是指代理人基于法律规定而取得代理权的代理。在法定代理中,代理权的授予是基于法律的直接规定,并不取决于被代理人的主观意思。因此,法定代理主要适用于被代理人为无行为能力或限制行为能力人的情形。比如《民法典》第 19 条前半句规定:“8 周岁以上的未成年人为限制民事行为能力人,实施民事法律行为由其法定代理人代理或者经其法定代理人同意、追认。”第 20 条规定:“不满 8 周岁的未成年人为无民事行为能力人,由其法定代理人代理实施民事法律行为。”第 21 条规定:“不能辨认自己行为的成年人为无民事行为能力人,由其法定代理人代理实施民事法律行为。”法定代理制度的积极意义在于:一方面,法定代理既能满足行为能力有欠缺的民事主体参与民事活动的需求,又是对此类主体在民事活动中合法利益的基本保障;另一方面,从交易相对人的角度看,法定代理制度也是对交易安全和交易效率的维护。

委托代理,是指代理人基于被代理人的主观意志获取代理权的代理。《民法典》将意定代理笼统地称为委托代理,实际上并不准确,原因在于委托关系在《民法典》中是一种典型的合同关系,指的是委托人与受托人约定,由受托人处理委托人委托事务的合同。代理人和被代理人之间的委托合同只是代理赖以产生的基础法律关系的一种,但两者并非同一概念。具体来说,一方面,代理关系并非都以委托合同为基础产生,也可以基于当事人之间的雇佣合同、劳动合同而产生,有些代理的产生甚至可以不具备基础法律关系;另一方面,委托合同并不必然产生代理关系,比如,委托人请求受托人保管某物时,即存在委托关系,但不存在代理关系。

(二)本代理与复代理

根据代理人的代理权来源不同,可以把代理区分为本代理和复代理。

本代理,是指代理人的代理权直接来源于被代理人的授予行为,或直接来源于法律规定或有关机关指定的代理。复代理,又称再代理,在《民法典》中称为转委托,指的是本代理的代理人为了实施代理权限内的全部或部分行为,以自己的名义选定他人担任被代理人的代理人的情形。代理人为被代理人选定的代理人称为复代理人或再代理人,代理人选择他人担任复代理人的权利,称为复任权。复任权也属于代理权的一项内容。

在委托代理中,被代理人对代理人的选择,主要是基于其对代理人知识、技能、信用等个人要素的信赖。因此,委托代理的内部关系具有较强的人身信赖属性,进而代理人原则上应亲自负担执行代理事务的义务,不应将代理事务转授他人处理。然而,如果代理人事先已征得被代理人许可,或事后已取得被代理人追认时,再或者在突发紧急情况致使代理人不能亲自处理代理事务,如再不委托他人代劳,则可能进一步损坏被代理人利益之时,法律为更好地保护被代理人的利益,也例外地认可代理人将代理事务转授他人执行,即产生复代理。《民法典》第 169 条规定:“代理人需要转委托第三人代理的,应当取得被代理人的同意或者追认。”“转委托代理经被代理人同意或者追认的,被代理人可以就代理事务直接指示转委托的第三人,代理人仅就第三人的选任以及对第三人的指示承担责任。”“转委托代理未经被代理人同意或者追认的,代理人应当对转委托的第三人的行为承担责任;但是,在紧急情况下代理人为了维护被代理人的利益需要转委托第三人代理的除外。”

法定代理原则上都可以进行复代理。法定代理具有如下特殊性:一是法定代理权的发生并不依赖特定当事人之间的信赖关系,而是直接源自法律规定;二是法定代理人的代理权在性质上属于代替被代理人为所有法律行为的一般代理权,权限范围宽泛;三是法定代理中被代理人通常为意思能力欠缺的主体,且代理人一旦取得代理权即不得随意辞任。鉴于法定代理的上述特殊之处,原则上法定代理人对复任权的行使应当尽到善良管理人的注意义务,进而法定代理人应无条件地享有复任权。法定代理中有通过指定监护人而成立的情形,此时代理人之所以取得代理权乃是基于有关机关或人民法院对其的高度信赖。指定的代理人从有关机关或人民法院处取得的代理权,一方面不可能与法定代理中由法律规定授予的代理权等量齐观,另一方面又不可能如委托代理一般完全体现被代理人的主观意思,所以,原则上指定代理的代理人不应享有复任权。然而,为充分维护被代理人的利益,在征得人民法院或者指定单位同意或在突发紧急情况时,也应例外地承认指定代理人可以享有复任权。《最高人民法院关于适用〈中华人民共和国民法典〉总则编若干问题的解释》第 25 条规定:“由于急病、通信联络中断、疫情防控等特殊原因,委托代理人自己不能办理代理事项,又不能与被代理人及时取得联系,如不及时转委托第三人代理,会给被代理人的利益造成损失或者扩大损失的,人民法院应当认定为民法典第 169 条规定的紧急情况。”

设例 84:

甲的家乡是茶乡。 春节回家期间,同学乙委托甲购买茶叶 10 斤,付款 1 000 元。 甲回家后发现,春节期间无茶可买,经乙同意甲转托一当地人丙在春天购买。 后丙买的茶叶质量不行,乙要求甲赔偿损失。

问题:甲是否应当赔偿损失?

在设例 84 中,甲不应当承担赔偿损失的责任。甲和乙构成了代理关系,甲在乙同意的情况下将代理事务转委托给丙,丙成为乙的复代理人。在整个代理关系和复代理关系的形成过程中,甲并无过错。而作为复代理人的丙执行代理事务中的损害应由其承担,而不应由甲承担。

需要特别说明被代理人、代理人和复代理人之间的关系。其一,复代理人是被代理人的代理人,不是本代理人的代理人,也就是说,复代理人应以被代理人的名义实施法律行为,不能以本代理人的名义实施法律行为。同时,复代理人实施代理行为的法律效果应直接归属于被代理人承担,不应归属于本代理人承担。其二,本代理人为被代理人选任复代理人之后,本代理关系不受影响,本代理人仍可继续正常执行代理事务。其三,复代理人应在本代理人授予的代理权限内实施法律行为,且复代理人的行为既受被代理人监督,也受本代理人监督。其四,本代理人对复代理人享有解任权,可在任意情况下决定取消其复代理权。

(三)直接代理与间接代理

《民法典》合同编在委托合同一章规定了商事交易中的间接代理,间接代理与总则编规定的直接代理不同。在直接代理中,代理行为的法律效果直接归属于被代理人承担,而在间接代理中,代理行为的法律效果并不当然地归属于被代理人承担,而是经由间接代理人基于其和被代理人之间的法律关系,转归被代理人承担。从法律结构上看,间接代理并非真正意义上的代理关系。比如,在直接代理中,代理人根据被代理人的授权,取得将代理行为的法律效果直接归属被代理人的"权力",而为了达成归属法律效果的目的,代理人就必须以被代理人的名义从事代理行为。进而,代理行为成立后,被代理人与第三人成为法律行为的主体,代理人则与代理行为确立的权利义务无关。反观间接代理,事实上"被代理人"与"代理人"之间并不存在授权关系,故"代理人"不得以"被代理人"的名义与第三人从事法律行为,而只能以自己的名义与第三人订立合同,由"代理人"成为合同主体,承担"代理行为"发生的权利义务,但在"被代理人"与第三人之间则不存在任何法律关系。再进一步来说,当"代理人"承受"代理行为"的法律效果后,需要再基于其与"被代理人"之间的法律关系将法律效果转归于"被代理人"承担。

第二节

委托代理

一、委托代理的概念

委托代理，指的是基于被代理人对代理人的委托授权而发生的代理，是社会生活中最常见、最广泛的一种代理形式。委托代理在类型上属于意定代理的一种，由《民法典》总则编第七章第二节规定。在委托代理中，被代理人与代理人之间的基础法律关系是委托合同，但如果被代理人与代理人之间仅有委托合同，没有单独的授权行为，或在委托合同中没有明确的授权条款，则不能构成代理。原因是在代理法律关系中，代理权的授予和基础法律关系各自独立发生法律作用。这一结论最早由德国法学家耶林提出，是民法发展史上非常重要的进步。

需要指出的是，《民法典》总则编第七章第二节的规定在表述上混淆了意定代理和委托代理两个概念。《民法典》关于委托代理的规定，事实上应扩大解释为意定代理。

二、代理权授予

(一) 代理权的本质

代理权是由被代理人授予代理人的，允许其以自己的名义实施法律行为的法律“权力”。代理人得以他人的名义实施法律行为，并将行为效果直接归属于他人，均以具有代理权为基础。然而，对于代理权的法律性质问题，学界一直众说纷纭，代表性观点有：一是权利说，该说认为代理权是一项为代理人享有的民事权利；二是资格说，也称能力说，认为代理权是基于被代理人的委托行为而赋予代理人具有的一种法律资格；三是权力说，认为代理权是一种“权力-义务”关系，具体指代理人被授予改变被代理人与第三人之间的法律关系的权力，而被代理人则应承担这种被改变的关系产生的相应义务。整体看来，权利说的主张具有自身难以克服的逻辑缺陷，即代理制度本质上乃为被代理人的利益而创设，若将代理人的法律地位解释为“权利人”，逻辑上必将得出代理乃是以代理人利益为制度目的的结论，因为权利的最终落脚点必然是权利人所享有的某种利益。资格说虽然相较于权利说更为合理,但其仍未能解释代理权如何能产生效果归属功能的自身特性。权力说一直为英美法所主张,当前也被我国多数学者认可。一方面,代理人以代理权为基础为被代理人谋取利益的事实,与权力的宗旨相统一;另一方面,代理人得基于代理权的享有排除其他主体对处理代理事务的干扰。需要指明的是,代理人享有的“权力”并非源自被代理人的授予,而是源自法律的规定,只是由于被代理人对代理人的委托和授权行为触动法律规则发生作用。“权力说”将代理权的来源理解为由法律授予,很好地解释了法定代理、指定代理以及表见代理等法律现象。

(二)代理证书

代理证书,又称授权委托书,是委托授权行为的书面形式。它是由被代理人制作的,证明代理人之代理权并表明其权限范围的证书。《民法典》第 165 条规定:“委托代理授权采用书面形式的,授权委托书应当载明代理人的姓名或者名称、代理事项、权限和期限,并由被代理人签名或者盖章。”由此可知,只有委托代理的代理人需要代理证书以证明代理权限,原因是委托代理的代理权来自被代理人的主观意思,要想为不特定的社会公众所知,则必须以一定的载体或媒介予以展示。在法定代理或指定代理中,代理权的来源与被代理人的主观意思无关,因而无须代理证书予以展示。在社会生活中,介绍信也可以被当作代理证书使用,司法实践承认其具有与正式代理证书一样的单独的证明效力。

在代理活动实践中,代理人与第三人从事代理行为时,只需要出示代理证书,即可表明其享有代理权,而无须同时出具旨在调整代理人与被代理人之间权利义务关系的委托合同。这一实践方式进一步证明了代理人与被代理人之间的基础法律关系与授权关系单独发生作用的结论。但需要强调的是,代理证书对代理权相关各种事项的记载应当明确,代理证书记载对代理人授权不明时,被代理人应向第三人承担民事责任,且代理人应负担连带责任。

三、代理权行使的要求

在代理关系中,代理人为被代理人的利益而以其名义代替被代理人实施法律行为,因而代理人不能够无限制地行使代理权,而应当在合理的限度内,遵循一定的要求行使代理权,具体如下:

(一)代理人原则上应当亲自行使代理权

被代理人之所以授权代理人代替自己参与法律交往,乃是基于其对代理人个人知识、技能、信用等因素的高度信赖,希望其能够服务自己更广泛地参与民事活动或更合理地规避民事活动中的潜在风险。所以,从原则上讲,代理人只有自己执行代理事务,才合乎被代理人对外授权的初衷。当然,法律出于充分保护被代理人利益的考虑,并没有"一刀切"地绝对禁止代理人将代理事务转授他人执行,而是例外地承认在被代理人同意或紧急突发情况下,代理人可享有复任权,即为被代理人指定他人完成代理事务。

(二)代理人应谨慎、勤勉、忠实地行使代理权

代理制度为被代理人的利益而设。被代理人设定代理的目的是有效利用代理人的能力为自己服务,同样,代理人实施代理行为的唯一目的也应是实现被代理人获得利益的目的。因此,代理人行使代理权,执行代理事务,必须从被代理人的利益出发,而不是从其自身或他人的利益出发,谨慎、勤勉、忠实地处理、完成代理事务。代理人在实施代理行为时未履行谨慎义务、勤勉义务或忠实义务,导致被代理人设定代理的目的落空并遭受损失,根据《民法典》第164条第1款的规定,代理人应当承担民事赔偿责任。

按照法律规定,代理人履行谨慎义务、勤勉义务或忠实义务的具体表现:一是在代理活动进行中,代理人应向被代理人忠实报告处理代理事务的一切重要情况,以使被代理人知晓事务的进展和自己利益的损益状况;二是代理事务处理完毕后,代理人应向被代理人报告执行任务的经过和结果,并提交必要的文件材料;三是代理人在执行代理事务过程中应尽保密义务,不得向外界泄露其知晓的被代理人的个人秘密和商业秘密,或利用它们同被代理人进行不正当竞争;四是代理人与第三人恶意串通,损害被代理人利益时,代理人应根据《民法典》第164条第2款的规定与相对人一起对被代理人承担连带赔偿责任。

设例85:

甲、乙为同事并同住一个宿舍。因工作需要,公司委派甲去驻外办事处工作。甲将自己的一台电脑委托给乙保管和使用,3个月后甲告知乙可将电脑以适当价格卖掉。乙的妹夫丙得知此事表示想买下这台电脑,乙、丙两人经过商议,由乙打电话告诉甲电脑出了毛病,甲答复可以降低价格卖掉,于是乙以500元的价格将电脑低价卖给了丙,后丙又将电脑卖给了不知情的丁。

问题:甲的损失应当由谁来承担责任?

在设例85中,甲的损失应当由乙和丙承担连带赔偿责任。根据《民法典》第164条的规定:"代理人不履行或者不完全履行职责,造成被代理人损害的,应当承

担民事责任。”“代理人和相对人恶意串通,损害被代理人合法权益的,代理人和相对人应当承担连带责任。”在设例中,乙和丙经协商后,故意欺骗甲说电脑有毛病,导致甲陷入错误认识进而作出降价出售电脑的决定,已构成恶意串通损害甲利益的情形,所以应由两人向甲承担连带赔偿责任。设例中丁为善意受让人,基于善意取得规则,丁可以正常取得电脑的所有权。

四、代理权行使的限制

代理权的性质是将代理行为的法律效果直接归属给被代理人承受的法律“权力”,因此,如同其他权利一样,代理权的行使也需要一定的制约。代理权可以来自被代理人与代理人之间的基础法律关系,但仅以内部关系约束代理人时,被代理人并不能完全拒绝代理行为的法律效果,比如在表见代理场合。因此,为了更充分地保护被代理人的利益,法律还有必要对代理行为本身作出一定的限制,以使被代理人能够摆脱表面看来似乎为有权代理的行为。这些限制具体包括对自己代理和双方代理的禁止。

(一)自己代理

自己代理,指代理人在代理权限内与自己实施法律行为。在自己代理中,代理人同时具有代理人和交易第三人的双重身份,也就是说,本应由交易双方完成的交易行为实际上仅由一个人(代理人)来实施。考虑到交易行为的本质均是以对方利益为代价而追求己方利益的最大化,因而,在自己代理中,很难避免代理人为自己利益而牺牲被代理人利益的风险。质言之,在自己代理中,代理人与被代理人之间的利益冲突几乎是无法调和的,所以,除非事前已得到被代理人的许可或事后得到了被代理人的追认,否则法律对自己代理不予承认。《民法典》原则上对自己代理也持否定态度,《民法典》第 168 条第 1 款规定,代理人不得以被代理人的名义与自己实施民事法律行为,但是被代理人同意或者追认的除外。

(二)双方代理

双方代理,又称同时代理,是指代理人以被代理人的名义与自己同时代理的其他民事主体缔结法律行为的情形。通俗化地理解,双方代理实际上就是代理人同时代理欲缔结合同的双方当事人缔结合同的行为。同样,交易中交易双方必然存在利益冲突,交易之所以能够达成,实际上是交易双方通过协商或讨价还价而取得了双方均得认可的利益平衡。在双方代理中,由代理人一人来代表双方利益,难免厚此薄彼,结果或是导致一方利益受损,或是导致交易行为难以达成。故此,法律对待双方代理的态度与对自己代理近似，除非事前已得到被代理人的许可或事后得到了被代理人的追认，否则不予承认。《民法典》第 168 条第 2 款中对此加以强调，规定代理人不得以被代理人的名义与自己同时代理的其他人实施民事法律行为，但是被代理的双方同意或者追认的除外。

第三节
无权代理

一、无权代理的概念

无权代理，指的是不具有代理权的当事人所实施的代理行为，该当事人也称为无权代理人。无权代理的构成以代理行为为前提，要求无权代理人并不具有代理权，但必须以被代理人的名义实施代理行为。无权代理与有权代理的区别仅在于无权代理人实施代理行为时是否具有代理权。

《民法典》第 171 条第 1 款规定："行为人没有代理权、超越代理权或者代理权终止后，仍然实施代理行为，未经被代理人追认的，对被代理人不发生效力。"据此可知，行为人不享有代理权应包括以下三种情形。第一种情形是行为人自始不享有代理权，具体包括：一是被代理人自始从未作出过授予代理权的行为；二是被代理人虽实施过授权行为，但该授权行为因无效或被撤销而导致其自始未发生效力。第二种情形是代理人超越代理权限实施代理行为，指的是被代理人对代理人授予过代理权，代理人在实施代理行为时也正享有代理权，只是代理人的代理行为超越了代理权的授权范围，比如，甲委托并授权乙代替他去电子城购买一台笔记本电脑，乙到电子城看了之后认为某款台式机性价比更高，于是自作主张买回了该台式机。第三种情形是代理权终止后代理人仍以被代理人的名义实施代理行为，指的是被代理人对代理人授予过代理权，代理人也在代理权的权限范围内实施了代理行为，只是代理人实施代理行为之时，该代理权的授权期限已经届满，且被代理人并未继续授权。比如，甲公司委托并授权乙从 1 月 1 日至 6 月 30 日为其采购生产原材料，但乙在该授权期限届满后仍以甲公司的名义对外订立买卖合同，则乙构成此种类型的无权代理。

二、无权代理的法律效果

无权代理行为发生后，被代理人享有追认或拒绝追认的选择权，代理行为处于效力待定的状态。若被代理人明确表示拒绝追认，或在交易相对人确定的催告期内没有作出追认表示，代理行为即不能对其发生效力。无权代理不发生与有权代理同样的法律效果，但并非不发生任何法律效果。此时，无权代理人应对交易相对人和被代理人承担相应的民事责任。无权代理人对交易相对人所承担的民事责任，如以合同交易为背景，应为缔约上的过失责任；而无权代理人对被代理人所承担的民事责任，其类型应依据无权代理的发生原因确定，可为违约责任，也可为侵权责任。《民法典》第171条规定："行为人没有代理权、超越代理权或者代理权终止后，仍然实施代理行为，未经被代理人追认的，对被代理人不发生效力。相对人可以催告被代理人自收到通知之日起30日内予以追认。被代理人未作表示的，视为拒绝追认。行为人实施的行为被追认前，善意相对人有撤销的权利。撤销应当以通知的方式作出。行为人实施的行为未被追认的，善意相对人有权请求行为人履行债务或者就其受到的损害请求行为人赔偿。但是，赔偿的范围不得超过被代理人追认时相对人所能获得的利益。相对人知道或者应当知道行为人无权代理的，相对人和行为人按照各自的过错承担责任。"

需要注意的是，在无权代理场合，法律为平衡当事人之间的利益，在赋予被代理人追认权的同时，也赋予了善意的交易相对人对无权代理行为的撤销权，即如果交易相对人在与无权代理人从事法律行为时，不知道也不应当知道行为人系无权代理时，可行使撤销权，使无权代理行为归于无效。但是，有关交易相对人撤销权的行使，须注意以下几点内容：一是撤销权应于被代理人行使追认权之前行使；二是被撤销的无权代理行为，被代理人不得再为追认；三是相对人撤销无权代理行为的意思表示一般应向被代理人作出。

设例86：

甲商场的业务员乙到丙公司采购空调，见丙公司生产的浴室防水暖风机小巧实用，尤其在北方没来暖气之前对普通家庭非常实用，就自行决定购买一批该公司生产的暖风机。货运到后，甲商场对外销售该暖风机，但暖风机的销量非常差，甲商场这时想到乙是自作主张购买的暖风机，即拒绝支付货款。

问题：甲商场是否应支付该批设备的价款？

在设例86中，甲商场应该支付该批暖风机的设备价款。乙自行购买暖风机的行为超越了甲对其授权的权限范围，构成无权代理，因而，乙代替甲与丙公司签订的暖风机订购合同应为效力待定合同。此时,甲商场可对该合同进行追认,使其正常发生效力;也可以拒绝追认,使该合同归于无效。事实上,甲公司在暖风机运到后并未明确表示拒绝追认,而是直接对外销售,以默示的方式对暖风机采购合同进行了追认,使得该合同自始有效。所以,甲商场应按合同约定及时支付暖风机的采购价款。

在原则上,无权代理人实施的无权代理行为不能直接对被代理人发生法律效果,但是在两种场合下,无权代理可以发生与有权代理相同的法律效果:一是被代理人对无权代理行为予以追认;二是无权代理构成了表见代理。

(一)被代理人对无权代理行为予以追认

代理本质上是被代理人意思自治的扩张,在委托代理中,被代理人的意思表示包含着代理人作出的代理行为对自己产生效力的效果意思,根据此种意思,基于代理权作出的代理行为的效果归属于被代理人。如果代理人无代理权,则意味着被代理人事实上并无承担代理行为法律后果的自主意思,因此,代理行为的后果并不应直接归属给被代理人承担。然而,出于维护交易安全和效率的考虑,断然否定代理行为的效果也不尽合理。最终,法律出于利益衡量考虑,将是否承担无权代理行为法律效果的决定权赋予了被代理人,被代理人据此享有了对无权代理行为的追认权。被代理人通过行使追认权,可使无权代理行为中欠缺代理权的瑕疵得到补正,使无权代理转化为有权代理,发生与有权代理相同的法律效果。

需要特别说明的是,被代理人对无权代理行为予以追认的规则在以下两种情形中应予以目的性线索解释:

第一,无权代理行为是单方法律行为时,被代理人一般不享有追认权。此种情形中,代理行为原则上对被代理人不发生效力,被代理人确定不承担代理行为的法律后果,且不享有追认权。因为,单方行为乃是基于行为人一方的意思表示即可构成的法律行为,相对人的意思表示不会也不能对单方法律行为的效力发生影响。由此可以看出,如果该单方法律行为对被代理人是否发生效力完全取决于被代理人对其追认与否,且相对人又无撤销权予以自我保护的话,则无异于将相对人置于一个过分被动的不确定地位,这是不合理的。但需要注意的是,即使在无权代理行为系单方法律行为的场合中,仍然有可能例外地允许被代理人享有追认权,具体包括:一是相对人未对无权代理人所享有的所谓代理权提出异议;二是相对人明知行为人无代理权但仍同意该无权代理行为;三是无权代理行为系受领意思表示的消极代理。在这三种场合中可以例外地赋予被代理人追认权的原因在于,在前两种情形中，相对人应认定为自甘冒险，所以法律上并未存在对其加以特别保护的需要；而第三种情形中，待受领的意思表示由相对人作出，在该意思表示到达前，相对人有权依据《民法典》第141条予以撤回，因此对该相对人也有特别保护的需要。

第二，无权代理行为构成无因管理时，被代理人不享有追认权，而是负担追认义务。当无因管理行为系管理人以本人名义实施的法律行为时，管理人可视为无权代理人，无因管理中的本人可视为无权代理中的被代理人，无因管理行为即为无权代理行为。此时，对于无因管理行为的法律效果，本人（被代理人）应负有追认义务，作为管理人（无权代理人）可以请求其承担无因管理行为（无权代理行为）的法律后果。

（二）被代理人追认权的行使

被代理人对无权代理行为行使追认权的行为在性质上属于单方法律行为，即须由被代理人作出追认的意思表示进而成立的法律行为。

1. 追认的方式

被代理人做追认意思表示，行使追认权的方式有明示和默示两种：以明示方式追认，指的是被代理人以明确的意思表示对无权代理行为予以承认；以默示方式追认，是指被代理人虽没有明确表示直接承受无权代理行为的法律效果，但以特定的行为对无权代理行为予以承认，比如，被代理人对无权代理合同的履行即可视为对无权代理行为的承认。需要注意的是，依据《民法典》第140条第2款，被代理人的单纯沉默一般不作为追认的意思表示，只有在有明确的法律规定、当事人约定或者符合当事人之间的交易习惯时，才可以被视为追认的意思表示。

被代理人对无权代理行为法律效果进行追认的追认权本质上是被代理人基于意思自治原则所享有的民事权利，其法律性质为形成权，追认权的行使行为系须受领的单方法律行为。

2. 追认的对象

被代理人行使追认权的对象既可以是无权代理行为的相对人，也可以是无权代理人。也就是说，无权代理人可直接向交易相对人发出对无权代理行为进行追认的意思表示，也可向无权代理人发出对无权代理行为进行追认的意思表示。无权代理行为一经被代理人追认即获得与自始有代理权的代理相同的法律效果。换言之，追认具有溯及既往的法律效力，无权代理行为被追认后自始有效。

3. 相对人的催告权

交易相对人的催告权是对被代理人行使追认权的一种限制。所谓交易相对人的催告权，是指交易相对人在被代理人行使追认权之前，得向被代理人发出催告，要求其在相当期限内对无权代理行为作出追认或不追认决定的权利。交易相对人催告被代理人在一定期间内行使追认权的，被代理人应及时行使。被代理人在催告期内不及时行使追认权的，视为拒绝追认。

4. 追认的行为能力限制

追认权的行使行为系单方法律行为，须被代理人具有完全行为能力。如果被代理人是限制行为能力人，且该代理行为并非限制行为能力人可以独立实施的法律行为时，原则上应由该被代理人的法定代理人予以追认。尽管依据《民法典》第145条第1款的规定，限制行为能力人也可以例外地自己独立行使追认权，此种例外并不是依据该限制行为能力人对追认权行使行为本身的理解程度，而是看该无权代理行为对限制行为能力的被代理人来说是否属于纯获利益行为，或是否与其年龄、智力、精神健康状况相适应的行为，否则限制行为能力人的追认行为作为单方法律行为仍为效力待定，即仍须其法定代理人对该追认行为作出追认。

5. 追认的撤销

追认权的行使行为在性质上属于单方法律行为，因而追认行为也会出现效力瑕疵。当被代理人对无权代理行为加以追认的意思表示乃是基于被代理人对追认事项发生重大误解，或基于相对人或无权代理人的欺诈、胁迫等事由作出，再或者是基于相对人或无权代理人利用被代理人的危困状态迫使其对无权代理行为进行追认，进而导致追认结果对被代理人显失公平时，被代理人可享有对追认行为的撤销权。

6. 追认的范围

一般而言，被代理人对无权代理行为的追认应当理解为对无权代理行为的效力予以肯定，但更值得关注的是被代理人可否对无权代理行为的部分内容予以追认。此种情形，理论上可以区分不同情况进行处理：第一，如果无权代理行为是可以分割的，则被代理人可以追认其中的一项或数项内容，除非不同部分的紧密关联可发生对被代理人的利益，如价格优惠；第二，如果无权代理行为不可分割，原则上被代理人不可仅对部分内容进行追认，除非相对人同意；第三，无论被代理人对无权代理行为进行部分追认还是全部追认，都必须是概括的追认，即既追认对其有利的内容，也追认对其不利的内容，而不能只追认其中的有利部分，拒绝其中的不利内容。

7. 追认的期限

在无权代理场合,被代理人享有追认权。但是,被代理人对无权代理行为是否予以追认以及究竟何时进行追认,对相对人而言并不明确,相对人事实上处于一种不稳定的被动的法律状态之下。如果任由此种状态长期存在对相对人相当不利,很可能使相对人丧失良好的商业机会,而被代理人则可能以相对人的成本为代价进行商业投机。因此,《民法典》对被代理人的追认权设定了明确的手段并进行了期限的限制。

《民法典》对追认权的限制手段主要是给相对人赋予催告权。该法第 171 条第 2 款规定:"相对人可以催告被代理人自收到通知之日起一个月内予以追认。被代理人未作表示的,视为拒绝追认。"由此可知,《民法典》对被代理人行使追认权的期限限制是相对人催告通知到达后的一个月。然而,需要关注的是,相对人进行催告时是否有权自主确定一个并非一个月的其他追认期限,学界对此观点并不一致。基于利益衡量考虑,如果被代理人和相对人已有约定或法律存在特别规定时,应以当事人的约定或法律的特别规定优先考虑。由于本条规定从立法表述上看,并非明确的强制性规定,因此并无理由以法律规范排除当事人双方的意思自治。因而,我们认为,如果相对人催告时自行确定追认期限,则一个月的法定期限应为最短期限,以避免被代理人利益的损害。此外,本条并未规定在相对人并未催告的情形下被代理人的追认期限。因此,如果被代理人和相对人对此已有约定,自然以约定为优先;如果不存在明确约定,也不存在法律的特别规定时,未经催告时的追认期限应当认定为自被代理人知道或应当知道无权代理行为之日起的合理期限。此"合理期限"原则上应由法官结合交易习惯、交易性质、标的数额等因素予以确定。

8. 追认的效果

《民法典》第 171 条第 1 款末句规定:"未经被代理人追认的,对被代理人不发生效力。"根据该规定,如果被代理人对无权代理行为予以了追认,该无权代理行为就可以对被代理人发生效力,由被代理人承担无权代理行为的法律效果。但是,被代理人的追认是对特定的无权代理行为的事后同意,不能将其视为对无权代理人将来代理权的授予行为。同时,追认具有溯及既往的效力,即无权代理行为一经追认,其效力即可溯及行为实施之时,自始对被代理人发生效力。但需要注意,追认行为的溯及力不能侵犯第三人利益。例如,乙无权代理甲,将甲的电脑卖给丙,之后不知情的甲与丁就该电脑签订了另一个买卖合同。甲知情后,因为前一个无权代理的合同价格更优,所以对其予以追认。此时,如果认为甲的追认具有溯及力,则侵犯了丁的利益,因而不能认可无权代理合同自始有效。此外,被代理人追认无权代理后,若代理人行为超出基础关系之限制,被代理人有权依据其与无权代理人的内部关系或侵权关系请求无权代理人赔偿。

三、表见代理

(一)表见代理的概念

在民法理论中,无权代理有广义与狭义之分,前述因行为人自始不具有代理权、超越代理权限或代理权期限实施的无权代理行为,均属狭义的无权代理,也就是说,通常意义上的无权代理仅指狭义的无权代理。广义的无权代理还包括表见代理,换言之,表见代理也是无权代理的一种。所谓表见代理,指的是虽然代理人事实上并不享有代理权,但交易相对人却有理由相信行为人享有代理权的无权代理。表见代理能够发生与有权代理相同的法律效果。当然,如果善意的交易相对人知悉无权代理的事实之后,不再希望该表见代理发生与有权代理同样的法律效果时,也可以通过行使撤销权使其归于无效。

《民法典》第 172 条明确规定了表见代理制度:“行为人没有代理权、超越代理权或者代理权终止后,仍实施代理行为,相对人有理由相信行为人有代理权的,代理行为有效。”从利益衡量的视角分析,表见代理制度在价值取向上是以牺牲被代理人的意思自治为代价,对相对人在交易中合理的信赖利益予以特别保护的结果,是对交易安全的动态保护。在表见代理场合,被代理人从始至终并未自主发出过缔结法律关系的意思表示,而是表见代理人假借其名义与相对人实施的法律行为。按照民法理论中“自己行为、自己结果”的原则,被代理人并不应为他人的行为承担法律效果。然而,处于交易另一端的相对人如果有理由相信事实上的无权代理人为有权代理时,其善意的、合理的信赖利益同样值得保护。最终,法律在两者之间选择了后者。可以说,表见代理制度是意思自治的基本私法秩序的一个例外,因而在制度适用时必须严格谨慎,即为其设定较为严格的构成要件,以防止制度被滥用。

设例 87:

甲为乙公司的员工,因违反公司纪律被开除。但公司没有收回甲所持有的乙公司的介绍信和授权委托书。于是甲以乙公司的名义和丙公司签订了一笔 100 万元的合同。在丙公司要求履行合同时,乙公司才知道此事。

问题：合同是否有效？ 责任如何承担？

在设例 87 中，甲在丧失代理权之后仍代理乙公司与丙公司签订合同的行为属于无权代理行为。但在该无权代理场合，甲虽事实上不享有代理权，却拥有代理权的法律外观，即持有乙公司的介绍信和授权委托书，这一虚假表象使丙公司善意且合理地相信甲确实具有乙公司的代理权，进而与之发生交易。同时，从案情可知，甲之所以能够持有乙公司代理权的法律外观，乃是由于乙公司在开除甲后未收回介绍信和授权书的疏忽所致，所以可认定乙公司在甲有权代理法律外观的形成和存续上具有可规则性。总之，甲的无权代理行为已构成表见代理，应认定甲与丙公司订立的合同有效，由乙公司向丙公司履行合同。而基于履行合同对乙公司造成损失的，乙公司可向表见代理人甲主张赔偿责任。

(二)表见代理的构成

根据《民法典》第 172 条可知，构成表见代理的要件如下：

第一，行为人不享有代理权。行为人以被代理人的名义与第三人缔结法律行为之时不享有代理权，也包括自始未获得授权、超越代理权限和超越代理权期限三种情形。

第二，交易相对人有理由相信无权代理人享有代理权，换言之，无权代理人具有有权代理的法律外观。所谓代理权的法律外观，是指被代理人的授权行为在外部形成了一种表象，能够使相对人有合理的理由相信无权代理人已经获得了授权，比如，被代理人与代理人之间的授权行为未成立、无效或被撤销，但尚未收回代理证书，交易相对人基于对代理证书的信赖，与行为人进行交易；再比如，代理关系终止后被代理人未采取必要措施公示代理关系终止的事实，并收回代理人持有的代理证书，造成第三人不知代理关系终止而仍与代理人进行交易。《最高人民法院关于适用〈中华人民共和国民法典〉总则编若干问题的解释》第 28 条规定："同时符合下列条件的，人民法院可以认定为民法典第 172 条规定的相对人有理由相信行为人有代理权：(一)存在代理权的外观；(二)相对人不知道行为人行为时没有代理权，且无过失。""因是否构成表见代理发生争议的，相对人应当就无权代理符合前款第一项规定的条件承担举证责任；被代理人应当就相对人不符合前款第二项规定的条件承担举证责任。"

第三，有权代理之法律外观的形成与被代理人具有牵连关系。在表见代理制度中，要将无权代理行为的法律效果归属于并未发出过任何意思表示的被代理人来承担，不仅要考虑无权代理人具有足以使相对人相信其有代理权的法律外观，还要考虑该法律外观的形成和存续与被代理人具有一定的牵连性，即由于被代理人本人的原因才导致无权代理人具备了代理权外观。例如，代理关系终止后被代理人未采取必要措施公示代理关系终止的事实，并收回代理人持有的代理证书，导致代理人得以继续持有代理证书，进而使相对人相信其仍具有代理权，即可认为该代理权外观的发生和存续与被代理人具有牵连性。需要强调的是，这一牵连性并非严格的、直接的因果关系，而是以具备关联性即为已足。相反，如果代理权外观的形成和存续与被代理人毫不相关，那么，即使具备足以使相对人合理信赖的代理权外观，也不能构成表见代理，进而不能由被代理人承担无权代理行为的法律后果，比如，当行为人伪造被代理人的印章、签名，冒用被代理人的名义与第三人为交易的场合，被代理人即可被认为与代理权外观的发生并无牵连，进而不能成立表见代理，而应类推狭义无权代理予以处置。

第四，相对人主观上为无过失的善意。所谓主观善意，是指相对人与无权代理人缔结法律行为之时，对其不具有代理权的事实并不知情。所谓无过失，是指相对人对无权代理人不具有代理权的事实不仅不知，而且是“不应当”知道，即在当时的情形下，相对人对代理权的外观根本不存在产生任何怀疑的可能性，或者说，根据一个谨慎的理性人的判断能力，不可能发现行为人不具有代理权的事实。如果相对人不知道无权代理人并不具有代理权的事实，是因其未尽足够的注意义务，疏忽大意或懈怠造成的结果，甚至是相对人明知行为人并无代理权，却仍与之从事法律行为，则理应由相对人负担无权代理行为的法律效果，法律并没有对其进行保护的必要。

(三)表见代理的法律效果

根据《民法典》第172条的规定，表见代理人从事的代理行为的法律效果应直接归属于被代理人，即被代理人应受到表见代理人与相对人所实施的法律行为的约束。换言之，无权代理一旦构成表见代理，即可对被代理人发生与有权代理同样的法律效果。被代理人不能以其未授予代理权，代理行为违背其个人主观意志或利益为理由，拒绝承担表见代理行为的后果。

第四节
代理终止

一、委托代理的终止

(一)委托代理终止的原因

委托代理终止,是指被代理人与代理人之间的代理关系消灭。

《民法典》第173条规定:“有下列情形之一的,委托代理终止:(一)代理期限届满或者代理事务完成;(二)被代理人取消委托或者代理人辞去委托;(三)代理人丧失民事行为能力;(四)代理人或者被代理人死亡;(五)作为代理人或者被代理人的法人、非法人组织终止。”依据该条,可以明确得出我国现行民事立法中委托代理终止的五种情形:

第一,代理期限届满或者代理事务完成。代理期限就是委托代理授权时确定的代理权的存续期限。如果被代理人授权时明确了具体的代理期限,当期限届满且没有继续授权时,委托代理就应当终止。同时,代理人完成了全部代理事务,即使代理期限没有届满,代理关系已失去继续存在的理由,也应当终止。

第二,被代理人取消委托或者代理人辞去委托。在委托代理中,代理权乃为被代理人授予,因而被代理人也可以将其取消;代理权的行使是代理人为被代理人的利益行为的利他行为,而非代理人的自益行为,因而代理人也可依法将其辞去。以此,法律规定在这两种情形下,代理可以终止。必须强调的是,《民法典》第173条规定中的“取消委托”或“辞去委托”应当限缩解释为取消或辞去代理权,而非取消或辞去委托合同。也就是说,被代理人或代理人虽得以凭个人的单方意思表示终止代理权,但仍要受到双方之间委托合同的约束,此时,若因代理权的终止而导致委托合同确定的权利义务无法实现,违约一方应承担相应的责任,即如果因为被代理人取消委托或者代理人辞去委托造成损失,行为人应当依法赔偿损失。

第三,代理人丧失民事行为能力。代理人要以被代理人的名义实施民事法律行为,必须具有行为能力。如果代理人丧失民事行为能力,委托代理当然终止。需要指出的是,在委托代理中,仅当代理人完全丧失民事行为能力时,代理关系才告终止。换言之,当代理人部分丧失行为能力时,并不必然地导致代理终止。这是因为,委托代理乃是意定代理的一种,被代理人最终承受的代理行为的法律效果本质上仍属于其意思自治的范畴,因而无论代理人的意思能力是否完全,以及代理人能否圆满地执行代理事务,取得完满的法律效果,最终取决于被代理人是否认可。因此,虽然代理人部分丧失行为能力,但其仍能取得被代理人认可,则代理关系可以继续存续。值得注意的是,当代理人完全丧失民事行为能力时,代理必然终止,因为委托代理的代理人必须具备能够独立作出意思表示的能力,而完全无行为能力人没有意思表示能力。

第四,代理人或者被代理人死亡。委托代理关系是建立在被代理人与代理人之间信任的基础之上,具有严格的人身属性,如果代理人或者被代理人死亡,委托代理也应终止。但应注意的是,如果被代理人突然死亡,要求代理人随即停止所有的代理活动,客观上存在一定的难度,而且可能会损害被代理人的继承人的利益,因此,《民法典》第 174 条规定了一些例外情形,在这些情形下,代理人实施的代理行为仍然有效。

第五,作为代理人或者被代理人的法人、非法人组织终止。如果代理人或者被代理人是法人或者非法人组织,而该法人或者非法人组织由于种种原因终止,此时,委托代理也当然终止。

(二)委托代理终止的例外

在委托代理终止的情形中,代理因被代理人死亡和作为被代理人的法人、非法人组织终止而消灭的情形,在实践情况中较为复杂,一概规定委托代理终止不太合理。对此,《民法典》第 174 条作出了例外规定,即便被代理人死亡或法人、非法人组织终止,代理关系仍得以存续的几种情形。《民法典》第 174 条规定:"被代理人死亡后,有下列情形之一的,委托代理人实施的代理行为有效:(一)代理人不知道且不应当知道被代理人死亡;(二)被代理人的继承人予以承认;(三)授权中明确代理权在代理事务完成时终止;(四)被代理人死亡前已经实施,为了被代理人的继承人的利益继续代理。""作为被代理人的法人、非法人组织终止的,参照适用前款规定。"根据该条第 1 款,在下列情形下,被代理人死亡的,委托代理人实施的代理行为仍然有效:

第一,代理人不知道且不应当知道被代理人死亡。被代理人突然死亡,代理人不一定能及时知道,比如此时代理人正在外地忙于代理事务,被代理人没有继承人,被代理人的继承人不知道代理人的存在,被代理人的继承人没有及时通知代理人被代理人死亡等,此时代理人大概率仍然在继续实施代理行为。如果此时令代理行为无效,对代理人和相对人不甚合理。当然,如果代理人知道或者应当知道被代理人死亡的,代理关系终止,代理人就应当立刻停止正在实施的代理行为。

第二,被代理人的继承人予以承认。被代理人死亡,其继承人知道代理人的存在后,对其代理人地位予以承认的,代理人可以继续实施代理行为。

第三,授权中明确代理权在代理事务完成时终止。被代理人的委托授权中明确了代理权直到代理事务完成时才终止的,即使被代理人死亡,也应当尊重其意思,代理人可以继续从事代理活动,其实施的代理行为仍然有效。

第四,被代理人死亡前已经实施,为了被代理人的继承人的利益继续代理。被代理人死亡前代理人已经实施了代理行为,被代理人死亡后,如果继续实施该代理行为有利于被代理人的继承人的利益,代理人应当完成该代理行为。

如果被代理人是法人、非法人组织,其终止类似于自然人的死亡,法律意义均在于民事主体资格的消灭,因此,根据《民法典》第 174 条第 2 款的规定,作为被代理人的法人、非法人组织终止的,参照适用该条第 1 款的规定。

二、法定代理的终止

法定代理依法律规定的情形而产生,也应依法律规定的情形而终止。《民法典》第 175 条规定:“有下列情形之一的,法定代理终止:(一)被代理人取得或者恢复完全民事行为能力;(二)代理人丧失民事行为能力;(三)代理人或者被代理人死亡;(四)法律规定的其他情形。”以该条为基础可以明确,有下列四种情形之一的,法定代理终止:

第一,被代理人取得或者恢复完全民事行为能力。法定代理产生的一个重要原因,是被代理人为无民事行为能力人或者限制民事行为能力人,需要监护人作为其法定代理人,代理其实施民事法律行为。如果被代理人取得或者恢复完全民事行为能力,比如未成年人年满 18 周岁,或者健康障碍患者恢复健康,法定代理就没有存在的必要,自然终止。

第二,代理人丧失民事行为能力。代理人代理被代理人实施民事法律行为,当然必须具有行为能力。如果代理人丧失民事行为能力,法定代理当然终止。

第三,代理人或者被代理人死亡。代理人或者被代理人死亡的,法定代理当然终止。

第四,法律规定的其他情形。在上述三种情形之外,法律还规定了其他一些终止情形,比如,《民法典》第 44 条第 1 款规定,财产代管人不履行代管职责、侵害失踪人财产权益或者丧失代管能力的，失踪人的利害关系人可以向人民法院申请变更财产代管人。如果财产代管人变更，原来的财产代管人与失踪人之间的代理关系自然终止。

三、代理终止的法律效果

无论是法定代理、委托代理还是指定代理，代理关系终止后代理权归于消灭，代理人不得再以被代理人的名义实施代理行为，否则即构成无权代理。代理关系终止后，代理人应当依法履行下列义务：

第一，代理事项的报告义务和财产转移义务。代理人在必要和可能的情况下，应当及时向被代理人或其继承人、遗嘱执行人、清算人、新代理人等报告代理事宜和移交相关财产，并妥善处理善后事务。

第二，交回代理证书或其他代理权凭证的义务。代理证书或代理权凭证作为代理人享有代理权的重要证明，如果在代理终止后仍保留在代理人手中，对被代理人、相对人的利益，乃至交易安全均构成相应的威胁。因此，代理终止后被代理人有权要求代理人对其交还代理证书或其他代理权凭证。如果被代理人并未要求代理人交还代理权证书或其他凭证，或者代理人执意不交还相应文件，且继续以被代理人的名义从事代理行为，将构成无权代理或者表见代理。

第三，相应的附随义务。代理终止后，代理人应当遵守诚实信用原则履行后合同义务，如忠实义务、保密义务等。代理人不得向他人泄露有关被代理人的个人秘密，也不得利用被代理人的相关资料、文件从事不正当行为。

需要强调的是，如果代理关系终止的事实并不为第三人所知悉，而代理人继续以被代理人的名义从事代理行为，且符合表见代理的构成要件，则此种代理行为仍可正常发生效力。

重要问题提示：

1. 代理权的性质如何界定？
2. 代理权授予的形式有哪些？
3. 滥用代理权的表现有哪些？
4. 无权代理的类型及后果如何？
5. 表见代理的效力如何？
6. 代理权终止的情形有哪些？

第七章 民事责任

第一节 民事责任的概念

一、民事责任与民事义务

对于民事责任的定义有多种，如义务说、后果说、制裁说等。最常见的一种表述是后果说，也被称为第二性义务说，即民事责任是民事主体违反民事义务而应该承担的不利法律后果。民事责任与民事义务息息相关，违反民事义务会产生一系列的法律后果。《民法典》第 176 条规定："民事主体依照法律规定或者按照当事人约定，履行民事义务，承担民事责任。"

民事义务是指民事法律关系的一方当事人，为了满足他方利益，所应实施的行为的限度是法律加于当事人的作为或不作为的拘束。民事法律关系语境中的三个基本概念，分别是权利、义务、责任，它们的组成被称为民事法律关系的范畴。

民事责任具有以下特征：

第一，民事责任是违反民事义务的法律后果。只有当民事义务主体违反民事义务致使他人的合法民事权益受到侵害时，才能产生民事责任。违反民事义务是承担民事责任的前提，承担民事责任是违反民事义务的后果。

第二,民事责任具有补偿性。在民事法律关系中,民事主体相互间的地位是平等的,民事义务的违反破坏了民事主体之间的平衡。民事责任的主要功能是恢复到权利被侵害之前的状态,补偿受害人的损失。

第三,民事责任具有强制性。民事主体承担责任需要国家机关通过强制力实现,因为通常违反义务的当事人不能自觉履行义务,需要通过强制手段干预。公权力的干预通常表现为对义务人人身自由或财产权利的限制或剥夺。

二、民事责任的分类

1. 违约责任和侵权责任

违约责任,是指合同当事人违反合同约定或法律规定的义务而应当承担的责任。违约责任的发生以合同关系为前提,主要以违反合同约定义务为根据,但其中也涉及一些违反法定义务而产生的责任。侵权责任,是指行为人因其过错侵害他人财产、人身,依法应当承担的责任,以及没有过错,在造成损害以后依法应当承担的责任。侵权责任以违反法定义务为根据,与违约责任在构成要件、免责事由、责任形式和责任范围等方面均表现出不同。另外,在民事责任竞合即同一行为既构成违约行为又构成侵权责任的情况下,受害人有权选择请求对方承担其中一种责任。《民法典》第 186 条规定:“因当事人一方的违约行为,损害对方人身权益、财产权益的,受损害方有权选择请求其承担违约责任或者侵权责任。”

2. 过错责任、无过错责任

依据民事责任的归责原则进行区分,民事责任可以分为过错责任和无过错责任。

过错责任,是指在一方违反民事义务并致他人损害时,应以过错作为确定责任的要件和确定责任范围的依据的责任。早期的过错责任采取主观标准,注重考量行为人致人损害时的故意或过失的主观心理状态,现代民法采用以“注意义务”为核心的过错判断方法,形成了客观化的过错判断标准。另外,过错责任的特殊形式是过错推定,也称过失推定,是指行为人因过错侵害他人民事权益,依据法律的规定,推定行为人具有过错,如行为人不能证明自己没有过错,应当承担侵权责任。

无过错责任是指依据法律的特别规定,无论行为人是否具有过错,如不存在法定的免责事由,都应当承担责任。无过错责任不以过错为构成要件,属于法律规定承担责任的特殊责任形式。无过错责任是 20 世纪工业社会的产物,本质上是一种新型的风险分配方法,产品责任、高度危险损害责任、环境污染和生态破坏责任等都采取无过错责任归责原则。

3. 按份责任和连带责任

根据承担民事责任的主体的数量,可以将民事责任区分为单独责任和共同责任。单独责任是由一个民事主体独立承担的民事责任。共同责任是两个以上的民事主体共同实施违法行为,从而共同对所致损害承担的民事责任。共同责任依据共同责任人之间的关系进行划分,可以再区分为按份责任和连带责任。

按份责任,是指多数当事人按照法律的规定或者合同的约定,各自承担一定份额的责任。如果法律没有规定或者当事人没有明确约定份额,应当推定责任人承担均等的责任份额。《民法典》第177条规定:"二人以上依法承担按份责任,能够确定责任大小的,各自承担相应的责任;难以确定责任大小的,平均承担责任。"

连带责任,是指当事人按照法律的规定或者合同的约定,连带地向权利人承担责任。《民法典》第178条规定:"二人以上依法承担连带责任的,权利人有权请求部分或者全部连带责任人承担责任。连带责任人的责任份额根据各自责任大小确定;难以确定责任大小的,平均承担责任。实际承担责任超过自己责任份额的连带责任人,有权向其他连带责任人追偿。连带责任,由法律规定或者当事人约定。"

设例88:

甲入住乙酒店。随后,甲在该酒店一楼通道内通行时,步入酒店通道内已被拆除轿厢且未设置防护装置的电梯井受伤。据查,拆除轿厢为酒店租用大楼的所有权人丙公司所为。

问题:甲的损害应由谁承担?

在设例88中,乙酒店作为经营者对甲等入住的客人负有安全保障义务,而直接的损害是因为丙公司的不当行为造成的,根据《民法典》第1198条的规定:"宾馆、商场、银行、车站、机场、体育场馆、娱乐场所等经营场所、公共场所的经营者、管理者或者群众性活动的组织者,未尽到安全保障义务,造成他人损害的,应当承担侵权责任。因第三人的行为造成他人损害的,由第三人承担侵权责任;经营者、管理者或者组织者未尽到安全保障义务的,承担相应的补充责任。经营者、管理者或者组织者承担补充责任后,可以向第三人追偿。"由此可知,丙公司应该承担赔偿责任,而乙酒店承担补充责任。

第二节

民事责任的承担方式

一、民事责任的承担方式概述

民事责任的承担方式,是指行为人承担民事责任的具体方法。受害人获得救济以责任人承担不同方式的责任实现,可以说,责任方式是落实民事责任的必要前提。《民法典》第 179 条第 1 款规定:“承担民事责任的方式主要有:(一)停止侵害;(二)排除妨碍;(三)消除危险;(四)返还财产;(五)恢复原状;(六)修理、重作、更换;(七)继续履行;(八)赔偿损失;(九)支付违约金;(十)消除影响、恢复名誉;(十一)赔礼道歉。”

二、民事责任的承担方式的具体类型

(一)停止侵害

如果行为人实施的侵害他人人身和财产的行为仍然在继续中,权利人可以请求人民法院责令行为人停止侵害行为。任何正在实施的不法行为都应该立即停止其侵害行为。停止侵害的责任承担方式主要适用于正在发生侵权行为的场合,防止损害后果扩大。对于尚未发生的或者已经终止的侵害行为,则不能适用停止侵害的责任承担方式。

(二)排除妨碍

行为人实施的侵害行为导致权利人无法行使或者不能正常行使自己的人身权、财产权的,权利人有权请求行为人排除妨碍。请求排除妨碍时,妨碍行为必须是不正当的,行为人主观上是否预见妨碍后果在所不问,均不影响权利人提出排除妨碍。但如果妨碍行为是合法的,如堆放的物品虽然影响他人通行,但行为人是有权在此临时堆放物品的,受到影响的人只能暂时容忍,不能直接要求排除妨碍。只要不法行为妨碍他人行使财产权、人身权、知识产权等,受害人就可以请求排除妨碍。

(三)消除危险

行为人的行为对他人的人身或财产造成危险,或者说存在侵害他人人身权和财产权的可能时,权利人有权要求行为人消除危险。消除危险必须是在损害尚未发生时主张,在行为人行为可能造成损害后果的情况下适用。消除危险的责任方式能有效地防止损害的发生,更好地保护权利人的权利。

(四)返还财产

返还财产主要是绝对权、请求权指向的责任形式,因为权利人的财产被他人侵占,权利人可以基于物权请求权等请求侵占财产的人返还原物等财产,如《民法典》第 235 条规定:"无权占有不动产或者动产的,权利人可以请求返还原物。"返还财产还可以根据返还不当得利的请求权而产生,《民法典》第 122 条规定:"因他人没有法律根据,取得不当利益,受损失的人有权请求其返还不当利益。"另外,根据《民法典》第 157 条的规定,在法律行为无效、撤销后,当事人基于法律行为取得的财产也需要返还。

(五)恢复原状

恢复原状是指将损害的财产修复,加害人将权利人的财产恢复到财产原有的状态。恢复原状的责任方式的适用首先要具备恢复的可能;其次,恢复原状可以通过多种方式实现,但无论通过何种方式,经济上都要合理,同时对于权利人来说,恢复原状也要有必要,如果权利人已经不需要恢复,则不能适用恢复原状的责任承担方式。

(六)修理、重作、更换

修理、重作、更换是合同责任中的具体表现。所谓修理,是指行为人造成他人财产毁损或交付的标的物不合格,权利人有权要求行为人对财产进行修缮,以恢复原状或符合合同的要求。所谓重作,是指行为人造成他人损害或者违反合同约定,则权利人有权要求行为人按照原物予以重新制作。所谓更换,是指行为人造成他人财产毁损,或交付的标的物不合格,则权利人有权要求行为人另行交付同等质量、同等数量的标的物。

(七)继续履行

继续履行,又称实际履行,是指在一方违反合同时,另一方有权要求其依据合同的规定继续履行。我国《民法典》第 577 条对继续履行这一责任承担方式作出了规定,同时,第 579 条与第 580 条分别对金钱债务的继续履行与非金钱债务的继续履行作出了规定。

(八)赔偿损失

赔偿损失是指行为人因违反合同或侵权行为而给他人造成损害的,应以其财产赔偿受害人所受的损害的一种责任形式。赔偿损失既可以适用于违约责任,也可以适用于侵权责任。赔偿损失以赔偿权利人实际遭受的全部损害为原则,既包括财产损害赔偿,也包括人身损害赔偿。

(九)支付违约金

所谓违约金,是指由当事人通过协商预先确定的,在违约发生后作出的独立于履行行为以外的给付。支付违约金在性质上属于违约责任承担方式,它是当事人通过协商预先确定的。《民法典》第 585 条规定:"当事人可以约定一方违约时应当根据违约情况向对方支付一定数额的违约金,也可以约定因违约产生的损失赔偿额的计算方法。约定的违约金低于造成的损失的,人民法院或者仲裁机构可以根据当事人的请求予以增加;约定的违约金过分高于造成的损失的,人民法院或者仲裁机构可以根据当事人的请求予以适当减少。当事人就迟延履行约定违约金的,违约方支付违约金后,还应当履行债务。"

(十)消除影响、恢复名誉

消除影响,是指行为人因其侵害了公民或法人的人格权,故应承担在影响所及的范围内消除不良后果的一种责任形式。恢复名誉,是指行为人因其行为侵害了公民或法人的名誉,故应在影响所及的范围内将受害人的名誉恢复至未受侵害时状态的一种责任形式。

消除影响、恢复名誉是侵害公民、法人的人身权所承担的责任形式。一般来说,在什么范围内造成损害的,就应当在什么范围内消除影响。在适用消除影响、恢复名誉的责任方式时,应明确消除影响、恢复名誉的范围(如在某地区、某学校等消除影响)、方式(采取口头或书面以及其他形式)。

(十一)赔礼道歉

赔礼道歉是指责令违法行为人向受害人公开认错、表示歉意,主要适用于侵害人身权的情况。赔礼道歉既可由加害人向受害人口头表示承认错误,也可以由加害人以写道歉书的书面形式进行。当事人在诉讼中以赔礼道歉的方式承担了民事责任的,应当在判决书中叙明。赔礼道歉作为一种承担民事责任的方式,与一般道义上的赔礼道歉不同,它是依靠国家的强制力保障实施的。

(十二)惩罚性赔偿

《民法典》第179条第2款规定:“法律规定惩罚性赔偿的,依照其规定。”该规定将惩罚性赔偿规定为民事责任的承担方式。惩罚性赔偿也称为惩戒性的赔偿或报复性的赔偿,它是指由法院作出决定的赔偿数额超出实际损害数额的赔偿。民事责任承担的方式大致都是在填补损害这一原则下延伸而来的。近代以来人们不断地发现在许多复杂的损害赔偿场合,很难去衡量赔偿数额,所以就逐渐产生了这种惩罚性的赔偿。产品责任中规定了惩罚性赔偿的内容,《民法典》第1207条规定:“明知产品存在缺陷仍然生产、销售,或者没有依据前条规定采取有效补救措施,造成他人死亡或者健康严重损害的,被侵权人有权请求相应的惩罚性赔偿。”

三、民事责任承担方式的适用

民事责任承担方式中有一些指向绝对权、请求权的责任承担方式,例如,排除妨碍、消除危险、返还财产;有一些指向债权、请求权的责任承担方式,例如,修理、重作、更换、继续履行、赔偿损失等。基于债权而产生的民事责任又有区别,有的只指向违约责任,例如,修理、重作、更换,支付违约金,继续履行。还有一些只指向侵权责任,例如,消除影响、恢复名誉、赔礼道歉。这些方式在具体适用中需要根据保护权利和终局性地解决纠纷来综合考虑。

(一)民事责任的竞合

《民法典》第186条规定:“因当事人一方的违约行为,损害对方人身权益、财产权益的,受损害方有权选择请求其承担违约责任或者侵权责任。”民事责任竞合,是指同一事实符合数个责任的构成要件,同时产生数个责任。从请求权的角度来看,它也称请求权竞合,是指同一法律事实产生后发生多项请求权。所谓违约责任和侵权责任的竞合,是指当事人实施的违法行为,既符合违约责任的构成要件,又符合侵权责任的构成要件,受害人可以选择主张违约责任或侵权责任。

违约责任和侵权责任竞合表现为以下四方面特点:其一,行为人违反了合同约定,同时也侵害了他人的合法权益。其二,行为人的行为同时符合违约责任和侵权责任的构成要件。其三,数个责任之间相互冲突。其四,受害人依法只能选择一项请求权行使。

(二)民事责任的适用方式

关于民事责任的适用方式,《民法典》第179条第3款规定:“本条规定的承担民事责任的方式,可以单独适用,也可以合并适用。”法律上确立的各种责任方式都是对受害人进行全面救济和保护的措施,侵权或违约行为发生后,按照私法自治原则,只要受害人作出的选择不违背民法的诚实信用和公序良俗原则,就可以选择以何种方式向行为人提出请求,而且有在受害人提出请求的基础上才能确定责任的承担方式。

设例 89:

甲开办了一个生产型的公司,为此先承租了乙的厂房 A,又承租了丙的机器设备 B,之后便开始了生产经营。后由于经营不善,甲失联。乙向丙提出了排除妨害的请求,丙则向乙提出了返还原物的请求。

问题:谁的请求能得到法律的支持?

在设例 89 中,乙可以根据《民法典》第 236 条规定要求丙排除妨害,丙可以根据《民法典》第 235 条规定要求乙返还原物,两者的请求权均有依据,也无须证明对方是否存在过错,实际上终局性地承担责任的应该是甲,是甲违反了合同约定导致出现乙、丙只能行使物权请求权要求对方承担民事责任的后果。所以,虽然乙、丙的请求均可以得到法律的支持,但并不是终局性地解决纠纷,如果实在找不到甲承担责任,只能由乙、丙二人来分担搬迁机器设备的费用。

(三)见义勇为的受益人补偿义务

见义勇为是社会主义核心价值观所弘扬的正义行为,因见义勇为保护他人而使自己受到损害,受益人应该给予适当补偿。《民法典》第 183 条规定:“因保护他人民事权益使自己受到损害的,由侵权人承担民事责任,受益人可以给予适当补偿。没有侵权人、侵权人逃逸或者无力承担民事责任,受害人请求补偿的,受益人应当给予适当补偿。”受益人补偿义务的构成要件包括:其一,必须实施了防止、制止他人民事权益被侵害的行为;其二,必须是被侵权人因保护他人民事权益而使自己遭受了损害;其三,没有侵权人、侵权人逃逸或者无力承担责任;其四,受害人向受益人请求补偿。

第三节

民事责任的免责事由

免责事由，是指减轻或免除行为人责任的理由，也称抗辩事由。免责事由主要具有以下三个方面的特点：其一，免责事由是免除或减轻责任的事由；其二，免责事由主要由法律规定；其三，免责事由一旦成立，就导致责任人的责任免除或减轻。

《民法典》总则编规定的免责事由主要包括以下四个方面。

一、不可抗力

不可抗力，是指独立于行为人之外，并且不受当事人意志所支配的现象。它包括某些自然现象，例如台风、洪水等；也包括某些社会现象，例如武装政变等。《民法典》第180条第2款明确了不可抗力的概念："不可抗力是不能预见、不能避免且不能克服的客观情况。"在法律上，不可抗力属于法定的免责事由，《民法典》第180条第1款规定："因不可抗力不能履行民事义务的，不承担民事责任。法律另有规定的，依照其规定。"

不可抗力具有三个特征：其一，不可抗力是不可预见的客观情况；其二，不可抗力是不可避免并不能克服的情况；其三，不可抗力是一种客观情况。

二、正当防卫

正当防卫，是指当公共利益、他人或本人的人身或者其他利益受到不法侵害时，行为人所采取的一种防卫措施。《民法典》第181条规定："因正当防卫造成损害的，不承担民事责任。正当防卫超过必要的限度，造成不应有的损害的，正当防卫人应当承担适当的民事责任。"该条第2款规定的内容是防卫过当，正当防卫超出了必要限度，无论在民法还是刑法中都不成立正当防卫。

三、紧急避险

紧急避险，是指为了使公共利益、本人或他人的合法权益免受现实和紧急的损害危险，不得已而采取的致他人和本人损害的行为。《民法典》第182条第1款规定："因紧急避险造成损害的，由引起险情发生的人承担民事责任。紧急避险采取的措施不当或者超过必要限度,将无法产生免责的效果。”该条的第3款规定了避险过当的内容:“紧急避险采取措施不当或者超过必要的限度,造成不应有的损害的,紧急避险人应当承担适当的民事责任。”

紧急避险将产生三方面的法律效力:其一,引起险情的人承担责任;其二,如果危险是因自然原因引起的,紧急避险人不承担民事责任,可以给予适当补偿;其三,紧急避险人采取措施不当或超过必要性限度时应承担责任。

四、紧急救助

《民法典》第184条规定:“因自愿实施紧急救助行为造成受助人损害的,救助人不承担民事责任。”紧急救助可以作为免责事由,该条也称为“好人条款”,使紧急救助行为人享有豁免权。紧急救助作为免责事由应当具备三方面条件:其一,救助人实施了紧急救助行为;其二,救助人必须是自愿实施救助行为;其三,救助人实施了无偿救助行为。

重要问题提示:

1. 民事责任的分类有哪些?
2. 民事责任的承担方式有哪些?
3. 请求权竞合如何处理?
4. 民事责任的免责事由有哪些?
5. 不可抗力如何构成?

第八章 民法上的时间

第一节 期日和期间

一、期日

(一)民法上时间要素的重要性

第一,时间决定民事主体的民事权利能力和行为能力。根据《民法典》第13条的规定,自然人自出生之日开始具有民事权利能力。根据《民法典》第17条的规定,自然人年满18周岁之日开始具有民事行为能力。

第二,时间决定某些事实的推定。例如,下落不明满4年或因意外事件下落不明满2年的自然人,经利害关系人向人民法院申请宣告该自然人死亡。

第三,时间决定法律关系由不确定到确定。例如,在附期限的民事法律行为中,将期限的到来作为民事法律行为效力的发生或消灭的依据。

第四,时间决定权利的取得程序和丧失。某些权利的取得会依据时间,但是更多的是决定了权利的存续。

第五,时间影响权利的享有和义务的履行。对财产权、人身权、知识产权等权利而言,权利的存续期间即为权利的行使期间。债权一般有期限,物权中的用益物权都是有权利存续期间的,对应的义务也有期限的限制。

第六,时间决定法律行为的存续。合同、遗嘱会约定有自己的存续期间,期间届满,便归于消灭。法律行为的存续期间,在继续性合同中最有价值,存续期限越长,继续性合同项下的权利义务在量的方面就越增加,在对价一定的情况下,当事人应当力争约定较长的存续期限。

第七,时间作为独立制度而存在。例如,诉讼时效、除斥期间、权利失效的期间。

(二)期日的概念

所谓期日是指民法上有确定意义的时点。

所谓时点是指性质不可分或视为不可分的时间的一点。

所谓不可分,主要依生活观念为定,但不能理解为几何学上的点,它可以有实际的长度,但应在观念上被点化。例如,某日、某月、某年之类,只需特定化,或者说在时间流上被作为一点加以指定,使其在观念上静态化,不问该时期的长短,可构成不可分。因此期日不一定是日,可以是日、月、年,也可以是时、分、秒等。

期日有附属于期间的期日和独立期日的分别。独立期日与期间无关,这种情形的期日本身具有独立的法律意义,如出生日等。很多情形下,期日以附属于期间的形式而存在,仅具有确定期间的始点和终点的辅助意义。

(三)期日和期间的关系

关于期日的规定,《德国民法典》在总则部分仅有两条一般规定:其一,依第193条规定,一定期日为休息日的,以次日或下1个工作日代之;其二,期日表述为月初、月中或月终时,依《德国民法典》第192条应分别指每月的第1日、第15日和最后1日。

《民法典》在第201条、第203条规定了与期间有关的期日:

第一,第201条规定,按照年、月、日计算期间的,开始的当日不计入,自下1日开始计算。按照小时计算期间的,自法律规定或者当事人约定的时间开始计算。

第二,第203条第1款规定,期间的最后1日是法定休假日的,以法定休假日结束的次日为期间的最后1日。《最高人民法院关于贯彻执行〈中华人民共和国民法通则〉若干问题的意见(试行)》(以下简称《民法意见》)第198条第2款规定,期间的最后1天是星期日或者其他法定休假日,而星期日或者其他法定休假日有变通的,以实际休假日的次日为期间的最后1天。

第三,第203条第2款规定,期间的最后1日的截止时间为24时;有业务时间的,停止业务活动的时间为截止时间。

二、期间

(一)期间的概念

所谓期间是指民法上有意义的时段。

所谓时段是指以一定时点为起点,以达于另一时点为终点,所持续进行的时间跨度。

位于期间两端的是两个时点,即期日,所以期间的确定,离不开对其起始和终止期日的确定。

(二)期间的计算单位

期间的计算单位,可以是时、分、秒等微小单位,也可以是日、星期、月、年等时间单位。

以年、季度、半个月为单位时,我国民法未明确规定这些单位包含的长度。为了计算的方便,《民法意见》第 198 条第 1 款规定:"当事人约定的期间不是以月、年第 1 天起算的,1 个月为 30 日,1 年为 365 日。"德国民法有更细致的规定,如《德国民法典》第 189 条规定,半年应理解为 6 个月,一季度应理解为 3 个月,半个月应理解为 15 日;如果期间为一个半月或几个月零半个月,最后半个月依 15 日计算。

(三)期间的计算方法

1. 自然计算法

在自然计算法下,期间计算依实际时间进行。1 日为 24 时,1 个星期为 7 日,1 个月为 30 日,1 年为 365 日。

多数国家对于以时、分、秒为单位的期间计算,以及对于以日为单位的期间计算,一般采取自然计算法;对于以星期、月或年为单位,但不连续的期间计算,也采取自然计算法。例如,我国台湾地区所谓"民法"第 123 条第 2 项规定:"月或年非连续计算者,每月为 30 日,每年为 365 日。"所谓不连续,指以数的累计形式而不是以时间连续的形式设定期间。例如,当事人约定请假总计 2 个月以上为雇佣解除条件,这一约定期间便指非连续期间。

2. 历法计算法

在历法计算法下,期间计算以历法的规则进行。

依历法规则,所谓 1 个月不是一律 30 日,而是根据行进中不同月份的不同日数确定,例如7月为31日,8月也为31日,9月为30日;所谓1年,不是一律365日,在常年时为365日,在闰年则为366日,而且,行进年月中的每1日均为从早晨零时至晚间第24时之范围,每1星期均为从周日到周六之范围。

各国民法对于以星期、月或年为单位,而且连续进行的期间,一般采取历法计算法。我国在此解释上也大致相同。所谓连续进行的期间,如《民法典》第40条规定的失踪期间,"自然人下落不明满2年的,利害关系人可以向人民法院申请宣告该自然人为失踪人"。

我国早在清末变法开始就放弃阴历,对于法律事务均以公历为定。但采取公历不等于采取公历计算法,《民法典》第200条规定的"民法所称的期间按照公历年、月、日、小时计算",不能理解为我国民法对于所有期间,都采取历法计算法,这一规定的原意应仅指排除阴历计算,对于以时、分、秒、日为单位的期间以及以星期、月或年为单位但不连续的期间,从性质上解释只能以自然计算法进行。

设例90:

甲为乙之子,并有妻子丙。2019年7月1日,甲因失业在家,一气之下离家出走,从此下落不明,后家人经多方寻找仍未有下落。乙此时觉得儿子凶多吉少,想独霸家产,于是在2023年7月1日去人民法院要求宣告甲死亡。丙不同意,以第三人的身份参加诉讼,要求不宣告死亡。

问题:2023年7月1日可否宣告死亡?

在设例90中,甲不可以在2023年7月1日被宣告死亡。《民法典》第46条第1款规定:"自然人有下列情形之一的,利害关系人可以向人民法院申请宣告该自然人死亡:(一)下落不明满4年;(二)因意外事件,下落不明满2年。"结合本案,甲于2019年7月1日下落不明,截至2023年7月1日已满4年,且乙作为甲的母亲,属于甲的利害关系人中的近亲属,可以向法院提起宣告死亡申请。同时,《最高人民法院关于适用〈中华人民共和国民法典〉总则编若干问题的解释》第14条规定:"人民法院审理宣告失踪案件时,下列人员应当认定为民法典第40条规定的利害关系人:(一)被申请人的近亲属;(二)依据民法典第1128条、第1129条规定对被申请人有继承权的亲属;(三)债权人、债务人、合伙人等与被申请人有民事权利义务关系的民事主体,但是不申请宣告失踪不影响其权利行使、义务履行的除外。"本条规定了有资格申请对失踪人宣告死亡的利害关系人的范围,但并没有规定利害关系人在申请死亡宣告时须有顺位限制,所以本案中丙不同意死亡宣告,不能阻断人民法院对甲作出宣告死亡的决定。但是,依据《民事诉讼法》第185条的规定:"人民法院受理宣告失踪、宣告死亡案件后,应当发出寻找下落不明人的公告。宣告失踪的公告期间为 3 个月，宣告死亡的公告期间为 1 年。因意外事故下落不明，经有关机关证明该公民不可能生存的，宣告死亡的公告期间为 3 个月。公告期间届满，人民法院应当根据被宣告失踪、宣告死亡的事实是否得到确认，作出宣告失踪、宣告死亡的判决或者驳回申请的判决。”所以，本案中虽然甲下落不明的时间已经符合宣告死亡的法定条件，但人民法院尚须公告 1 年之后才能作出宣告死亡的决定，并不能于 2023 年 7 月 1 日即宣告甲死亡。

（四）期间的开始、终止、延长与缩短

1. 期间的开始

根据《民法典》第 201 条的规定，按照年、月、日计算期间的，开始的当日不计入，自下一日开始计算。按照小时计算期间的，自法律规定或者当事人约定的时间开始计算。此与各国法律采取的一般立场相同。《民通意见》第 1 条解释规定，“公民的民事权利能力自出生时开始”，即公民的权利能力期间采取了即时起算。另外，《民通意见》第 28 条解释规定，下落不明的起算一般从公民音讯消失之次日起算，属于以日、月、年计算期间时自次日起算原则的贯彻。

但是，当事人有约定时，期间的起算应依约定。《民通意见》第 199 条解释规定：“按照日、月、年计算期间，当事人对起算时间有约定的，按约定办。”

《德国民法典》第 187 条第 2 款有例外规定：如果期间开始是以某一天的零时开始的，或者计算年龄，当天应计算在内。对此我国法律没有规定，实务中应持相同态度为是，以平衡当事人的利益或更好地维护特定当事人某种显然具有特殊价值的利益。

2. 期间的终止

《民法典》没有直接规定期间终止的通常时点，但从第 201 条推论，应与其他国家的规定相同，即以日、月、年计算期间的，原则上以期间末日作为终止日。期间末日的确定，具体地说，因自然计算法或历法计算法的不同而不同，也因起始日是否计入计算而不同。

3. 期间的延长

在期末之日为休假日（星期六、星期日、法定节假日或其他休假日）时，各国民法采取将终止日延长到休息日次日的计算方法。我国亦然，《民法典》第 203 条第 1 款规定：“期间的最后 1 日是法定休假日的，以法定休假日结束的次日为期间的最后一日。”但《民通意见》第 198 条第 2 款还解释：“期间的最后 1 天是星期日或

者其他法定休假日，而星期日或者其他法定休假日有变通的，以实际休假日的次日为期间的最后1天。”

在各国立法或实务上，某些期间依其性质不得延长，如年龄的计算。

4. 期间的缩短

对终止日的截止时间，《民法典》第203条第2款规定，终止日为该日的第24时，但有约定业务时间的，到停止业务活动的时间截止。

（五）期间的类型

期间可以分作为简单时间因素的期间和构成法律事实的期间。

作为简单时间因素的期间，其意义仅在于确定某种法律关系或者法律事态在什么时间长度存续。从性质上看，与空间要素——住所是自然人或法人的一种属性类似，这一类期间，也是特定法律事实或法律关系的不可缺少的属性。如限制行为能力期间，仅具有确定当事人的行为能力应受限制的时间长度的意义。除斥期间则是确定某些形成权的存续期间。

法律可以规定或当事人可以约定，一项权利仅存在于特定的时间。在通常情形下，当事人订立合同时都定有合同效力期间，作为合同所生基础债权债务的履行期间。许多他物权都附有期限，如我国国有土地使用权、农村土地承包经营权等。在德国，地上权的设定也通常有时间限制（往往是99年）；用益权以权利人的有生之年为限（德国民法典第1061条）；债权人仅在被担保之债权的存在时间内享有从属性的质权（德国民法典第1063条第1款）。

构成法律事实的期间，其意义在于与其他要素一起构成一项法律事实，引起某种法律效果。构成法律事实的期间，包括非时效期间和时效期间两类。非时效期间，指该期间所构成的法律事实，与权利发生或变动无直接关系，只发生无关权利变动的法律效果。例如失踪经过法定期间，发生可据以申请死亡宣告或失踪宣告的效力，但不直接引起权利变动。时效期间，指该期间所构成的法律事实，与权利发生或消灭直接相关，即发生权利变动的效果。例如和平、公然、持续占有他人所有物经过一定期间，构成所有权取得时效，其结果是使占有人原始取得所有权。

第二节

诉讼时效

一、诉讼时效制度概述

(一)诉讼时效的概念

时效,是指一定的事实状态持续地经过法定期间即产生一定民事法律效果的制度。时效是导致民事法律关系发生、变更和消灭的法律事实,适用时效制度会导致当事人取得权利或权利效力减损的法律效果。时效制度的设立,属于强行性规定,当事人不得约定不受时效限制或变更法定的时效期间。根据引起时效发生的事实状态的不同以及由此导致的法律效果的不同,可以将时效区分为取得时效和消灭时效。前者的事实状态为占有他人财产,法律效果为占有人取得财产所有权;后者的事实状态为权利人不行使权利,法律效果为权利效力减损。法国、奥地利、日本等国民法建立了统一的时效制度,将取得时效和消灭时效一并规定;德国和我国台湾地区现行所谓“民法”将取得时效与消灭时效分立,将取得时效规定于物权编,将消灭时效规定于总则编。我国现行民事立法没有规定取得时效制度,《民法典》总则编只规定了诉讼时效。

诉讼时效制度,是指权利人在法定期间内不行使权利,就限制其权利行使的法律制度。在我国立法上,诉讼时效又分为普通诉讼时效和特别诉讼时效。普通诉讼时效,指由《民法典》统一规定的,普遍适用于法律没有做特殊诉讼时效规定的各种民事法律关系的时效。除特别法或者《民法典》分则各编另有规定外,所有的民事法律关系皆适用普通时效,《民法典》第 188 条第 1 款规定:“向人民法院请求保护民事权利的诉讼时效期间为 3 年。法律另有规定的,依照其规定。”也就是说,在我国,普通诉讼时效的期间为 3 年。特别诉讼时效,指由民事基本法或特别法就某些民事法律关系规定的短于或长于普通诉讼时效期间的时效。特别诉讼时效通常短于普通诉讼时效,因为它处理的民事法律关系对确定性的要求较强,必须在更短的期间内确定化。特别诉讼时效不具有普遍性,只适用于特殊的民事法律关系。例如,根据《民法典》合同编第 594 条的规定,因国际货物买卖合同和技术进出口合同发生纠纷，要求保护权利的诉讼时效期间为4年；《海商法》第257条规定了90天的诉讼时效期间；《海商法》第260条规定了1年的诉讼时效期间；《保险法》第26条规定的诉讼时效期间为5年。

设例91：

甲从乙商场购得电暖气，放置3年半后开始使用。后甲在使用时因漏电而受伤，为此花去医疗费3 000元。现在，甲就此事起诉到人民法院。

问题：甲的损害能否受到保护？

在设例91中，受伤的结果是因产品缺陷造成的损害，甲可以根据《民法典》第1203条的规定向商品的生产者请求赔偿，也可以向销售者乙商场要求赔偿。需要考虑的是，电暖气为3年半前购买，是否已经超过诉讼时效。根据《产品质量法》第32条规定："因产品存在缺陷造成损害要求赔偿的诉讼时效期间为两年，自当事人知道或者应当知道其权益受到损害时起计算。因产品存在缺陷造成损害要求赔偿的请求权，在造成损害的缺陷产品交付最初用户、消费者满10年丧失；但是，尚未超过明示的安全使用期的除外。"在设例中，当事人甲并不知道产品存在缺陷，应适用"从交付最初消费者满10年丧失请求权"这一规定，所以应该受到保护。

（二）诉讼时效制度的功能

民法确立诉讼时效制度的功能体现在三个方面：

第一，督促权利人行使权利。设置诉讼时效制度可以使长期不行使的权利受到限制，义务人有权对抗权利人行使权利的请求，在一定程度上保护了义务人的正当利益。也可以概括为法律不保护权利上睡眠之人，鼓励权利人在了解了能行使权利而不行使权利的后果后，为了自己的利益而积极行使权利。

第二，作为证据的代用，进而节约诉讼成本。权利人不行使权利的事实状态长期存续，有可能会使证据湮灭，导致在诉讼中难以查清或确定法律事实，至少也使得查证的成本大幅提高。设置了诉讼时效制度，则时效期间届满，限制了权利人行使权利，导致义务人享有抗辩权，这是以诉讼时效为证据的代用，避免当事人举证即裁判机构查清事实的困难，避免了诉讼成本的提高。

第三，稳定了社会秩序。权利是否可以行使。若长期悬而未决，义务人则长期处于不稳定状态，进而导致社会秩序的不稳定。时过多年仍允许权利人行使权利，则推翻了长期的稳定状态，造成社会秩序的紊乱，确立诉讼时效制度，限制权利人在经过一定时间后行使权利，有利于稳定社会经济秩序。

(三)诉讼时效适用的权利范围

诉讼时效制度所适用的权利范围,依诉讼时效制度的立法目的,应解释为仅适用于请求权。根据《民法典》第196条的规定:"下列请求权不适用诉讼时效的规定:(一)请求停止侵害、排除妨碍、消除危险;(二)不动产物权和登记的动产物权的权利人请求返还财产;(三)请求支付抚养费、赡养费或者扶养费;(四)依法不适用诉讼时效的其他请求权。"并非所有的请求权均适用诉讼时效的规定,债权请求权以及物权请求权中的返还财产请求权(排除不动产物权和登记的动产物权)、恢复原状请求权适用诉讼时效,而请求权中的排除妨害请求权、消除危险请求权、所有权确认请求权、基于身份关系的请求权以及基于相邻关系的请求权等,一般不发生诉讼时效制度的适用。

具体适用诉讼时效的权利范围分析如下:

第一,债权请求权适用诉讼时效,包括:其一,基于合同债权的请求权,如履行请求权、损害赔偿请求权、违约金请求权、定金返还请求权等;其二,基于单独行为的债权请求权,如单方允诺而生的债权请求权;其三,基于侵权的债权请求权,主要是损害赔偿请求权,但是《民法典》第1167条规定的停止侵害请求权、排除妨碍请求权、消除危险请求权,根据第196条的规定不适用诉讼时效;其四,基于无因管理的请求权,主要是有必要费用偿付的请求权、损害赔偿请求权等;其五,基于不当得利的请求权,主要是不当得利返还请求权等。

另外,《最高人民法院关于审理民事案件适用诉讼时效制度若干问题的规定》第1条规定:"当事人可以对债权请求权提出诉讼时效抗辩,但对下列债权请求权提出诉讼时效抗辩的,人民法院不予支持:(一)支付存款本金及利息请求权;(二)兑付国债、金融债券以及向不特定对象发行的企业债券本息请求权;(三)基于投资关系产生的缴付出资请求权;(四)其他依法不适用诉讼时效规定的债权请求权。"这些债权请求权都相对容易证明,不会因为时间的经过而影响社会秩序的稳定。

第二,物权请求权适用诉讼时效,主要是未登记的动产上发生的物权请求权,除此之外的物权请求权不适用诉讼时效。

第三,人格权请求权和身份权请求权不适用诉讼时效。人格权请求权是人格权的有机构成因素,是人格权的效力,与人格权密不可分,可以由人格权本体不断地滋生,它的行使能使人格权回复到原有状态。而基于身份关系发生的请求权,表现为生父母对养子女的返还请求权,亲属间赡养、扶养、抚养的请求权,离婚后的扶养请求权等。无论人格权请求权还是身份权请求权都与自然人的主体地位密切相关,不宜适用诉讼时效。

(四)20年最长诉讼时效

《民法典》第188条第2款规定:“诉讼时效期间自权利人知道或者应当知道权利受到损害以及义务人之日起计算。但是,自权利受到损害之日起超过20年的,人民法院不予保护。”即权利人不知或不应知道权利已被侵害,自权利被侵害之日起经过20年的,其权利也失去法律的强制性保护。《民法典》规定的20年期间不是权利的存续期间,而是权利的保护期间。20年的期间届满后,义务人自愿履行的,权利人有权接受履行,并不构成不当得利。同时,《民法典》规定的20年期间也不是诉讼时效期间,因为它与诉讼时效期间的起算点不同,它以权利发生之日为起算点;而诉讼时效期间以权利人知道或应当知道权利被侵害之时为起算点。最长权利保护期限与诉讼时效的发生原因也不相同,后者是因权利人不行使权利发生的,而前者并不因权利人不行使权利所致,而是权利人不知自己的权利无从行使。此外,最长权利保护期限不像诉讼时效期间那样可以中止、中断,而是持续进行,属于不变期间。依诉讼时效制度的本旨,权利人不知道或不应知道权利被侵害,诉讼时效期间即不应开始。设置最长时效的意义在于:如果权利人在任何期间一旦知道或应当知道权利被侵害,只要在3年内采取保护权利的措施,法院就应对其权利予以保护,这样就可能产生与时效制度维护社会关系的确定性的目的相违背的情况。因此,设置最长权利保护期限制度,是为了克服诉讼时效制度可能导致的无限期保护权利的缺点。

在通常情况下,权利人在诉讼时效期间内不行使权利,于时效期间届满后,向法院要求保护权利的,义务人可以行使抗辩权。但有的权利人在诉讼时效期间内未能行使权利确有正当原因,其原因不包括在使时效期间中止、中断的法定事由内,严格适用诉讼时效将造成结果的不公。针对这种情况,依据《民法典》第188条第2款的规定,有特殊情况的,法院可以延长时效期间,以便保护特殊情况下权利人由于特殊原因未能及时行使的权利,避免造成不公平的结果。《最高人民法院关于适用〈中华人民共和国民法典〉总则编若干问题的解释》第35条规定:“民法典第188条第1款规定的3年诉讼时效期间,可以适用民法典有关诉讼时效中止、中断的规定,不适用延长的规定。该条第2款规定的20年期间不适用中止、中断的规定。”诉讼时效期间的延长只适用于20年最长时效。由于中止和中断的事由倾向于采取法定主义,不可能包罗诸多使权利人不能及时行使权利,但又有正当理由的情况，法律对20年最长时效期间特别设立诉讼时效期间的延长制度予以衡平，由法官行使自由裁量权弥补立法列举式规定的不足。

二、诉讼时效期间的计算

(一)诉讼时效期间的起算

根据《民法典》第188条第2款的规定，诉讼时效期间自权利人知道或者应当知道权利受到损害以及义务人之日起计算。权利人知道或应当知道自己的权利遭到了侵害，这是其请求法院保护其权利的基础，从这一时间点开始计算诉讼时效期间，符合诉讼时效是权利人请求法院保护权利的法定期间的本旨。知道权利遭受了侵害，指权利人现实地于主观上已明了自己权利被侵害事实的发生；应当知道权利遭受了侵害，指权利人尽管于主观上不明了其权利已被侵害的事实，但他对权利被侵害的不知情，是出于对自己的权利未尽必要注意的情况。

诉讼时效期间起算点具体场合的确定标准：其一，履行期限明确的债权请求权，其诉讼时效期间的起算点为该期限届满的次日。其二，无履行期限的债权请求权，尽管债权人可以随时要求履行，但应当给对方必要的准备时间，根据《最高人民法院关于审理民事案件适用诉讼时效制度若干问题的规定》第4条规定："未约定履行期限的合同，依照民法典第510条、第511条的规定，可以确定履行期限的，诉讼时效期间从履行期限届满之日起计算；不能确定履行期限的，诉讼时效期间从债权人要求债务人履行义务的宽限期届满之日起计算，但债务人在债权人第一次向其主张权利之时明确表示不履行义务的，诉讼时效期间从债务人明确表示不履行义务之日起计算。"其三，同一债务被确定分期履行的，如分期付款买卖的场合，根据《民法典》第189条的规定："当事人约定同一债务分期履行的，诉讼时效期间自最后一期履行期限届满之日起计算。"其四，不当得利返还请求权的时效起算，根据《最高人民法院关于审理民事案件适用诉讼时效制度若干问题的规定》第6条的规定："返还不当得利请求权的诉讼时效期间，从当事人一方知道或者应当知道不当得利事实及对方当事人之日起计算。"其五，管理人因无因管理行为产生的给付必要费用、赔偿损失请求权，以及本人因无因管理行为产生的赔偿损失请求权，根据《最高人民法院关于审理民事案件适用诉讼时效制度若干问题的规定》第7条的规定："管理人因无因管理行为产生的给付必要管理费用、赔偿损失请求权的诉讼时效期间，从无因管理行为结束并且管理人知道或者应当知道本人之日起计算。本人因不当无因管理行为产生的赔偿损失请求权的诉讼时效期间，从其知道或者应当知道管理人及损害事实之日起计算。”其六，无民事行为能力人或者限制民事行为能力人的权利受到侵害的，因为本人不能独立维权，需得到法定代理人的帮助。《最高人民法院关于适用〈中华人民共和国民法典〉总则编若干问题的解释》第36条规定：“无民事行为能力人或者限制民事行为能力人的权利受到损害的，诉讼时效期间自其法定代理人知道或者应当知道权利受到损害以及义务人之日起计算，但是法律另有规定的除外。”另外，无民事行为能力人、限制民事行为能力人的权利受到原法定代理人损害的诉讼时效期间的计算，《最高人民法院关于适用〈中华人民共和国民法典〉总则编若干问题的解释》第37条规定：“无民事行为能力人、限制民事行为能力人的权利受到原法定代理人损害，且在取得、恢复完全民事行为能力或者在原法定代理终止并确定新的法定代理人后，相应民事主体才知道或者应当知道权利受到损害的，有关请求权诉讼时效期间的计算适用民法典第188条第2款、本解释第36条的规定。”

设例92：

甲于2015年借给乙10万元钱，没有约定还款日期。其后到2022年，甲四处寻找乙而不得，直到2022年12月9日才找到乙，乙拒绝付款。

问题：甲能否通过诉讼主张自己的权利？

在设例92中，甲和乙没有约定还款期限，属于无履行期限的债权请求权，债权人可以随时要求履行，但应当给对方必要的准备时间，现实情况不能确定履行期限的，诉讼时效期间应从债权人要求债务人履行义务的宽限期届满之日起计算，但债务人乙在甲第一次向其主张权利之时明确表示不履行义务的，诉讼时效开始计算。此时甲起诉还没有超过诉讼时效期间，可以通过诉讼主张实现权利。

诉讼时效的起算也有各种特殊情形，《民法典》第189条至第191条作出了相关的规定。其一，关于分期履行债务中的诉讼时效的起算，《民法典》第189条规定：“当事人约定同一债务分期履行的，诉讼时效期间自最后一期履行期限届满之日起计算。”因为我国的诉讼时效期间比较短，所以对于分期付款履行的约定是以最后一期到期之日起，计算所有债权债务关系的诉讼时效的期间。其二，关于无民事行为能力人或者限制民事行为能力人对其法定代理人请求权的诉讼时效，《民法典》第190条规定：“无民事行为能力人或者限制民事行为能力人对其法定代理人的请求权的诉讼时效期间，自该法定代理终止之日起计算。”其三，关于受性侵未成年人赔偿请求权的诉讼时效，《民法典》第191条规定：“未成年人遭受性侵害的损害赔偿请求权的诉讼时效期间，自受害人年满18周岁之日起计算。”

(二)诉讼时效期间的中止

1. 诉讼时效期间中止的概念

诉讼时效期间的中止,又称诉讼时效期间不完成中,因发生一定的法定事由使权利人不能行使请求权,暂时停止计算诉讼时效期间,待阻碍时效期间进行的法定事由消除后,继续进行诉讼时效期间的计算。

设例 93:

甲出售一批奶牛给乙,双方约定,甲于 2020 年 7 月交付奶牛,乙于 1 个月后付款。1 个月后乙没有付款,而甲也没有催要。2023 年 6 月甲因车祸成了植物人,到 2023 年 8 月确定丙为甲的监护人。丙向乙催要欠款,乙拒付。

问题:诉讼时效如何起算? 丙能否实现甲的债权?

在设例 93 中,甲因为成了植物人而丧失民事行为能力,无法主张民事权利,而此时诉讼时效正处于最后 6 个月,如果不停止计算将会影响甲的权利的行使。根据《民法典》第 194 条的规定,诉讼时效将停止计算,直到确定丙为甲的监护人,则由丙代理甲向乙主张债权。

诉讼时效制度的目的,在于使怠于行使权利者承担不利后果。但权利人不行使权利,并非出于怠惰,而是因为不得已的事由时,使权利人承担与怠于行使权利者同样的不利后果,未免失之不公。因此时效立法中有中止制度之设,以求衡平。

2. 诉讼时效期间中止的法定事由

中止的法定事由,依《民法典》第 194 条第 1 款的规定:“在诉讼时效期间的最后 6 个月内,因下列障碍,不能行使请求权的,诉讼时效中止:(一)不可抗力;(二)无民事行为能力人或者限制民事行为能力人没有法定代理人,或者法定代理人死亡、丧失民事行为能力、丧失代理权;(三)继承开始后未确定继承人或者遗产管理人;(四)权利人被义务人或者其他人控制;(五)其他导致权利人不能行使请求权的障碍。”此处所谓“不可抗力”应与《民法典》第 180 条的规定一致,但在解释上应更宽泛一些,发生不可抗力时,权利人主观上要求行使权利,但客观上无法行使,法律予之以中止的救济手段。其他障碍为概括性规定,主要包括如下情况:其一,权利人为无行为能力人、限制行为能力人而无法确定代理人或法定代理人已死亡或者丧失行为能力;其二,继承开始后,没有确定继承人或遗产管理人;其三,其他构成行使权利之障碍的事由,由法官以自由裁量权决定之。

3. 诉讼时效期间中止的时间限制

诉讼时效期间可以中止的时间,依《民法典》第 194 条第 1 款的规定,即诉讼时效期间的最后 6 个月内。在时效期间最后 6 个月前的期间发生法定中止事由的,并不能使诉讼时效期间中止,因为权利人还有足够的时间行使权利。只有中止事由发生于期间的最后 6 个月内时,才可使诉讼时效期间中止。因为此时发生中止事由,可能导致权利人无足够的时间行使权利。

4. 诉讼时效期间中止的法律效果

诉讼时效期间中止后,中止的期间不计入时效期间内。待中止事由消除后,时效期间继续进行,与中止前已经过的时效期间合并计入总的时效期间。

(三) 诉讼时效期间的中断

1. 诉讼时效期间中断的概念

诉讼时效期间中断,指在诉讼时效进行期间,因发生一定的法定事由,使已经经过的时效期间统归无效,待时效期间中断的事由消除后,诉讼时效期间重新计算。

诉讼时效期间中止与中断的区别表现如下:其一,发生的事由不同。中止的法定事由出自当事人的主观意志所不能决定的事实,中断的法定事由为当事人的主观意志所能左右的事实。其二,发生的时间不同。中止只能发生在时效期间届满前的最后 6 个月内,中断可发生于时效期间内的任何时间。其三,法律效果不同。中止的法律效果为不将中止事由发生的时间计入时效期间,中止事由发生前后经过的时效期间合并计算为总的时效期间;而中断的法律效果为于中断事由发生后,已经经过的时效期间全部作废,重新开始计算时效期间。

2. 诉讼时效期间中断的法定事由

中断的法定事由,根据《民法典》第 195 条的规定:“有下列情形之一的,诉讼时效中断,从中断、有关程序终结时起,诉讼时效期间重新计算:(一)权利人向义务人提出履行请求;(二)义务人同意履行义务;(三)权利人提起诉讼或者申请仲裁;(四)与提起诉讼或者申请仲裁具有同等效力的其他情形。”可使诉讼时效期间中断的法定事由主要包括四种情形。

第一,权利人向义务人提出履行请求。这主要表现为权利人向义务人、保证人、义务人的代理人或财产代管人主张权利或向清算人申报破产债权等。权利人主张权利是其行使权利的行为,不符合诉讼时效制度制裁怠于行使权利者的本旨,因而使诉讼时效期间中断。《最高人民法院关于审理民事案件适用诉讼时效制度若干问题的规定》第 8 条规定:“具有下列情形之一的,应当认定为民法典第 195

条规定的‘权利人向义务人提出履行请求’,产生诉讼时效中断的效力:(一)当事人一方直接向对方当事人送交主张权利文书,对方当事人在文书上签字、盖章、按指印或者虽未签字、盖章、按指印但能够以其他方式证明该文书到达对方当事人的;(二)当事人一方以发送信件或者数据电文方式主张权利,信件或者数据电文到达或者应当到达对方当事人的;(三)当事人一方为金融机构,依照法律规定或者当事人约定从对方当事人账户中扣收欠款本息的;(四)当事人一方下落不明,对方当事人在国家级或者下落不明的当事人一方住所地的省级有影响的媒体上刊登具有主张权利内容的公告的,但法律和司法解释另有特别规定的,适用其规定。前款第(一)项情形中,对方当事人为法人或者其他组织的,签收人可以是其法定代表人、主要负责人、负责收发信件的部门或者被授权主体;对方当事人为自然人的,签收人可以是自然人本人、同住的具有完全行为能力的亲属或者被授权主体。”第 9 条规定:“权利人对同一债权中的部分债权主张权利,诉讼时效中断的效力及于剩余债权,但权利人明确表示放弃剩余债权的情形除外。”另外,《最高人民法院关于适用〈中华人民共和国民法典〉总则编若干问题的解释》第 38 条第 2 款规定:“权利人向义务人的代理人、财产代管人或者遗产管理人等提出履行请求的,可以认定为民法典第 195 条规定的诉讼时效中断。”

第二,义务人同意履行义务。即义务人对权利人表示承认其权利的存在,愿意履行义务。义务人对权利人的认诺表示,可以通过各种方式作出。以口头或书面方式对权利人或其代理人作出通知、请求延期给付、提供担保、支付利息或租金、清偿部分债务等义务人的行为,在法律上都构成认诺。《最高人民法院关于审理民事案件适用诉讼时效制度若干问题的规定》第 14 条规定:“义务人作出分期履行、部分履行、提供担保、请求延期履行、制定清偿债务计划等承诺或者行为的,应当认定为民法典第 195 条规定的‘义务人同意履行义务’。”

第三,权利人提起诉讼或申请仲裁。起诉或申请仲裁的性质为权利人主张权利的保护。基于这一性质应对此种情形做扩张解释,使其不仅包括权利人向法院起诉的行为,而且包括权利人具有同样性质的其他行为,如向有关行政机关提出保护权利的请求,向法院申请强制执行,依督促程序向法院申请支付令,向仲裁机构申请仲裁,向人民调解委员会请求调解等。但权利人起诉后又自行撤诉,或因起诉不合法被法院驳回的,不构成提起诉讼,不能使诉讼时效期间中断。起诉表明权利人正在积极地行使自己的权利,使诉讼时效失去适用理由,因而使诉讼时效期间中断。《最高人民法院关于审理民事案件适用诉讼时效制度若干问题的规定》第 10 条规定:“当事人一方向人民法院提交起诉状或者口头起诉的,诉讼时效从提交起诉状或者口头起诉之日起中断。”

设例 94：

甲于 2019 年借款给乙 2 万元，之后乙一直对甲避而不见，甲多次催讨未果。甲于 2022 年向法院提起诉讼，后因乙一直未找到，甲向法院申请撤诉，法院于 2022 年 10 月作出准予撤销诉讼的裁定。2023 年 12 月甲再次向法院起诉，庭审过程中乙提出时效抗辩。

问题：乙可否行使诉讼时效抗辩？

在设例 94 中，甲和乙之间并未约定履行期限，由于甲一直催讨，所以通过主张权利导致诉讼时效不断中断，而后甲向人民法院起诉主张权利，诉讼时效再次中断，撤诉仅仅是程序上行使权利，并不是放弃权利，所以即使甲撤诉，在 2023 年 12 月诉讼时效仍未届满，乙不能行使诉讼时效抗辩。

第四，与提起诉讼或申请仲裁具有同等效力的其他情形。本来《民法典》关于诉讼时效期间中断的规定是为了列举非穷尽的兜底作用，但考虑到中断对权利行使的影响比较大，司法实践亟须对此做具体的列举规定，所以司法解释对此也进行了具体列举。《最高人民法院关于审理民事案件适用诉讼时效制度若干问题的规定》第 11 条规定：“下列事项之一，人民法院应当认定与提起诉讼具有同等诉讼时效中断的效力：（一）申请支付令；（二）申请破产、申报破产债权；（三）为主张权利而申请宣告义务人失踪或死亡；（四）申请诉前财产保全、诉前临时禁令等诉前措施；（五）申请强制执行；（六）申请追加当事人或者被通知参加诉讼；（七）在诉讼中主张抵销；（八）其他与提起诉讼具有同等诉讼时效中断效力的事项。”

另外，该司法解释对类似的中断情形也做了明确规定，第 12 条规定：“权利人向人民调解委员会以及其他依法有权解决相关民事纠纷的国家机关、事业单位、社会团体等社会组织提出保护相应民事权利的请求，诉讼时效从提出请求之日起中断。”第 13 条规定：“权利人向公安机关、人民检察院、人民法院报案或者控告，请求保护其民事权利的，诉讼时效从其报案或者控告之日起中断。”“上述机关决定不立案、撤销案件、不起诉的，诉讼时效期间从权利人知道或者应当知道不立案、撤销案件或者不起诉之日起重新计算；刑事案件进入审理阶段，诉讼时效期间从刑事裁判文书生效之日起重新计算。”

3. 诉讼时效中断的法律效果

诉讼时效中断有两方面的效力：一是当中断发生时，之前已经计算的诉讼时效期间全部归于无效，从中断事由终结时起，诉讼时效期间重新计算；二是诉讼时效期间中断的效力是相对而非绝对的，仅以当事人、继承人、受让人之间为限，始有效力。《最高人民法院关于审理民事案件适用诉讼时效制度若干问题的规定》第15条规定:“对于连带债权人中的一人发生诉讼时效中断效力的事由,应当认定对其他连带债权人也发生诉讼时效中断的效力。对于连带债务人中的一人发生诉讼时效中断效力的事由,应当认定对其他连带债务人也发生诉讼时效中断的效力。”第16条规定:“债权人提起代位权诉讼的,应当认定对债权人的债权和债务人的债权均发生诉讼时效中断的效力。”第17条规定:“债权转让的,应当认定诉讼时效从债权转让通知到达债务人之日起中断。债务承担情形下,构成原债务人对债务承认的,应当认定诉讼时效从债务承担意思表示到达债权人之日起中断。”另外,《最高人民法院关于适用〈中华人民共和国民法典〉总则编若干问题的解释》第38条第1款:“诉讼时效依据民法典第195条的规定中断后,在新的诉讼时效期间内,再次出现第195条规定的中断事由,可以认定为诉讼时效再次中断。”

设例95:

甲和乙是兄弟,甲于2006年到外地工作,乙和父母在一起生活。2013年、2014年甲、乙的父母相继去世。乙将父母的遗产100万元独自占有。2018年甲知道父母有遗产后,向弟弟要求分割并遭拒绝。后甲又多次提出分割,均遭到拒绝。2021年4月,甲再次要求,乙置之不理。2023年5月,甲向人民法院起诉。

问题:诉讼时效是否已经超过?

在设例95中,诉讼时效从甲于2018年知道父母有遗产时开始计算,其后每次主张分割遗产都构成诉讼时效期间中断,最后一次中断是2021年4月,所以2023年5月甲起诉时并未超过诉讼时效期间。

三、诉讼时效的法律后果

(一)关于诉讼时效法律后果的各种学说

时效的法律后果,也就是时效期间完成后的法律效果。就这一问题,各国立法的认识颇不一致。

第一,抗辩权发生说。《德国民法典》持此说。依此说,消灭时效的完成,并不使权利人不及时行使的权利归于消灭,但使义务人发生抗辩权,可以以时效完成的抗辩对抗权利人的权利主张,而拒绝义务的履行。由于抗辩权同其他权利一样可以抛弃,义务人自愿履行义务的,法律不予置问,认为权利人的接受行为合法。我国台湾地区现行所谓“民法”第144条第2项也采用同样见解。

也有学者认为还存在一种权利消灭说，并认为《日本民法典》持此说。依此说，时效期间的完成，使权利人不及时行使的权利本身消灭，义务人履行而权利人接受履行的，构成不当得利，权利人应予返还。[①] 但实际上，《日本民法典》只是用汉字表述了消灭时效的名称，其法律效果也为抗辩权的发生，这与《德国民法典》一致，虽然使用“消灭”一词，但法律效果其实是抗辩权发生，如果义务人不援用并不会发生权利消灭的效果，甚至在诉讼时效期间经过后，义务人承认继续履行，也不得再以时效抗辩。[②]

第二，诉权消灭说。《法国民法典》持此说。依此说，消灭时效的完成，并不使权利人不及时行使的权利消灭，而只使附着于权利之上的诉权消灭。时效完成后，权利人向法院起诉要求保护权利的，法院将以丧失诉权为由驳回起诉。由于无诉权的权利为自然权利，诉权消灭后，自然权利依然存在，权利人仍可不通过法院向义务人主张其自然权利，义务人也可自愿履行，法律不加干预。

（二）《民法典》规定的诉讼时效的法律后果

我国早期《民法通则》立法采取的是胜诉权消灭说，该说认为：权利为法律的保护对象，权利请求法律保护的途径为附着于权利之上的诉权，诉权即为请求法律保护权利之权，无诉权的权利为自然权利或裸体权利，没有法律的强制力为后盾，诉讼时效完成后，胜诉权消灭，因此权利人起诉后，人民法院会依据职权进行审查，经审查认定诉讼时效期间业已完成的，将驳回起诉。

在 2008 年起草司法解释时，理论界和实务界均一致认为，考虑到诉讼时效制度的适用主要影响当事人的私益，国家无主动干预的必要，建议就诉讼时效完成后的法律效果，采纳抗辩权发生说。这样法院处理类似纠纷，即不必要主动依职权进行审查。《最高人民法院关于审理民事案件适用诉讼时效制度若干问题的规定》第 2 条规定：“当事人未提出诉讼时效抗辩，人民法院不应对诉讼时效问题进行释明。”第 3 条进一步规定：“当事人在一审期间未提出诉讼时效抗辩，在二审期间提出的，人民法院不予支持，但其基于新的证据能够证明对方当事人的请求权已过诉讼时效期间的情形除外。当事人未按照前款规定提出诉讼时效抗辩，以诉讼时效期间届满为由申请再审或者提出再审抗辩的，人民法院不予支持。”这些都表明，2008 年之后，基于诉讼模式从职权主义调整为当事人主义，针对诉讼时效效力的共识也转变为抗辩权发生说。

---

① 梁慧星：《民法总论》，法律出版社 2021 年版。

② ［日］近江幸治：《民法讲义 I 民法总则》，渠涛等译，北京大学出版社 2015 年版。

《民法典》第 192 条规定："诉讼时效期间届满的,义务人可以提出不履行义务的抗辩。""诉讼时效期间届满后,义务人同意履行的,不得以诉讼时效期间届满为由抗辩;义务人已经自愿履行的,不得请求返还。"根据该条第 2 款的规定,于诉讼时效完成后,义务人自愿履行其义务的,权利人可受领其履行而不构成不当得利。义务人于履行后反悔的,不得诉请权利人返还其所得。我国法律关于诉讼时效效力的规定已经完全采纳抗辩权发生说。另外,诉讼时效期间届满后,当事人就原债务达成新的协议,债务人重新确认和承认其债务的,债务人应当按照达成的新协议履行其义务。

第三节

除斥期间

一、除斥期间的概述

(一)除斥期间的概念

除斥期间,也称预定期间,指法律直接规定或当事人依法确定的撤销权、解除权等形成权的预定存续期间,因该期间经过而权利当然消灭。

设置除斥期间制度的目的在于通过其完成,尽快确定形成权行使不定的状态,稳定法律关系。除斥期间指权利本身预定存续的时间。所以,除斥期间本身只具有单纯的时间意义,是用来确定权利存在的一种时间属性,在此期间权利存在,期间届满权利消灭。除斥期间是对权利的限制,但从性质上讲它并不是法律事实,而是一种单纯的时间限制。

除斥期间仅适用于形成权。民法上对于许多形成权设有预定期间限制,一经届满,这些形成权就告消灭。但并非所有形成权,都设有除斥期间限制。法律对形成权是否设除斥期间,通常视其是否有必要而定,看这种设定是否更符合社会公正和稳定利益。有的形成权,民法不规定除斥期间,但笼统规定相对人在对方追认前,有催告权和撤回权,以解决稳定之需要。如《民法典》第 145 条规定的限制行为能力人为法律行为时,法定代理人具有一般意义的追认权和拒绝权,相对人具有催告权和撤销权;第 171 条规定的无权代理时,针对被代理人一般意义的追认权和拒绝权,相对人有催告权和撤销权。德国民法最早发展出形成权,所以也最早发展出与其存续有关的除斥期间制度。例如,《德国民法典》在第121条、第124条(可撤销法律行为的撤销)、第510条第2款(先买权)、第636条(雇佣契约终止权)等规定了除斥期间。

我国《民法典》也确立了除斥期间制度,《民法典》第199条规定:"法律规定或者当事人约定的撤销权、解除权等权利的存续期间,除法律另有规定外,自权利人知道或者应当知道权利产生之日起计算,不适用有关诉讼时效中止、中断和延长的规定。存续期间届满,撤销权、解除权等权利消灭。"例如,《民法典》第152条规定的可撤销民事法律行为撤销权的除斥期间,第145条第2款规定的相对人催告后法定代理人的追认权的除斥期间,第171条第2款规定的相对人催告后被代理人的追认权等,均规定某些具体形成权应受除斥期间的限制。

诉讼时效与除斥期间的区别:其一,适用范围不同。诉讼时效适用于请求权,除斥期间适用于形成权。其二,起算点不同。诉讼时效是自权利人知道或者应当知道权利受到损害以及义务人之日起计算;除斥期间自权利发生之日开始计算。其三,法律效果不同。诉讼时效经过,抗辩权发生;除斥期间经过,形成权消灭。其四,能否中止、中断、延长的规定不同。诉讼时效能够中止、中断、延长;除斥期间一般是不变的期间。其五,原因方式不同。诉讼时效届满只是使义务人产生一定的抗辩权,是否主张该抗辩权,应当由义务人自主选择,法院不得依职权进行审查;对于形成权,权利人、义务人都可以来主张,法院也可以依职权审查。

(二)除斥期间的类型

除斥期间可以分为法定除斥期间和约定除斥期间。前者由法律直接规定,后者根据法律允许,由当事人约定。如《民法典》第564条规定:"法律规定或者当事人约定解除权行使期限,期限届满当事人不行使的,该权利消灭。法律没有规定或者当事人没有约定解除权行使期限,自解除权人知道或者应当知道解除事由之日起一年内不行使,或者经对方催告后在合理期限内不行使的,该权利消灭。"这一规定承认了对合同解除可以约定除斥期间,包括当事人直接约定除斥期间以及在法律未规定或当事人未约定时由对方催告确定合理期间。《德国民法典》也规定对于解除权可以约定一个除斥期间或者依第355条予以确定。

德国学理上还有一种区分,将法定除斥期间分为纯粹的除斥期间(也称严格的除斥期间)和混合的除斥期间(也称削弱的除斥期间),依条文规定的形态为定,其中,可适用中断、中止和不完成的规定的,为混合的除斥期间。在德国法中,混合的除斥期间可以准用诉讼时效规定,约定除斥期间则在某些方面被给予诉讼时效待遇。

(三)除斥期间的起算

法律通常没有一般除斥期间的规定,而是采取具体规定的办法,针对个别的形成权就其除斥期间给予具体规定,其起算时间亦然。例如,《民法典》第152条规定:“有下列情形之一的,撤销权消灭:(一)当事人自知道或者应当知道撤销事由之日起1年内、重大误解的当事人自知道或者应当知道撤销事由之日起90日内没有行使撤销权;(二)当事人受胁迫,自胁迫行为终止之日起1年内没有行使撤销权;(三)当事人知道撤销事由后明确表示或者以自己的行为表明放弃撤销权。当事人自民事法律行为发生之日起5年内没有行使撤销权的,撤销权消灭。”再如,《民法典》第621条第2款规定:“当事人没有约定检验期限的,买受人应当在发现或者应当发现标的物的数量或者质量不符合约定的合理期限内通知出卖人。买受人在合理期限内未通知或者自收到标的物之日起2年内未通知出卖人的,视为标的物的数量或者质量符合约定;但是,对标的物有质量保证期的,适用质量保证期,不适用该2年的规定。”

在法律规定或当事人约定某形成权应受除斥期间限制,但未确定其起算时间时,形成权的除斥期间的起算,应自权利发生之时起算。

二、除斥期间的法律后果

除斥期间是形成权的存续期间,其完成的法律效果是使已过除斥期间的形成权绝对、当然、确定地消灭。《民法典》第199条规定:“法律规定或者当事人约定的撤销权、解除权等权利的存续期间,除法律另有规定外,自权利人知道或者应当知道权利产生之日起计算,不适用有关诉讼时效中止、中断和延长的规定。存续期间届满,撤销权、解除权等权利消灭。”这种结果是适用法律的当然结果,无须当事人主张便自动发生。由于这是一种无选择的自动效果,当事人对除斥期间的利益只能被动承受,无所谓期间利益之抛弃可言。

一般而言,除斥期间没有中断、中止及不完成的适用,也不存在展期问题,任何情形不得延长。因为在除斥期间,法律的目的在于通过预定期间,解决形成权行使的不确定性,及时确定当事人之间的关系。但德国民法区别纯粹的除斥期间和混合的除斥期间。而混合的除斥期间如《德国民法典》第124条第2项,容许准用诉讼时效中止和不完成的规定。根据德国法律允许,当事人约定除斥期间的,也可能因当事人意思而发生中断、中止和不完成。我国台湾地区现行所谓“民法”施行法第 17 条规定，除斥期间准用该法第 16 条给予时效不完成的规定，但实务上倾向于除斥期间不适用中断和不完成。

重要问题提示：

1. 期间和期日的关系如何？
2. 时效有哪些类型？
3. 诉讼时效如何起算？
4. 诉讼时效完成后的法律效果如何？
5. 诉讼时效制度和除斥期间制度的区别是什么？
6. 诉讼时效期间中止与中断的关系是什么？
7. 诉讼时效期间届满的法律效果如何？

参考文献

[1]《民法学》编写组. 民法学[M]. 2 版. 北京:高等教育出版社,2022.

[2]魏振瀛. 民法[M]. 8 版. 北京:北京大学出版社,2021.

[3]王利明,杨立新,王轶,等. 民法学[M]. 6 版. 北京:法律出版社,2020.

[4]梁慧星. 民法总论[M]. 6 版. 北京:法律出版社,2021.

[5]黄薇. 中华人民共和国民法典总则编释义[M]. 北京:法律出版社,2020.

[6]陈甦. 民法总则评注[M]. 北京:法律出版社,2017.

[7]陈朝璧. 罗马法原理[M]. 北京:法律出版社,2006.

[8]郑玉波. 民法总则[M]. 北京:中国政法大学出版社,2003.

[9]梅仲协. 民法要义[M]. 北京:中国政法大学出版社,2004.

[10]克莱默. 法律方法论[M]. 周万里,译. 北京:法律出版社,2019.

[11]斯密. 欧陆法律发达史[M]. 姚梅镇,译. 北京:中国政法大学出版社,2003.

[12]萨维尼. 当代罗马法体系Ⅰ[M]. 朱虎,译. 北京:中国法制出版社,2010.

[13]茨威格特,克茨. 比较法总论[M]. 潘汉典,米健,高鸿钧,等译. 北京:法律出版社,2004.

[14]梅迪库斯. 德国民法总论[M]. 邵建东,译. 北京:法律出版社,2000.

[15]近江幸治. 民法讲义Ⅰ:民法总则[M]. 渠涛,译. 北京:北京大学出版社,2015.

[16]星野英一. 私法中的人:以民法财产法为中心[M]//梁慧星. 民商法论丛. 北京:法律出版社,1997.